KEIZER KAREL

DE KONINCK

AFFLIGEM TRIPLE

PATER LIEVEN BLOND

WITTEKERKE

PASSENDALE

GEUZE BOON

WESTMALLE TRIPEL

DUVEL

LA GAULOISE

TONGERLO DUBBEL BLOND

ENAME TRIPEL

OVER DE AUTEUR

Michael Jackson is 's werelds topauteur over bier en de bekendste bierconsument. Zijn voorliefde voor de Belgische brouwerskunst is alom gekend. In 1994 ontving hij de Mercuriusprijs van Kroonprins Filip van België. De prijs werd uitgereikt met bijzondere verwijzing naar de televisiereeksen The Beer Hunter en De grote Belgische bieren, waarvan dit de vierde, uitvoerig herziene en bijgewerkte uitgave is. In 2001 werd een GREAT BEERS OF BELGIUM-club opgericht op het internet. Dit is een 'bier-van-de-maand'-club die, in het begin alleen in de Verenigde Staten, bieren beschikbaar maakte die voorheen niet werden uitgevoerd.
Jackson is ere-officier in de Ridderschap van de Roerstok. In 1997 werd hij lid van de Confederatie der Brouwerijen van België. Dit was de eerste keer dat deze eer ging naar iemand die zelf geen brouwer was. Jackson viel met zijn publicaties over bier al in de prijzen in Italië, Frankrijk, Duitsland, Finland, Groot-Brittannië en de Verenigde Staten. Hij won de André Simon-prijs, de Glenfiddich Trophy, Glenfiddich Awards voor boeken, journalistiek en televisie en de Gold Tankard (gouden bierkroes) van de Britse vereniging van bierschrijvers. Van de Noord-Amerikaanse vereniging van bierschrijvers kreeg

Kleur bepalen, schuimkraag checken, ruiken, proeven.... de auteur in zijn dagelijkse doen.

hij prijzen voor zijn cd-roms en historische teksten, hij werd uitgeroepen tot 'columnist van het jaar' en genomineerd voor James Beard. In de Verenigde Staten werd hij als eerste onderscheiden met de Achievement Award van het Institute of Fermentation Studies.
Jackson is Consultant Editor van het tijdschrift Bier Passie en heeft bijdragen geleverd voor Journal du Brasseur, Bière, Pint, What's Brewing, All About Beer en andere tijdschriften over drank en voeding in tal van landen. Hij heeft geschreven voor Playboy, GQ en The Washington Post, en in Groot-Brittannië levert hij regelmatig bijdragen aan The Independent en The Observer. Op zijn internetsite (www.beerhunter.com) vindt u een bibliotheek van zijn werken.

Hij heeft proeverijen geleid op de Belgische Ambassade in Tokyo en het Belgisch Consulaat in New York en lezingen gegeven aan Cornell University, het Museum of Archaeology and Anthropology (University of Pennsylvania), het Culinary Institute of America, de Smithsonian Institution, de National Geographic Society en de Cambridge Union. Hij is Patron (beschermheer) van de Oxford University Beer Appreciation Society.

Michael Jackson's
GROTE BELGISCHE BIEREN

Vierde, volledig herziene en uitgebreide editie.
Originele titel: Michael Jackson's Great Beers of Belgium.
Fotografie: Joris Luyten, Marc Joye, Ben Vinken, Michael Jackson.
Taalkundige supervisie: Belga Translations, Brussel.
Ontwerp en opmaak: Arcobel E-media, Antwerpen (www.e-media.arcobel.com)
Druk en afwerking: Stige S.p.a., Turijn.
Augustus 2002, alle rechten voorbehouden.

Eerste publicatie in België, MMC.
ISBN 90-5373-011-7

Uitgever: Media Marketing Communications NV, Antwerpen.
St.Lucaslaan 34, 2180 Antwerpen.
Tel. 03/ 645 72 47/fax 03/645 72 53
Info@beerpassion.com
www.beerpassion.com

Foto cover: met dank aan Ritzenhoff Cristal.

Michael Jackson's

Grote Belgische Bieren

VOORWOORD BIJ DE VIERDE UITGAVE

In London en New York, San Francisco en Tokyo hebben de 'Lifestyle'-pagina's van kranten en tijdschriften een nieuwe obsessie: Belgische modeontwerpers...Belgischerestaurants...Belgische chocolade...Belgisch bier. Tot mijn genoegen is het begonnen met het bier (en ik neem graag aan dat ik er zelf een beetje heb toe bijgedragen). De naam 'Belgisch' heeft heel wat stootkracht gewonnen.
Maar beseffen de meeste Belgen dat wel? Misschien niet. Ze zijn te druk bezig met koken, eten of bier drinken. Ze zaten er ook niet echt mee verveeld toen de rest van de wereld hen amper een blik waardig achtte.
Herinnert u zich de film : "If it's Tuesday, it must be Belgium"? De laatste tijd moét het België zijn, welke dag van de week het ook is. Het is niet zo zeer dat België veranderd is, maar wel dat het met enige vertraging wordt opgemerkt. Toen de modeontwerpers nog aan de academie zaten, wisten ze al dat ze in het land van Magritte, Rubens en Bruegel leefden. Liefde voor lekker eten en drinken? De Belgen zeggen dat ze "Bourgondiërs" zijn, alsof het iets van gisteren is.
Mensen zijn zelden nationalistisch Belg, misschien wel omdat België twee volkeren telt, met hier en daar nog een bevolkingsgroep erbij. Als mentaliteit zou België echter wel eens duurzamer kunnen zijn dan het zelf denkt. De tweede grootste brouwerij ter wereld is Belgisch – ten minste tot zich weer een andere brouwerij op het overnamepad begeeft. Hoegaarden en Leffe worden stilaan internationale namen. Chimay is er al een. Een restaurant in Philadelphia stelt een diner voor dat van wal steekt met bier uit Achel en de producten van alle trappistenbrouwerijen de revue laat passeren. Nog opmerkelijker is een ander diner dat er op het menu staat en dat wordt opgediend met meer dan een dozijn lambieks van het vat, vooral van Cantillon. Het beste nieuws in deze vierde uitgave is dat er een gloednieuwe lambiekbrouwerij op het toneel is verschenen, namelijk Drie Fonteinen in Beersel. In deze uitgave worden nog enkele nieuwe brouwerijen voorgesteld, waaronder Paeleman in Wetteren. Toen ik André Paeleman vroeg waarom hij zo vastberaden was om brouwer te worden, antwoordde hij meteen "omdat ik een Belg ben". Ook in deze uitgave zitten weer brouwerijen die opnieuw tot leven werden gebracht. Waarom startte Marc Beirens opnieuw met Duysters in Diest? "Het zit in mijn genen," is hoe hij het bekijkt. Mijn bewering dat de Belgische brouwers de meest typische zijn, werd overgenomen door Antoine Bosteels: "Ik streef ernaar een typische Belgische brouwer zijn," zei hij eens tijdens een lunch.
In dit boek wordt veel geluncht en veel bier gedronken.
Het boek ziet er mooier uit dan ooit en bevat veel nieuw materiaal. Het is een gids op zijn eigen typische manier. En het helpt mensen bier te begrijpen. Of de Belgen. Of allebei.

Michael Jackson

INHOUDSTAFEL

Wat is er zo speciaal aan Belgisch bier?
Waarom in België?
De bierheiligen: en de speciale aanwezigheid van België
HOOFDSTUK I De koning van het bier: een Belg

Een passie voor bier

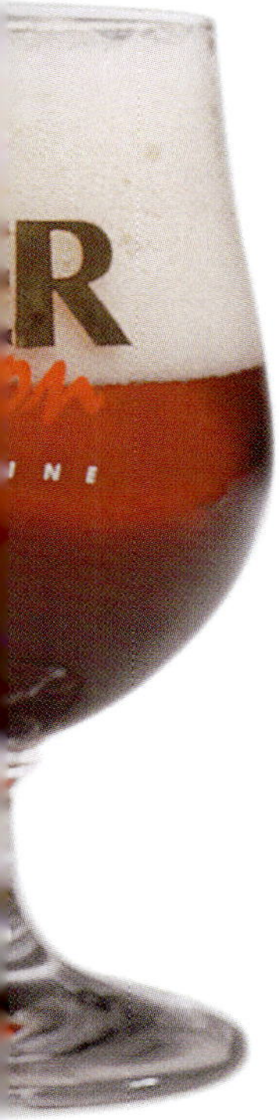

Het respect dat in de meeste landen te beurt valt aan wijn, wordt in België ook gekoesterd voor bier. De manier waarop het wordt geschonken, lijkt soms wel een verleidingsritueel. Het is best mogelijk dat men eerst nog een wikkel van zijdepapier moet verwijderen van de fles, waarop soms de belofte Grand Cru of Grande Réserve staat vermeld. Of de fles wordt in een korfje naar de tafel gebracht. Het kan een champagnefles zijn, maar er zit bier in. De met draad verstevigde kurk wordt getrokken en een schuimend brouwsel vloeit in een fluitglas, bourgogneglas, drinkbeker of cognacglas. Een glas bier moet er smakelijk uitzien en dat weten de Belgen maar al te goed. Ze storten zich niet meteen op hun drank, net zomin als op hun eten. Beide verdienen het gesavoureerd te worden. Mensen die fijne wijnen echt weten te waarderen, en dus niet zomaar uit snobisme, kunnen niet blind zijn voor de complexe aroma's en smaken van de grote bieren. Geen enkel land is volledig gespeend van snobisme, maar in België leeft een oprechte waardering voor fijne wijnen, net als het besef dat bier deel uitmaakt van zijn gastronomische cultuur.

WAT IS ER ZO SPECIAAL AAN BELGISCH BIER?

Geen enkel land heeft het leven gegeven aan zoveel verschillende bierstijlen (hoewel verscheidene landen over veel meer brouwerijen beschikken). België telt ongeveer 120 brouwerijen die samen zo'n 500 bieren brouwen in tien of twaalf hoofdstijlen en ten minste 50 of 60 subcategorieën). Geen enkel land heeft bieren die zo complex zijn in karakter als de fijnste bieren uit België. Geen enkel land heeft zoveel individualistische, idiosyncratische bieren. Sommige bieren zijn zo ongewoon dat de argeloze consument ervan opschrikt.

De meeste 'wijnachtige' bieren worden in België gemaakt, maar hetzelfde geldt voor de zure, zoete, fruitige, gekruide, chocoladeachtige of nootachtige en bloemrijke aroma's en smaken.

Nergens anders worden bij het omzetten van de gerst in mout zoveel aroma's en smaken ontlokt aan het graan. De toevoeging van lichte en donkere kandijsuiker is typisch voor de Belgische brouwers. Nergens heeft de traditie van het gebruik van kruiden, specerijen en fruit, naast hop, zo goed overleefd. Nergens anders springen de brouwers zo avontuurlijk om met hun gistcultuur of met het gebruik van houten vaten voor de gisting of de rijping.

In geen enkel ander land passen de inheemse bieren zo goed bij het eten. Dit geldt vooral voor de zuurdere types. Nergens ter wereld vindt men zo'n gesofistikeerde bierkeuken (die veel verder reikt dan de mosselen en stoofkarbonaden en andere gerechten die gewoonlijk met bier worden geassocieerd).

In welke zin zijn de Belgische bieren individualistisch of idiosyncratisch? De wijnachtige, spontaan gegiste lambiekbieren uit de Zennevallei en het Pajottenland ten westen van Brussel vertegenwoordigen een traditie die uniek is voor België. Lambiek is de oudste bierstijl die wordt gebrouwen in de westerse wereld.
De wrange, acide, "zure" bieren uit Vlaanderen, die vaak nog meer karakter krijgen in enorme houten vaten, zijn ook een unieke Belgische traditie.

In de productie van hogegistingsbieren en tarwebieren is België een van de wereldleiders. Geen enkel land heeft zoveel bieren die een tweede of zelfs derde gisting kennen in de fles, ofwel door toevoeging van een dosis gist, ofwel met een versnijding van jonge en rijpe brouwsels. (Het zijn deze gisthoudende brouwsels die horizontaal worden bewaard en die soms in een mandje uit de kelder worden gehaald, zodat het bezinksel niet wordt verstoord.)

Oostenrijk, Duitsland en België zijn de enige landen die de praktijk om in kloosters te brouwen in leven hebben gehouden. Alleen België heeft brouwerijen die nog eigendom zijn van trappisten. (In Nederland biedt een trappistenabdij onderdak aan een brouwerij, maar ze is er niet langer de eigenaar van).

Los van al deze specialiteiten hebben sommige bieren echter zoveel specifieke eigenschappen dat ze gewoonweg niet in een hokje kunnen worden gestopt.

Koken met bier: Palm maakt het gezellig met wilde fazant en Belgisch witloof. Dit gerecht werd klaargemaakt met Dobbel Palm, in het Kasteel Diepensteyn, verbonden aan de brouwerij.

WAAROM IN BELGIË?

Net zoals wijn wordt gemaakt in warme landen waar fruit groeit (en vooral druiven), wordt bier gebrouwen in koelere landen die graan (en met name gerst) verbouwen.

Bier werd al gemaakt door de vroegste beschavingen en verspreidde zich westwaarts vanuit Mesopotamië. De oude Grieken en Romeinen maakten wijn en introduceerden het gebruik ook in Frankrijk en Iberië. In het onmiddellijke noorden is het mogelijk dat Keltische stammen bier brouwden in wat nu de Tsjechische Republiek, Duitsland, België, Groot-Brittannië en Ierland is. Let op welk land centraal ligt in deze biergordel.

De koning drinkt: Albert II, Koning der Belgen op bezoek bij Interbrew. Links: Chief Executive Hugo Powell, rechts Voorzitter Paul Baron De Keersmaeker.

Toen de Romeinen westwaarts trokken, werd al bier gebrouwen door de dappere, koppige stammen die zij de Belgae noemden. In België zijn er ruïnes van brouwerijen uit de 3e en de 4e eeuw na Christus. De Belgae waren de voorvaderen van de Walen (een woord dat verwant is met "Welsh") en mogelijk ook van de Vlamingen. Deze twee volkeren (de Walen die Frans spreken en de Vlamingen die

de voorkeur geven aan het Nederlands) leven ingesloten door de beboste, glooiende hellingen van de Ardennen en het vlakke land rond de delta van de Schelde, maar op een centrale plaats op de Europese kustlijn. In de bossen werd houtskool ontgonnen en kwamen ambachtelijke industrieën tot ontwikkelingen, die vaak begonnen in hermitages of kloosters. De zee maakte van Vlaanderen een machtige handelsnatie in de 15de eeuw. De kloosters, de ambachtstra-

ditie en de vroege groei van welvarende steden (Ieper en Brugge zijn hiervan uitstekende voorbeelden) cultiveerden een brouwersindustrie met een bijpassende cuisine bourgeoise. De historische invloed overleeft vandaag nog, zoals wordt opgemerkt door Ruth Van Waerebeek in haar boek "In België eet iedereen lekker."
Het huidige koninkrijk België, dat werd opgericht in 1831, wordt gevormd door de Walen en de Vlamingen, samen met twee kantons Duitstaligen. De hoofdstad, Brussel, is officieel tweetalig. Aangezien de stad ook de "federale hoofdstad" van Europa is, worden op straat en in de cafés ook veel Engels en tal van andere talen gesproken.

België wordt misschien nog meer samengehouden door de liefde voor het bier en het voedsel dan door enige andere kracht. Een bijzondere historische invloed ging uit van Bourgondië, nu een Franse streek die vandaag nog wereldfaam geniet om haar Pinot Noir-wijnen en hartelijke keuken met onder meer Charolais rundvlees en mosterd van Dijon. In de Middeleeuwen omvatte het uitgestrekte Bourgondische territorium ook de gebieden die vandaag België vormen. Later kwamen deze landen onder de heerschappij van Spanje, Frankrijk en Nederland. Delen van Noord-Frankrijk beschouwen zichzelf nu nog als Vlaams, en de Belgische provincies Brabant en Limburg hebben naamgenoten in de zuidelijke delen van Nederland. In Duitsland ligt bovendien een stad die Limburg heet. En er zijn twee Luxemburgen: het onafhankelijke groothertogdom en de aangrenzende provincie van België.

Vandaag wordt de term "Bourgondisch" in België nog altijd gebruikt voor een persoon die geniet van eten en drinken, zowel wat de kwantiteit als de kwaliteit betreft. "Bourgondisch" is een nuttig en positief geladen woord dat ik graag zou invoeren in het Engels ter vervanging van het woord "gourmand" (gulzig). Op het hoogtepunt van de Bourgondische macht vormde de abdij van Cluny het intellectuele centrum van Europa en eeuwenlang lieten de benedictijnen een wijdverspreide invloed gelden.

De benedictijnenabdijen in Hoegaarden en Affligem hebben in de eerste drie of vier eeuwen van het voorbije millennium een belangrijke rol gespeeld in de Belgische brouwerstraditie. Het overdadige leven in Cluny leidde, als reactie, tot de oprichting van de strengere cisterciënzerorde van Cîteaux (eveneens in Bourgondië) en later de nóg strengere abdij van La Trappe in het Franse Normandië. Deze abdij, die nog altijd werkzaam is, ligt aan de oorsprong van de trappistenkloosters in België en in Nederland.

De invloed van de Benedictijnen in de abdij van Affligem.

De bijnaam "De Bourgognes van België" wordt nog altijd gebruikt om de bieren van Wallonië en Vlaanderen te beschrijven. Zelfs in Frankrijk beginnen druiven plaats te ruimen voor gerst in de Champagne-streek en de grens met België wordt een ontmoetingsplaats van meer dan de twee naties. Het is ook een trefpunt voor wijn en bier; de Franse en de Vlaamse taal; twee culturen, de ene Latijns van oorsprong, de andere Germaans.

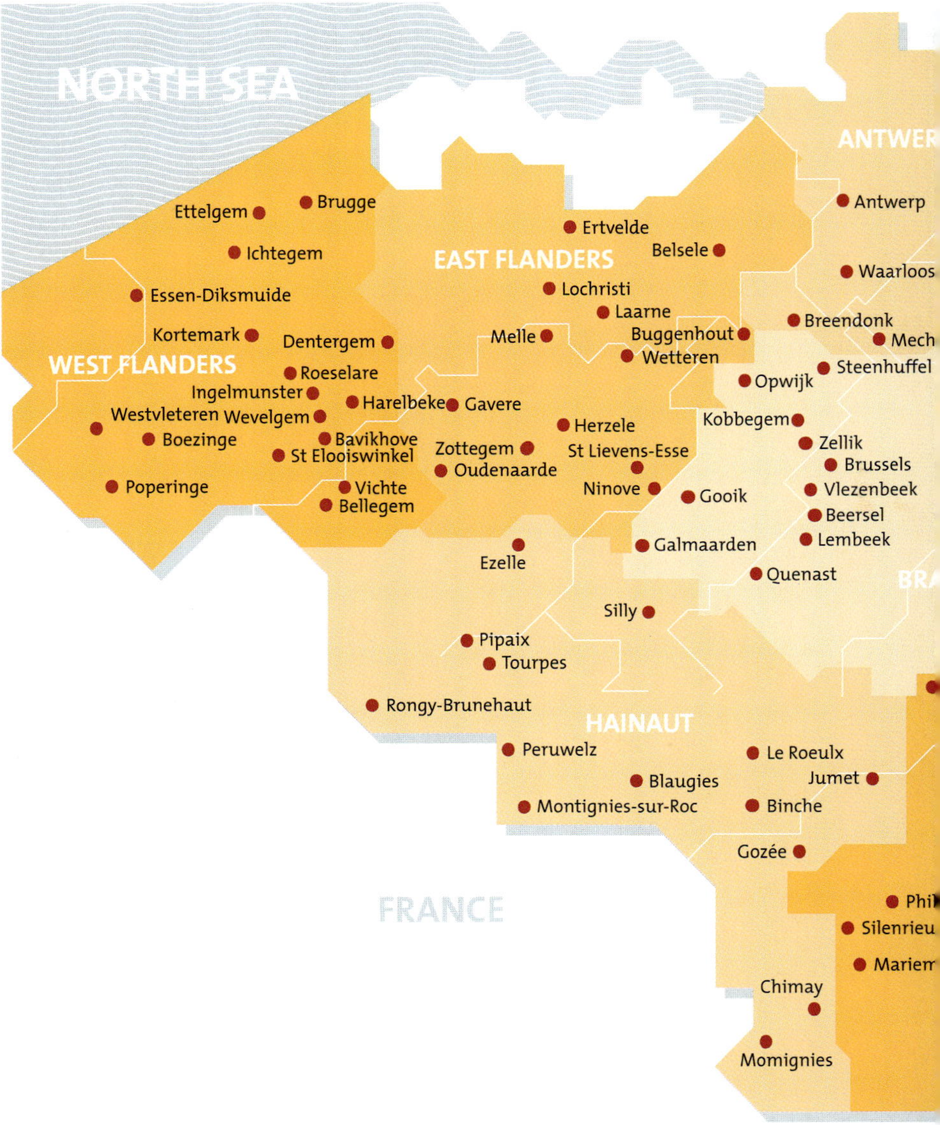

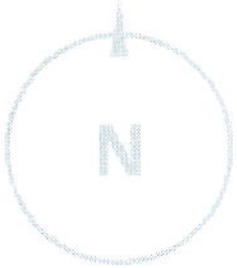

De brouwerijen...en provincies.

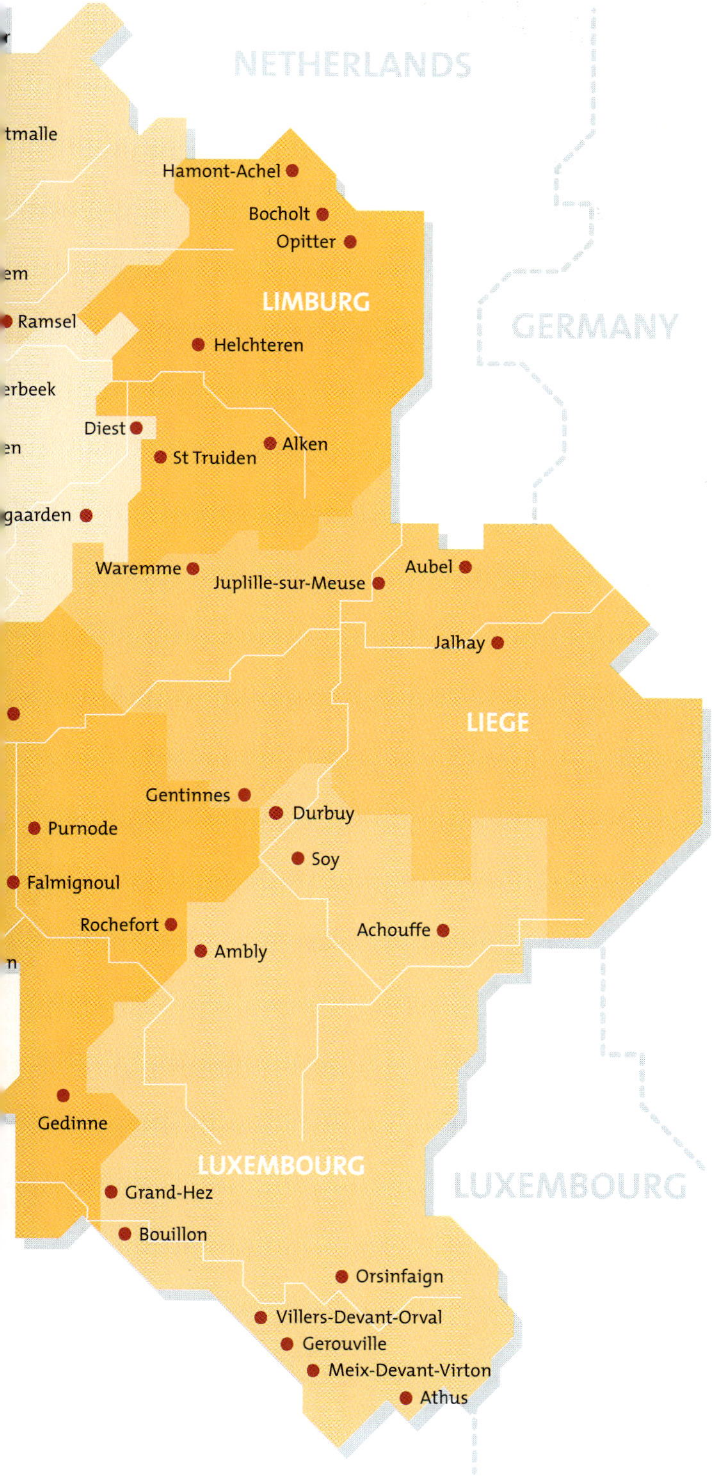
NETHERLANDS
GERMANY
LUXEMBOURG
LIMBURG
LIEGE
LUXEMBOURG
Hamont-Achel
Bocholt
Opitter
Ramsel
Helchteren
Diest
St Truiden
Alken
Waremme
Juplille-sur-Meuse
Aubel
Jalhay
Gentinnes
Durbuy
Purnode
Soy
Falmignoul
Rochefort
Achouffe
Ambly
Gedinne
Grand-Hez
Bouillon
Orsinfaign
Villers-Devant-Orval
Gerouville
Meix-Devant-Virton
Athus

Misschien heeft de Franse wijn het Belgische bier beïnvloed. Vast staat dat de Franse en de Belgische keukens raakpunten hebben, ongeacht of het om cuisine bourgeoise of haute cuisine gaat.

Een zeetongetje gevuld met kabeljauwmousse, subtiel versierd met een groene prei, vergezeld van een La Grisette Blonde .... de bierkeuken van Restaurant Devos in Bergen.

Net zoals Franse kinderen wijn kregen bij de maaltijd, leerden jonge Belgen traditioneel tafelbieren met een laag alcoholgehalte drinken. In dit Coca-Cola-tijdperk gaat het er anders toe: kinderen maken zich een voorliefde voor zoetigheden eigen die weinig goeds voorspelt voor een 'hoppige' toekomst. De beroemde Franse Michelin-gids kent in zijn thuisland minder sterren per hoofd van de bevolking toe dan in België. Beseft de wijnliefhebber Michelin dat sommige van de sterrenrestaurants in België bier serveren en er zelfs mee koken? Invloeden van buitenaf – van regeringen, indringers of bondgenoten - werden verwelkomd voor de positieve bijdragen die ze konden leveren, vooral als het ging om voedsel en drank, maar niet voor hun pogingen orde op te leggen. Belgen laten zich niet zomaar de les spellen. Van de Ardennen tot de Scheldedelta heeft elk dal en vaak zelfs elke stad of elk dorp zijn eigen accent van het Frans of het Vlaams, zijn eigen gerechten en zijn eigen manier om bier te brouwen.
Ooit ging het er in de andere grote brouwersnaties als volgt aan toe: elke stad had haar eigen bierstijl. Pas toen de stoomkracht werd ontwikkeld, werden brouwerijen groot genoeg om hun producten aan de man te brengen voorbij de schaduw van hun schoorstenen en staken nationale stijlen de kop op: pas toen de geletterdheid zich verspreidde, kon lering worden getrokken uit de wijsheden – en de dwaasheden – van eenvormigheid.

Intronisatie van een nieuwe Ridder van de Roerstok: Alain Delaet (Huyghe) houdt zijn bedankingsspeech.

DE BIERHEILIGEN EN DE SPECIALE AANWEZIGHEID VAN BELGIË

Zelfs in het communistische Tsjechoslovakije heb ik ooit een kruisbeeld zien hangen aan de muur van een brouwhuis. Dergelijke symbolen in een brouwerij kunnen bezoekers uit protestantse landen verbazen, maar in de rooms-katholieke streken van de bierwereld zijn kruisbeelden en heiligenbeelden universeel. Hun wakende aanwezigheid benadrukt de agrarische aard van het brouwen. Als God niet voor regen zorgt, dan is er geen water om mee te brouwen. Als hij de zon niet doet schijnen, dan is er geen graan en geen hop. Te veel zon of water is dan weer rampzalig voor de oogst.
Een hele stoet heiligen wordt op uiteenlopende manieren in verband

gebracht met het brouwen. Een handvol onder hen wordt in bepaalde streken beschouwd als patroonheiligen van de brouwers. De patroonheilige van de Tsjechische brouwers is de gecanoniseerde Koning Wenceslaus van Bohemen; de Duitsers hebben St.-Florian; de Fransen kiezen voor St.-Arnoldus (of Arnoud en tal van andere spellingen) van Metz. Aangezien enkele van de interessantste brouwerijen van Frankrijk vlakbij de Belgische grens liggen, is er een beetje verwarring tussen de bierheiligen van de twee landen en de vele legenden die hen omringen.

De patroonheilige van de Belgische brouwers is een andere Sint-Arnoldus, van Soissons. Hij is de best bekende van alle bierheili-

De Ridders van de Roerstok in vol ornaat op de Grote Markt.

gen en wordt ook meest zichtbaar vereerd in zijn eigen land. Arnoldus werd geboren in 1040, in Tiegem (nu het centrum van het West-Vlaamse "rood" bier); hij was een monnik van de abdij van Saint-Médard in Soissons (dichtbij de champagnestad Reims) en later bisschop. Sint-Arnoldus stichtte de abdij van Oudenburg, tussen Oostende en Brugge. Beweerd wordt dat Sint-Arnoldus, toen de pest in het land was uitgebroken, zijn kruisbeeld in de brouwketel onderdompelde om de mensen aan te moedigen bier in de plaats van water te drinken. En de pest verdween. Het water gaf waarschijnlijk de infectie door, terwijl bier een veiliger drank bleek, omdat het gekookt wordt tijdens de productie. Nog een ander verhaal vertelt de miraculeuze wijze waarop Sint-Arnoldus bier produceerde na de vernieling van de abdijbrouwerij.

De abdij van Oudenburg werd zelf zwaar vernield tijdens de Franse Revolutie. Haar rol werd overgenomen door de abdij van Steenbrugge, in Brugge. Deze abdij leent haar naam aan bieren die vandaag worden gemaakt in de Brugse brouwerij De Gouden Boom. Sint-Arnoldusdag is 18 augustus en dit wordt soms herdacht met een klein ritueel in de brouwerij. Daarnaast brengen de Belgische brouwers elk jaar in september hulde aan Sint-Arnoldus tijdens een kerkdienst in Brussel. Deze dienst is de laatste jaren een onderdeel geworden van een "Bierweekend". Vanaf de kerk schrijdt een stoet van brouwers, kleurrijk uitgedost als Ridders van de Roerstok, door de straten tot aan de Grote Markt. De stijl van de stoet varieert, maar sinds jaar en dag zijn de brouwers vergezeld van paarden en karren, oude brouwerswagens, fanfares en steltenlopers (deze laatste kunst wordt op prijs gesteld in de soms ondergelopen laagvlakten).
In 1997 werd me gevraagd in een paardenkoets mee te rijden aan het hoofd van de processie, samen met de befaamde brouwer Modeste Van den Bogaert van De Koninck. Een hele eer. Het verbaasde me hoe vriendelijk de voetgangers en automobilisten die door de stoet werden opgehouden, ons begroetten, ook al werd de weg zowat een uur lang versperd. In Parijs, Londen of New York zouden we op gebalde vuisten of toeterende claxons zijn onthaald.

Op de markt, nog meer muziek en amusement. In 1997 was het hoogtepunt een koorddanser die op een hoogte van bijna 40 meter van de geveltop van het huis van de Brouwersgilde – een gebouw uit 1707 – tot aan een mast in het midden van het plein stapte. Halverwege deze wandeling haalde hij met behulp van een katrol een glas bier naar omhoog en dronk dit leeg. Daarna trokken de brouwers zich terug in het schitterende stadhuis (waarvan een gedeelte dateert uit de 15e eeuw). Omringd door de fraaie wandtapijten van de Gotische Zaal wijdden ze de nieuwe Ridders van de Roerstok in. De tapisserieën brengen hulde aan de ambachten, in het bijzonder aan de weef- en de brouwkunst.

In 2000 stond de stoet in het teken van de voordelen van matig drankgebruik voor de gezondheid. Tot mijn amusement zag ik een hoog vaandel van de Confederatie der Brouwerijen van België. Het hing hoog boven de toeschouwers en droeg in het Nederlands, het Frans en het Engels de boodschap: "Een pintje of twee per dag houdt de dokter weg". Ik kan me moeilijk inbeelden dat een dergelijke waarheid uitgesproken zou mogen worden in mijn eigen land, het Verenigd Koninkrijk. Of in de Verenigde Staten.

DE KONING VAN HET BIER: EEN BELG

In de kerk gezegend, leidt het biervat de processie door de stad.

Het Belgische brouwerijwezen profileert zich graag met pralend vertoon. Dit heeft veel te maken met een personage, soms Cambrinus genoemd, maar wiens naam vaker met een "G" wordt gespeld. Hij is de legendarische 'Koning van het Bier'. Bier werd door de Romeinen vaak cerevisia genoemd (van dezelfde stam als cerealiën), maar ze gebruikten ook het woord camum, dat mogelijk van Keltische oorsprong is. Afgekort tot cam, dat verwant kan zijn met 'kam', werd deze term in Noord-Frankrijk en in België ook gebruikt voor de staaf waaraan de brouwketel boven het vuur werd opgehangen in een huisbrouwerij. Was het uit deze woorden dat zich het Noord-Franse cambier, dat brouwer betekent, ontwikkelde? En misschien de stadsnaam Cambrai, in Frans-Vlaanderen?

Dit is één mogelijke verklaring voor de oorsprong van de naam Cambrinus. De courantere spelling wordt in verband gebracht met een wijder verbreide theorie. Gambrinus wordt gewoonlijk beschouwd als een verbastering van 'Jan Primus' of Hertog Jan I, de

13e eeuwse Bourgondische heerser over Brabant, Leuven en Antwerpen, gebieden en steden die vandaag in België liggen. Jan was een vechtersbaas en een bon-vivant. Hij verleende vergunningen om bier te brouwen en te schenken en vaardigde een wet uit tegen het aanlengen ervan. Er wordt gezegd dat Gambrinus tijdens één enkel feest 144 kruiken bier kon drinken. Misschien duurde het feest even lang als sommige Belgische lunches die ik me heb laten smaken. Van Gambrinus wordt ook beweerd dat hij de heildronk heeft uitgevonden. Die werd echter reeds vóór zijn tijd geïntroduceerd door bijgelovigen die boze geesten probeerden af te weren. Afbeeldingen van Gambrinus tonen hem schrijlings zittend op een vat, met een schuimend glas geheven voor een heildronk.

De "Jan Primus-theorie" wordt gestaafd door het feit dat men Gambrinus ook als Bierkoning aantreft bij "rivaliserende" brouwerstradities zoals die van Duitsland en de republiek Tsjechië. Hiervan heb ik bewijzen gezien van Portugal tot Finland, maar het is in het bijzonder treffend in de Tsjechische Republiek en in brouwerijen van Duitse oorsprong, zowel in Europa als in Noord- en Zuid-Amerika.

Zoals zoveel aspecten in de geschiedenis van het brouwen, kan het een kwestie zijn van familie. Er zijn veel brouwerijen geweest met de naam Gambrinus, met als bekendste Pilsen in de Tsjechische Republiek. Toen ik een Tsjech vroeg waarom men die naam had gekozen, legde hij me uit dat de lijn verderliep met koning Jan van Bohemen, die op zijn beurt de vader was van de Duitse Keizer Karel IV.

HOOFDSTUK II

Water

Het land dat de wereld "Spa" schonk

Toegewijde liefhebbers van bronwater zullen zeker weten dat het Engelse woord "spa", dat kuuroord betekent, afkomstig is van de naam van een stad in de Belgische Ardennen. De bronnen daar werden reeds beschreven door Plinius en herontdekt in de Middeleeuwen. Het woord "spa" werd in de Engelse taal ingevoerd door twee Britse dokters in de 18e eeuw. De term is toegevoegd aan vele stadsnamen, maar er is slechts één stad die gewoon Spa heet, met een hoofdletter "s", en dat is de oorspronkelijke, in België.

De brouwer van Rodenbach kon vanuit zijn huis zijn watervoorraad in het oog houden.

Spa biedt nog steeds baden aan waar men een kuur kan volgen, paviljoenen en fonteinen (evenals het traditionele casino), alles in een kader van spectaculair diepe valleien, waar je in de winter kan skiën. Na de zorg voor hun gezondheid kunnen bezoekers zich te goed doen aan een kop warme bouillon of aan een snack bereid met ter plaatse gevangen forel of Ardense ham, gerookt op eikenhout. Spa telt ten minste vijfentwintig bronnen. Verscheidene onder hen

brengen water voort dat rijk is aan ijzer en koolzuur. Door de jaren heen is het als drank en als bad gebruikt door mensen die lijden aan bloedarmoede, jicht en reuma. Andere bronnen in het stadje spuiten water dat van een ongewone zuiverheid is. Het minerale water dat al meer dan honderd jaar in flessen gecommercialiseerd wordt onder de merknaam Spa, heeft een veel lager zoutgehalte dan om het even welke concurrent.

Verschillende Belgische brouwerijen gebruiken bronwater uit de Ardennen, de glooiende heuvels en wouden die oprijzen ten oosten van de Maas. Er bestaat een andere beroemde bron in Chaudfontaine, dichtbij Luik; haar waters zijn ook in de handel beschikbaar.

De productie van bier vereist water voor het beslaan en het brouwen, en er gaat heel wat verloren door verdamping, spoeling en behandeling. Daarnaast wordt ook heel wat water gebruikt voor het afwassen van de uitrustingen, flessen en vaten en voor de schoonmaak van het brouwhuis zelf. Toen brouwerijen industriële afmetingen begonnen aan te nemen, werd de hoeveelheid water waarover ze konden beschikken een belangrijk punt. Ze hadden enorme hoeveelheden zuiver water nodig en moesten kunnen vertrouwen op de beschikbaarheid ervan, zowel in de zomer als in de winter. Dit speelde voor de eerste industriële brouwerijen een rol bij de keuze van hun locatie, meer dan een bepaalde minerale samenstelling in het water. Een logisch gevolg was dat het karakter van het beschikbare water mee de stijl van het bier bepaalde.

Een brouwer die bieren van lage gisting wil maken, zoals geproduceerd in Budweis, Pilsen en München, heeft zacht water nodig, zoals het water van die steden. De kenmerkende stevigheid van een pale ale wordt het best bereikt met hard water, zoals dat van Burton, Engeland. Een brouwer die een porter (zwaar, donkerbruin bier) of een stout wil maken, zal uitkijken naar water dat rijk is aan calciumchloride of calciumcarbonaat, zoals dat van Londen of Dublin.

Vandaag de dag kunnen de brouwers de nodige natuurlijke zouten wegnemen of toevoegen om precies dat soort water te produceren dat zij wensen. Een brouwer die zijn eigen bron of put heeft, spreekt daar gewoonlijk graag over. Een dergelijke troef geeft hem een goed gevoel. Hoe dieper en koeler de bron is en hoe sneller het water stroomt, hoe zekerder hij zich voelt over zijn bevoorrading. Het is de eerste stap in de richting van een zuiver en consistent bier. Op zichzelf is het geen waarborg voor een uitstekend bier, maar het is een waardevol begin.

HOOFDSTUK III

Druiven en graan
Gerst, tarwe, rogge, haver
Variëteiten van gerst
Waar gerst groeit
Het mouten
Gerst, tarwe, rogge, haver
Graan omzetten in mout
Mout, kleur en smaak
Infusie en afkoken
De brouwzaal

Graan

Bier is meer dan bleke gerstenmouten. Belgiës verbluffende aanbod benadrukt subtiele kleuren, volle smaken en aroma.

Het zou kunnen dat de beschaving begonnen is met bier. Op basis van deze theorie kan worden gesteld dat de Belgen hun prioriteiten juist gesteld hebben. In hun onnavolgbaar enthousiasme voor bier zijn ze gewoon op zoek naar een eigen beschaving.
De theorie houdt voor dat, toen de mens ophield met jagen en vissen en zich in een georganiseerde samenleving vestigde om graan te telen, hij dit niet deed om brood te bakken, maar om bier te brouwen. Onderzoek op dit vlak is gebaseerd op opgravingen die zich uitstrekten van Oud-Egypte tot wat nu Israël, Syrië, Irak en Turkije is.

Volgens recente studies werd minstens 33.000 jaar geleden, in het huidige Noord-Israël en Syrië, al wilde gerst gewonnen. Deze werd dan vermoedelijk geroosterd en misschien wel gebruikt om bier te maken, hoewel hier niemand zeker van is. Vandaag wordt aangenomen dat in hetzelfde gebied, zo'n 13.000 jaar geleden, gerst en tarwe werden geteeld. Deze conclusies steunen op het onderzoek van stenen werktuigen. Het eerste tastbare bewijs van bierconsumptie is gevonden in het gedeelte van Irak dat vroeger Mesopotamië was, in het gebied van Babylonië en de streek van Sumer afgebeeld op een sierzegel van meer dan 6.000 jaar oud. Het oudste recept van de wereld vind je op een aantal Sumerische tafels die meer dan 5.000 jaar oud zijn, en het legt uit hoe men uit gerst bier kan maken.

DRUIVEN EN GRAAN

Druiven nemen heel wat water op uit de grond, dat ze vervolgens omzetten in sap. Ze kunnen gewoon worden geplet om dit sap vrij te geven, dat rijk is aan vergistbare suikers. Granen nemen niet zoveel water op. Men moet ze laten weken, ontkiemen en trekken opdat ze hun vergistbare suikers zouden vrijgeven. Waren de oude volkeren haverpap of brooddeeg aan het maken en werden hun granen door de wilde gisten uit de omgevende lucht plots tot bier omgevormd? Of had men een gerstebrood, dat waarschijnlijk hard en onsmakelijk was, opgeslagen als een vorm van "instant bier"?

Gemoute gerst, in zakken geleverd, dat is zwaar werk voor de kleine brouwer. Grotere brouwers gebruiken graansilo's.

De gedachte dat er eerst bier was en dan pas brood, zou geïnspireerd kunnen zijn door een uitdrukking die veel voorkwam in de brouwende kloosters van Oostenrijk, Duitsland en België. Zelfs in de strengste orden was het de monniken toegelaten om bier te drinken tijdens de vasten. Ze noemden het "Vloeibaar brood". De academische theorie vond haar oorsprong in een Duitstalig werk uit de jaren twintig en opgravingen in Irak tijdens de jaren dertig, en werd verder ontwikkeld door professor Solomon Katz van de universiteit van Philadelphia, op het einde van de jaren tachtig. Bij mijn bezoek aan de Georgetown University in Washington D.C. in de jaren negentig, suggereerde de jezuïet Pater Ronald Murphy me dat "brood" en "brouwen" oorspronkelijk hetzelfde woord waren. Hij opperde ook dat "barley", de Engelse term voor gerst, was ontstaan uit het feit dat het een bierachtige - "beerlike" – graansoort was. Sommige etymologische woordenboeken delen dit standpunt.

Nog volgens Pater Murphy zou Sint-Vaast, een dorpspriester in de buurt van Reims in de vijfde of zesde eeuw, duivels hebben uitgedreven uit gutsend, besmet bier door het zingen van alu, een heel oud Indo-Europees woord dat loslaten en extase betekent, maar ook verwijst naar taboes. Alu vinden we terug in alus (Litouws en Lets), õlu (Estisch), olut (Fins), öl (Zweeds), øl (Noors en Deens) en ale (Engels). De Baltische en Scandinavische varianten betekenen gewoon "bier". De Engelsen gebruiken enkel het woord "ale" tot ze "beer" overnamen van het Vlaamse bier. "Ale" betekende oorspronkelijk bier zonder hop. Vandaag staat het voor bier van hoge gisting. En St-Vaast, die wordt nog herdacht in de namen van twee kleine stadjes, één in Noord-Frankrijk, het andere in België, tussen Bergen en Charleroi.

Bier is dus misschien ouder dan wijn, maar er ontwikkelde zich al snel een soort snobisme. In het vroege Romeinse keizerrijk beschreef Tacitus de Germaanse volkeren reeds als volgt: "De drank die ze van gerst of tarwe bereiden, is een brouwsel dat enigszins lijkt op een wijn van inferieure kwaliteit." Blijkt dat de warme landen zich toen al toelegden op de druif en de koudere op het graan (hoewel sommige gemeenschappen mede maakten van honing of cider van appels).

Misschien kwam het snobisme voort uit het feit dat wijn gedronken werd door de heersende klasse en bier in de koloniën, toen de Romeinen de scepter zwaaiden in Europa, de Normandiërs Engeland veroverden en in de verschillende perioden dat de Bourgondiërs en de Napoleontische Fransen over België heersten. Misschien hebben de Romaanse talen meer zinnelijkheid verleend aan hun eigen dranken dan de Germaanse. Misschien zijn het warmere zuiden en de vlezige druif op zichzelf sensueler dan het koele noorden met zijn minder weelderige graan.

GERST, TARWE, ROGGE, HAVER

Gerst is het graan dat het best kan worden omgezet in bier, maar dat het minst geschikt is voor het bakken van brood. De bakker kan beter tarwe en rogge gebruiken. Het is dus zo dat gerst steeds de belangrijkste graankorrel is geweest voor het brouwen, hoewel tarwe ook een vast ingrediënt is van verschillende kiassieke biertypes, denk maar aan Beieren en België, waar het op grote schaal wordt gebruikt. Rogge wordt er eerder uitzonderlijk in verwerkt. In sommige Belgische bieren gebruikt men haver, wat men ook terugvindt in de Engelssprekende wereld, maar toch eerder zelden. Gerst zorgt voor een stevige, afgeronde zoetheid; tarwe geeft het bier een dorstlessende wrangheid; rogge is kruidig, bijna met een muntsmaak; haver verleent er een zijdeachtige, zachte volmondigheid aan. Rijst wordt soms gebruikt om de body van het bier wat lichter te maken en maïs als een goedkoper ingrediënt, hoewel dit het bier een onaangename kleverigheid kan bezorgen.

VARIËTEITEN VAN GERST

Twee verschillende druivensoorten kunnen totaal verschillende wijnen opleveren; de verschillen tussen gerstsoorten zijn heel wat minder vanzelfsprekend, maar toch besteedt de brouwer aandacht aan de keuze van de variëteit, de streek van herkomst en het seizoen.

Voor bier worden twee gerstrassen gebruikt: ze verschillen van elkaar door het aantal graanrijen in elke aar. Veel brouwers verkiezen gerst van twee rijen, omdat ze vinden dat die van zes rijen te zemelig is. Anderen vinden dan weer dat die juist meer smaak geeft. De graanboeren, die hun oogsten willen opvoeren, zoeken steeds naar nieuwe variëteiten van beide rassen. Veel brouwers verkiezen zomergerst (gezaaid in maart en geoogst in juli en augustus), in de overtuiging dat de wintervariëteiten (seizoen van oktober-november tot juni) te ruw zijn. Maar alweer denken andere brouwers daar anders over. Ze vinden dat wintergerst voor meer karakter zorgt, vooral bij ales.

Vroeger waren landbouwers gewoonlijk ook brouwers. Graan is immers bederfelijk en was dus moeilijk te transporteren in de dagen van paard en kar. In de zomer was er veel werk op de boerderij, maar in de winter heel wat minder. Tijdens de koude maanden kon men dan ook graan laten gisten tot bier (of er sterke drank van stoken). In België vindt men nog hoevebrouwerijen. Girardin, een brouwerij die ook tarwe verbouwt, is hiervan het beste voorbeeld. Aan andere brouwerijen kan je vaak nog altijd zien dat het ooit boerderijen waren, ook al wordt er vandaag nog alleen gebrouwen. Er zijn ook nog kloosters met zowel een boerderij als een brouwerij. Het ritme van zaaien, oogsten, brouwen, laten rijpen en drinken vindt men ook sterk terug in de traditionele seizoensbieren. Landbouw- en religieuze seizoenen vallen natuurlijk ook vaak samen. In die dagen was er in België voldoende gerst om ieders dorst te lessen.

WAAR GERST GROEIT

Fijne moutgerst wordt hoofdzakelijk verbouwd in het noordelijk halfrond, met name tussen de breedtegraden 45 en 55. Gerst houdt van koud weer, een zachte zon, een rijke maar goed gedraineerde bodem en vrij vlakke landschappen.

Vandaag kent het telen van brouwersgerst een lichte heropleving in België: rond Gembloux (tussen Brussel en Namen), in de provincie Luik en in de streek tussen Antwerpen en de Nederlandse grens. De meeste gerst wordt echter ingevoerd. België is omringd door landen waar gerst verbouwd wordt: Frankrijk (de streek tussen Orléans en Parijs en de Champagnestreek), Duitsland (voornamelijk zuidelijk Frankenland), Nederland (Zeeland) en Engeland (Oost-Anglia).

Terwijl de druif delicaat is en niet geschikt voor transport, is gerst heel wat robuuster. Hij behoudt zijn suikers en enzymen, nodig bij het gisten, totdat heel het proces van het mouten achter de rug is. Dit laatste kan gebeuren op de plaats van de oogst ofwel dichter bij

de brouwplaats. De installatie waar het gebeurt, noemt men een mouterij. Mouterijen kan men aantreffen op alle plaatsen waar er gerst om te mouten wordt verbouwd, hoewel veel kleinere mouterijen andere bestemmingen hebben gekregen (in Groot-Brittannië werd er zelfs eentje omgebouwd tot een beroemde concertzaal). De oudere mouterijen zijn zeer bijzondere gebouwen. Ze hebben gewoonlijk ten minste twee of drie verdiepingen, met luchtgaten in het dak, katrollen om het graan op te trekken en luiken om de temperatuur onder controle te houden.
België heeft nog steeds zes of zeven mouterijen, die in de hele

Een klassieke brouwerij-boerderij in Brabant.... Lindemans produceert Lambik, en is vooral bekend voor zijn fruitbieren.

brouwwereld bekend staan om de kwaliteit van hun producten. Vandaag de dag bestaan mouterijen gewoonlijk op zichzelf, hoewel ze in het verleden dikwijls op de plaats van de brouwerij stonden en er ook eigendom van waren.

GRAAN OMZETTEN IN MOUT

Tijdens het moutproces wordt gerst in water gedrenkt, zodat hij gedeeltelijk kan kiemen, en daarna opnieuw gedroogd. Het eindproduct noemt men gerstenmout, of gewoonweg mout. Het is het hoofdbestanddeel van bier (een gegiste drank), maar ook van whisky (zijn gedistilleerde tegenhanger).

Het mouten neemt ongeveer tien dagen in beslag. Het weken in tanks – met verschillende verversingen van het water, en verluchting om het gerst-embryo te laten ademen – is zowat in elke mouterij hetzelfde. De geweekte korrels spreidt men dan uit op een stenen vloer en men harkt ze regelmatig op om ze te verluchten en van elkaar te houden als ze beginnen te kiemen. Het is mogelijk dat men ze in ondiepe, geventileerde bakken of in draaiende kiemtrommels plaatst. Het vloersysteem is het meest traditionele en sommige mouters vinden dat dit het beste resultaat geeft. Nadelen zijn wel dat er veel meer ruimte voor nodig is en het veel meer werk vergt. Deze methode wordt meestal aangetroffen in landelijk Bohemen of in het whiskygebied in Schotland. Gedurende 30 of 40 jaar had de Belgische brouwer Artois een prachtige mouterij met zes verdiepingen in het centrum van Leuven, maar in 2001 kondigde het bedrijf aan dat het gebouw zou worden gesloten of verkocht.

MOUT, KLEUR EN SMAAK

Juist zoals de duur van het contact met de druivenschillen zowel de kleur als het aroma van de wijn bepaalt, wordt hetzelfde in bier bereikt voor het drogen van de mout. Een zeer zacht geëeste mout is bleek van kleur en delicaat van smaak en brengt een gouden bier voort. Op de eest gekleurde mout is roder van kleur en heeft een zoetere, beschuit- of zelfs toffee-achtige smaak. Een geroosterde mout is diepbruin of zwart van kleur en zijn aroma doet eerder aan pure chocolade of espressokoffie denken. De eesten in een traditionele mouterij zien er vanbuiten niet anders uit dan die van een pottenbakkerij. Waar de zeer donkere mouten gemaakt worden, vindt men ook de trommels die koffiebranders gebruiken. Het ruikt er zelfs naar koffie die gebrand wordt.

Het kan zijn dat een mouterij alleen het zeer bleke type van mout produceert, ofwel dat er een dozijn variëteiten worden gemaakt, elk met zijn eigen regime van inwekingen en temperaturen. Sommige mouten dragen de naam van het biertype dat ze voortbrengen: Pilsener Malt, Pale Ale, Weense mout, Münchener mout (in dalende graad van eesten). Andere worden omschreven op basis van hun karakteristieken: Aromatische mout, Biscuit, Chocolade, geroosterd. In deze mouten zijn er nog verschillende variëteiten.

Sommige bieren worden met slechts één mouttype gebrouwen, in vele andere worden echter twee of drie moutsoorten verwerkt. Voor sommige speciale bieren worden tot acht soorten gebruikt, al is dat toch uitzonderlijk. Een bier van verschillende mouten kan een speciale, complexe en subtiele kleur hebben. Op de schaal die de brouwers gebruiken, zal een gouden bier waarvoor uitsluitend bleke mouten werden gebruikt, zo'n 6,5 kleureenheden tellen. Een stout kan er wel 150 tot 200 hebben. Weinig mouterijen in andere brouwnaties maken zoveel variëteiten als de zes in België. Gekarameliseerde en aromatische mouten zijn bijzonder belangrijk voor de smaken van tal van

Belgische speciale bieren. De reputatie van de Belgische producenten van deze mouten in het buitenland wordt dan ook steeds sterker.

INFUSIE EN AFKOKEN

In de brouwerij wordt de mout in een molen geschroot en vervolgens een uur of meer in heet water gedompeld om het meel om te zetten in vergistbare suikers. Hoelang deze beslagprocedure duurt en op welke temperatuur ze verloopt, hangt af van de brouwerij en van het type bier. Het kan een gewone infusie zijn, op een gelijke temperatuur, of er kunnen verschillende stappen zijn. Er kan zelfs worden afgekookt, door het overbrengen van de ene ketel naar de andere, op verschillende temperaturen. Als er suikers gevormd zijn, wordt de vloeistof – het versuikerde extract van de mout – opgepompt naar de brouwketels. Dit "aftreksel" is bij de brouwers bekend als wort. De oorsprong hiervan ligt in het Germaanse woord "wortel". Het aftreksel is als het ware de wortel van het bier.
Wort is zeer zoet en moet daarom op smaak gebracht worden met hop. Puur gedronken is het zeker geen verfrissende drank. Ik heb het wel al eens heet gedronken, met een scheut whisky erin, als alternatief voor koffie. Het bleek een zeer versterkend drankje.

DE BROUWZAAL

De eenvoudigste brouwzaal heeft slechts twee grote vaten: de beslagkuip, waar de infusie gebeurt, en de brouwketel. In een ambachtelijke brouwerij, vroeger misschien een boerderij, is de beslagkuip een open ronde kuip, vervaardigd uit gietijzer. Ze ziet er uit als een onderdeel van een stoomlocomotief. Binnenin zit een roermechanisme dat niet zou misstaan op een oude pikdorser. Soms is de brouwketel niet méér dan een koperen teil, onderaan opgewarmd met gasvlammen of met stoomspiralen binnenin, soms is hij ingemetseld. Dit type brouwzaal vindt men nog veel in België, maar zeer weinig in de rest van de wereld. België en de aangrenzende Noord-Franse streken behoren tot de laatste thuishavens van de ambachtelijke brouwkunst. Je vindt er ook nog enkele in Frankenland en in Groot-Brittannië. Zeer oude brouwzalen en de brouwtechnieken die ermee gepaard gaan, lijken binnen een bepaald gebied vaak op elkaar. Waarschijnlijk was er destijds in de streek een plaatselijke ingenieur die alle brouwerijen ontwierp, alsof het trein-

Ultramoderne installaties in Jupille.

stations waren op een regionale lijn. Zonder twijfel heeft dit invloed gehad op wat we "streekbieren" noemen. De brouwzaal die iedereen onmiddellijk herkent, herbergt twee koepelvormige koperen ketels. Ze doen denken aan de batysferen van Jacques Cousteau (of een creatie van Jules Verne?). Dit type van brouwzaal wordt vandaag nog gebouwd, maar vaak in roestvrij staal en in een hoekigere vorm. Er zijn ook moderne brouwzalen met de kuipen achter muren, soms achter tegels, met luiken en kijkglazen, zodat het geheel sterk lijkt op een reusachtige wasmachine. Andere zien er uit als een voedingsbedrijf, en sommige zouden niet misstaan op de "Starship Enterprise". In recentere tijden heerste er een trend van terugkeer naar de traditionele vormen, maar de stijl is vaak hoekiger.

Een aantal zeer stijlvolle brouwzalen, meer dan 100 in verschillende landen, werd vanaf 1845 gebouwd door de Belgische onderneming Meura, een internationale naam in de sector. In België staan enkele van de oudste actieve en enkele van de technisch meest geavanceerde brouwerijen ter wereld. In het Brouwershuis op de Brusselse Grote markt vindt u een beperkte tentoonstelling over het ontwerp van brouwzalen, oude en nieuwe. In het verbluffende museum van de brouwerij Martens in het Belgisch Limburgse Bocholt staan niet minder dan zes brouwzalen die dateren uit verschillende perioden. De collectie in dit museum neemt niet minder dan 4.000 m^2 in beslag op drie of vier verdiepingen. Hoe is het begonnen? In de jaren zeventig zag Jean Martens zich verplicht een versleten beslagkuip te vervangen. Hij kon het niet over zijn hart krijgen ze weg te gooien. De rest is geschiedenis, in meer dan één betekenis. In 2001 leidde de 81-jarige Jean mij rond met de oprechte trots van een Belgische brouwer.

Wijnachtige bieren: spontane vergisting
Zure bieren: Brettanomyces, melk- en azijnzuurgisting
Fruitige bieren: hoge gisting
Een florale complexiteit: hergisting op de fles
Bieren met een zuivere smaak: lage gisting
Schenktemperatuur
Zwaarte

HOOFDSTUK IV

Gist

Sommige landen hebben alleen een lagercultuur, in andere leeft een voorkeur voor ales. Belgische gistingen kunnen wijnachtig, zurig, zelfs roosachtig zijn.

Wilde gisten, aanwezig op de schil van de druif, waren de eerste actieve vergisters die zorgden dat het sap in wijn werd omgezet, net als zijn complexiteit in smaak. Sommige wijnen worden nog steeds op deze wijze gemaakt, aan andere wordt een speciaal gecultiveerde gist toegevoegd.
Tijdens een groot gedeelte van de wijn- en brouwgeschiedenis waren de wijnboeren of brouwers zich gewoon niet bewust van het bestaan van gist. Wijnmakers wisten wel dat er een omzetting plaatsvond, maar hadden geen idee dat die veroorzaakt werd door een nauwelijks zichtbaar micro-organisme op de schil van de druif. Ook de brouwers realiseerden zich niet dat het meer afgebrokkelde graan, eens de suikers waren omgezet door het mouten en roeren, zeer ontvankelijk waren voor gisten die vrij aanwezig zijn in de lucht of alomtegenwoordig in de brouwerij.

Op die manier fermenteerde het bier in de Mesopotaamse tijd. Deze oersimpele methode is nooit helemaal verdwenen. Er is bewijs gevonden dat de techniek overleefde rond de steden Düsseldorf en Danzig (nu Gdansk) tot de vroege twintigste eeuw. Vandaag is België, en vooral het gebied onmiddellijk ten westen van Brussel, het laatste deel van de ontwikkelde wereld waar deze techniek nog wordt gehanteerd, met name voor de productie van de lambiekbieren. Dat is een van de redenen waarom het lambiekbier wordt geprezen. Ooit moeten alle bieren zoals lambiek zijn geweest. Vandaag is het een uniek Belgisch product.

WIJNACHTIGE BIEREN: SPONTANE VERGISTING

De andere reden waarom lambiek wordt geprezen, is zijn heel specifieke wijnachtige, zurige complexiteit, die voortkomt uit het voortdurend gebruik van een bijzondere methode: de spontane gisting. Dit is de Vlaamse term, in het Frans spreekt men van "Bières de Fermentation Spontanée". (Het Engelse woord voor gist is yeast. De twee woorden vertonen een fonetische gelijkenis. Mogelijk zijn gist, yeast, de sprankelende bierstijl gueuze en de woorden gas en geest allemaal verwant, verwijzend naar iets "onzichtbaars" dat van beneden oprijst. De Duitsers hebben een totaal ander woord voor gist – Hefe – dat echter ook verwijst naar rijzen zoals in "heffen"). Zonder twijfel doet het Franse levure niet alleen het brood gisten, maar ook het bier bruisen tot er een kraag opstaat.

In de moderne tijd zijn de lambiekmakers nog de enige brouwers die de techniek van de spontane vergisting voortzetten, en ze hebben er een hoge graad van vakmanschap in bereikt. Lambiek is het meest traditionele brouwsel, om het even waar in de wereld, dat kan worden erkend als bier. De enige andere spontaan gegiste bieren zijn de drabbige, porridgeachtige inlandse bieren in vele derdewereldlanden. Lambieks zijn onnoemelijk complexe bieren en hun productie kan wel drie jaar of langer in beslag nemen; het meest vergelijkbare proces is de productie van fino sherry, met de afhankelijkheid van de wilde gist, "flor" genaamd. In een lambiekbrouwerij en in een sherry-bodega hangt ook vaak dezelfde geur. Stellen dat de Afrikaanse en Aziatische inlandse bieren, met hun gisting die slechts enkele uren duurt, heel wat minder verfijnde producten zijn, is zeker geen belediging voor deze culturen. Eigenlijk kan men ze geen "bier" noemen.

Een van de elementen in een gecontroleerde gisting, is de temperatuur. De lambiekbrouwerijen groeiden op voordat dit mogelijk was, maar België is een gematigd land, men is er nooit ver van de zee. De volgende drie stijlen van vergisting gebruikten aanvankelijk omgevingstemperaturen, maar gebruiken nu zowel koeling als verwarming. Tijd is een ander element. De vergisting en rijping van bieren van de lambiekfamilie kan drie jaar in beslag nemen. Een lager kan drie maanden nodig hebben. Een ale kan klaar zijn in drie weken.

ZURE BIEREN: BRETTANOMYCES, MELK- EN AZIJNZUURGISTING

In de tijd toen alle bier nog spontaan vergistte en men nog geen kennis had van gist, leefde er in een brouwerij een hele variëteit van wilde gisten en andere micro-organismen.
In die tijd waren alle gistings- en opslagvaten van hout, die bovendien vaak openstonden. Deze omgeving was veel ontvankelijker voor wilde gisten en ander micro-organismen dan een moderne brouwerij, met haar afgesloten vaten in roestvrij staal.

Binnen de "zoo" van micro-organismen kwam een rangorde tot stand die gebaseerd was op de overleving van de sterkste en de heerschappij van de meest levenskrachtige. Terwijl de micro-organismen gistingen veroorzaakten, werden een aantal ervan uitgeschakeld door de alcohol die ze creëerden. Sommige gisten zijn beter bestand tegen alcohol dan andere. Sommige organismen kunnen niet werken zonder zuurstof, andere kunnen dat wel. Om deze redenen kan er een opeenvolging van vergistingen worden ingevoerd, waarbij gisten of micro-organismen die wegvallen, worden vervangen door andere.

Typische deelnemers aan een dergelijke opeenvolging zijn verschillende gisten van de familie van Brettanomyces, lactobacilli en acetobacters. De eerste creëert aroma's en smaken waarvan soms wordt gezegd dat ze doen denken aan een paardendeken, zakkengoed of jute; de tweede heeft een melkzuurkarakter; de derde een azijnachtige toets. De aciditeit kan een bier ondrinkbaar zuur maken indien ze niet wordt gecontroleerd, maar als ze in evenwicht wordt gehouden, dan kan ze ook stabiliteit creëren, zoals bij de bewaring van voedsel door pekelen. Melkzuurgisting wordt gebruikt in de scherpe, verfrissende tarwebieren van Berlijn en Brettanomyces in een aantal porters en stouts, maar het gebruik van deze elementen komt nog het meest voor in België, vooral in de productie van de lambiekbieren, maar ook in een aantal hogegistingsbieren zoals de Old Brown-ales en de "zurige" rode ales van Oost- en West-Vlaanderen. Wereldwijd zijn deze gistingstechnieken weinig bekend, maar ze vormen een zeer specifiek aspect van de kunst van de Belgische brouwers. Daarnaast slaan ze ook een brug tussen de spontane vergisting en de hoge gisting.

FRUITIGE BIEREN: HOGE GISTING

Als het bier gist, komt er een schuimlaag naar boven. Wanneer dit schuim begint te borrelen, kan het overlopen. Sommige gistkuipen hebben een rand zodat het overlopende schuim naar een hiervoor bestemde kuip kan worden geleid. Dit systeem zou zich hebben ontwikkeld in de Middeleeuwen. Wanneer het borrelen stopte, goten de brouwers het overgelopen schuim bij het volgende brouwsel. Zo ontdekten ze proefondervindelijk dat de volgende vergisting betrouwbaarder en consistenter werd. De schuimende vloeistof leek miraculeuze proporties te hebben, maar ze wisten niet hoe het werkte. Engelse brouwers noemden het "Godisgoed". Het overgelopen schuim bevatte eigenlijk miljoenen verse, krachtige gistcellen, maar dat wisten de brouwers niet. Brouwers wisten niet wat gist was. Het woord "gist" bestond nog niet en de betekenis ervan begon pas echt te dagen halfweg de negentiende eeuw. Ondertussen waren de brouwers die deze techniek gebruikten, overgestapt van spontane vergisting op een empirische, onbewuste procedure van gistselectie. De naam van deze techniek kwam van het afschuimen van de gist van de bovenkant van de gistkuipen. In België zal een hoog- of bovengegist bier in het Vlaams vaak "een bier van hoge gisting" genoemd worden, in het Frans een "bière de haute fermentation". Hoge gisten, Saccharomyces cerevisiae, worden gebruikt voor de productie van tarwebieren, abdijbieren, stouten en andere speciale bieren. Soms worden ze gewoonweg ale-gisten genoemd. Deze culturen produceren gewoonlijk fruitige, kruidige smaken. Ze zouden herkenbaar aanwezig moeten zijn in alle bieren van hoge gisting en niet alleen in degene die werkelijk vruchten of specerijen bevatten.

Hoge gisting....hier wordt de gist met de hand afgeschept.

EEN FLORALE COMPLEXITEIT: HERGISTING OP DE FLES

Terwijl zowel de Duitsers als de Britten enkele bieren hebben die opnieuw gisten in de fles (en men er ook in Amerika steeds meer vindt), zijn het toch de Belgen die deze techniek opmerkelijk veel toepassen. Op de etiketten van deze bieren verwijzen de Duiters vaak naar de gist (Hefe) of de troebelheid (Trub), zonder te specificeren of er een latere vergisting heeft plaatsgevonden. In het Engels wordt gewoonlijk de term bottle-conditioned (geconditioneerd in de fles) gebruikt, terwijl de Belgen het hebben over Hergist in de fles / Refermentée en bouteille). De hergisting kan worden veroorzaakt door het brouwsel ongefilterd te bottelen, maar dit vereist heel wat vaardigheid. Als er te veel gist in het brouwsel blijft zitten, dan kan de gisting te sterk zijn en kan de fles ontploffen. Of er kan te veel gist zijn voor de hoeveelheid voeding in de residuele moutsuikers.

De gist sterft dan en het bier krijgt een onaangenaam korrelige smaak. Dit kan worden voorkomen door het brouwsel te laten bezinken in een kuip, zodat veel van de gist (maar niet alle gist) neerslaat voor het wordt gebotteld. Het komt erop neer dat het brouwsel wordt gedecanteerd nog voordat het op flessen wordt gedaan. Een andere methode is het brouwsel te centrifugeren om veel van de gist te verwijderen, waarbij toch genoeg overblijft voor de tweede gisting. Een derde is het brouwsel te filteren, waarna een afgemeten hoeveelheid verse gist wordt toegevoegd.

Sommige brouwers gebruiken dezelfde gist voor de eerste gisting en voor de hergisting op fles. Anderen nemen voor de tweede gisting liever een gist die compacteert om troebelheid te voorkomen. Er zijn nog meer redenen om in de fles een verschillende gist te gebruiken: hij heeft minder ruimte om in te werken, met minder zuurstof, in een omgeving waar hij gehinderd kan worden door alcohol, en hij moet lange tijd blijven leven, zodat er zich geen korrelige smaak van "dode gist" ontwikkelt.

In de meeste landen verdween de techniek van de hergisting op fles omdat de brouwers het gemakkelijker vonden hun bier te filteren en te pasteuriseren, en de consumenten raakten gewend aan een heldere, klare pint. De Belgische brouwers slaagden erin de hergisting op fles te perfectioneren, en de barmannen en consumenten weten hoe ze deze bieren moeten schenken zonder dat het troebel wordt.

Terwijl op fles gegiste tarwebieren zoals het Belgische witbier gewoonlijk uitgeschonken worden met de gist in zwevende toestand, worden de lambieks en andere types met meer zachtheid geserveerd; ze worden als het ware gedecanteerd, zodat het bezinksel in de fles blijft. De voordelen van de gisting op fles zijn tweevoudig: de hergisting houdt het bier fris en er ontstaan specifieke smaken met een florale, soms roosachtige complexiteit.

BIEREN MET EEN ZUIVERE SMAAK: LAGE GISTING

In het grootste deel van de brouwersgeschiedenis kon alleen in de winter worden gewerkt. In de warmere maanden bevatte de lucht gewoon teveel wilde micro-organismen, zodat het gevaar van zure bieren te groot was.

In Maart werd dan een extra grote voorraad gebrouwen die werd bewaard voor consumptie in de zomermaanden. Deze zomerse vrijstelling liet de boerderijbrouwers ook toe om zich op hun boerderij te concentreren. Na de gerst- en hopoogst begon het nieuwe brouwseizoen dan eind september of begin oktober. Traditionele lambiekbrouwerijen doen het nog altijd op deze manier.

Wanneer de Münchense brouwers hun bier opsloegen voor de zomer, deden sommigen dat in de dichtbijgelegen grotten aan de voet van de Alpen. Na een tijd merkten ze dat de grotten het bier niet alleen in een goede conditie hielden, maar dat ze het ook een stabiliteit bezorgden. Dit kwam natuurlijk door het feit dat de koude de gist naar de bodem deed zinken, waar hij geen schadelijke invloed meer kon ondergaan. Deze methode werd bekend als "lagering", naar het Duitse woord voor opslag. De eerste maal werd erover gesproken in 1402, in de minuten van de Münchense Stadsraad, maar het werd pas veel later begrepen.

Gist werd voor de eerste maal onder een microscoop bestudeerd door de Nederlandse geleerde Anton van Leeuwenhoek, in 1680. In de 18e en 19e eeuw vergrootten de Franse chemici Lavoisier en Gay-Lussac en de Duitser Liebig de kennis op dit gebied. Rond 1830 begon de Beierse brouwer Sedlmayr met de ontwikkeling van een methodische techniek om lagegistingsbier te maken. Die eerste Beierse laaggegiste bieren waren donkerbruin en ze werden vlug gevolgd door een amberkleurig Weens type. In 1842 kwam dan het gouden product uit de stad Pilsen. Het feit dat de brouwers steeds meer de gist beheersten en dat ze voor het eerst een klaar, helder bier konden maken, had voor gevolg dat een doorzichtig, gouden bier vlug een aantrekkelijke nieuwigheid werd, vooral in een tijdperk waarin stenen of metalen drinkbekers, waar je niets in zag, vervangen werden door in massa geproduceerd glaswerk.

Lage gisting: de eerste bieren van lage gisting waren donker en amber, kwamen uit München en Wenen, tot in het Tsjechische Pilsen 's werelds bekendste bierstijl ontstond.

Het duurde tot 1857 voor de werking van gist volledig verklaard werd, door Pasteur, en tot 1883 voor de eerste gistcel uit de lagegistingscultuur geïsoleerd werd, door Emil Hansen in de Carlsbergbrouwerij in Kopenhagen. Lagegistingsgisten werden nu bekend als Saccharomyces carlsbergensis.

Om hun werk goed te doen, hebben deze gisten lage temperaturen nodig. Waar geen alpengrotten beschikbaar waren, kon men soms ijs loskappen uit meren, maar het was de ontwikkeling van de kunstmatige koeling die het mogelijk maakte dat het brouwen van lagegistingsbieren zich over de wereld kon verspreiden. Vandaag vormen de goudkleurige lagers een internationale bierstijl. Tal van consumenten kennen er geen andere.

SCHENKTEMPERATUUR

Een bier dat geheel is gegist en gerijpt bij hogere temperaturen geeft zijn smaak het best weer rond 13°C. Een zwaar en rijkelijk bier als Chimay Grande Réserve mag zelfs nog warmer worden opgediend, rond 15-18°C. Het smaakpalet van een dergelijk bier verdwijnt helemaal als het sterk gekoeld wordt geserveerd. Lage gisting speelt zich klassiek af op een temperatuur die maximaal kan oplopen tot 9 °C , gevolgd door een lagering gedurende drie maanden van om en bij de 0°C. Eenmaal bier gelagerd is geweest, lijkt het zijn smaak het best weer te geven op lagere temperaturen, ideaal ergens rond 8–9°C.

ZWAARTE

De zwaarte van een bier wordt bepaald door zijn oorspronkelijke gehalte van natuurlijke suikers en de mate waarin deze in alcohol zijn omgezet. Net zoals wijnmakers over de Brix-schaal beschikken om de suikerinhoud uit te drukken, hebben ook brouwers een aantal meetsystemen. In sommige landen vermeldt men deze systemen traditioneel op de etiketten, in plaats van de alcoholinhoud. Zelfs de alcoholinhoud kan op twee manieren worden uitgedrukt: in gewicht en volume. Omdat alcohol lichter is dan water, zal het gewichtssysteem lagere cijfers gegeven; het begrip volume is makkelijker te begrijpen.

Hetzelfde exemplaar van een internationaal bekend merk van het Pilsener-type kan men 12 graden op de Balling-schaal (Tsjechische Republiek) toeschrijven, dezelfde score op de Duitse Plato-schaal, 4,6–4,8 Belgische graden, 1048 oorspronkelijke dichtheid (Brits), 4 gewichtsprocent alcohol (de Amerikaanse manier) en 5 volumeprocent. Het gewichtsysteem wordt gebruikt in Verenigde Staten, waar de meeste staten de vermelding van de zwaarte op het etiket verbieden. Deze staten hanteren het ondemocratische uitgangspunt dat de consument niet te vertrouwen is: hij zou wel eens alleen de sterkste bieren kunnen kopen. In een minderheid van Amerikaanse staten, Canada, de Europese Unie en veel andere delen van de wereld wordt het volumeprocent alcohol vermeld op het label.

Terwijl de meeteenheden van het suikergehalte (vroeger "oorspronkelijk gewicht" of "densiteit" genoemd) wel van belang zijn voor de weetgierige liefhebber, is de consument waarschijnlijk al tevreden als hij gewoon het alcoholvolume van het product kent.

Geen onderwerp is meer onderhevig aan mythen en legenden. Drinkebroers zweren dat hun inlandse bieren zwaarder zijn dan die van een ander land, maar dat is niet waar. Elke brouwnatie heeft bieren met een grote variatie in densiteit. Het verst dat men hierin zou kunnen gaan, is dat een denkbeeldig gemiddeld bier, gebaseerd op de totale consumptie, in Duitsland en België 4,7 volumeprocent alcohol bevat, 3,7 in Groot-Brittannië en 4,5 in de Verenigde Staten.

Belgiës gemiddelde is afgeleid van een consumptiepatroon dat er gevarieerder uitziet dan in alle andere landen. België heeft veel lichte bieren, maar ook een ongewoon brede, onmiddellijk beschikbare en goed in stand gehouden selectie van zware bieren. Of ze dit nu bewust doen of niet, Belgen lijken altijd naar een bier te grijpen dat het best past bij de gelegenheid. Interbrew schat dat de gemiddelde Belgische bierdrinker jaarlijks van acht soorten bier proeft. Hoeveel Duitsers komen verder dan hun gebruikelijke Helles, Pilsner of tarwebier? Hoeveel Britten zijn hun Lager, respectievelijk hun Bitter of Stout ontrouw?

Een van Belgiës talloze geciviliseerde gewoonten is de productie van tafelbieren. Lang voor er alcoholvrije of -arme bieren bestonden, zetten de Belgen al lichte bieren, uitermate geschikt voor het hele gezin en dus ook de kinderen, op tafel. Hoewel deze categorie erop achteruitgegaan is, bestaan er toch nog zo'n 80 tafelbieren. Het zijn gewoonlijk bieren van lage gisting, bleek of donker, met een alcoholvolume gaande van 0,8 tot 3,2. Een kind dat gewoon geweest is deze bieren aan tafel te drinken, zal minder tot buitensporigheden worden aangezet als tiener, wanneer bieren met een meer conventioneel alcoholgehalte beschikbaar worden. Bier is een onderdeel van het beschaafde leven in België; het is geen initiatieritus in een grotemensentuin vol bekoringen en zonden. De Belgen zouden er goed aan doen om deze visie in leven te houden en ze eventueel door te geven aan anderen.

De meeste bieren voor elke dag zitten in België een beetje onder of boven de 5%-grens. Dit omvat zowel bekende Pilsenertypes als Stella Artois, Maes en Jupiler; ales zoals Palm, Ginder Ale en Vieux-Temps en ook de "witte" tarwebieren zoals Hoegaarden.

België heeft ook een hele reeks zwaardere bieren in een breed gamma van 6 tot 10% en nog hoger, met bieren als de Westvleteren Trappist (11,0-11,5) en Bush (12,0-12,2, vergelijkbaar met een Engelse barley wine) boven aan de lijst. Britten, Duitsers, Zwitsers en Amerikanen hebben allemaal nog sterkere biersoorten, maar geen van die landen kan ook maar tippen aan de waaier van Belgische variëteiten in zware bieren.

Revival van de tafelbieren: Alken-Maes lanceert haar Maes Nature in 1999

Potentie is geen graadmeter voor kwaliteit. Op een warme dag kan een licht biertje met een laag alcoholgehalte de geknipte dorstlesser zijn. Bij het eten past een bier met een bescheiden alcoholgehalte dat precies genoeg body heeft. Voor en na het diner is iets meer assertiviteit op zijn plaats. Ook body en kracht zijn niet noodzakelijk synoniem. Een laag alcoholisch bier kan een erg stevige body hebben, maar een sterk bier brouwen, dat toch nog licht is, blijft erg moeilijk. De meeste heel sterke bieren zijn ook zwaar; het is dus vrij moeilijk om ze in grote hoeveelheden te drinken. Toch is een Kasteelbier bij een spannend boek voor het slapengaan een uiterst beschaafd gebruik. Als je ten minste niet meer moet rijden. En niets anders meer moet doen dan ... slapen.

Sluit de kasteelpoort, en drink een zwaar bier voor het slapengaan.... de 11% graden alcohol van Kasteelbier zullen hun werk wel doen.

HOOFDSTUK V

Specerijen, kruiden en hop

Koriander, sinaasappelen uit Curaçao, paradijszaad... een vleugje tropen.

Ooit werden smaakbestanddelen toegevoegd aan alle dranken, om onvolkomenheden te verhullen, aroma toe te voegen, de natuurlijke smaken in evenwicht te brengen, en in sommige gevallen als bewaarmiddel.
De eerste wijnboeren voegden kruiden, specerijen, bloemen, bessen, vruchten of boomschors bij hun product. Wijnen gekruid met kamille, kinineschors en rabarber worden nog altijd gemaakt, maar we kennen ze als vermouts. De wijnmakers van vandaag verkiezen aan de druif een evenwichtig, droog en aromatisch karakter te geven door middel van gisting in eiken vaten. In de oudheid gaven stenen amforen dit effect niet. Sommige brandewijnen zijn nog steeds gekruid met bestanddelen van noten of vruchten. Gin is een geestrijke drank die wordt gearomatiseerd met jeneverbes, koriander, sinaasappelschil en andere 'botanische' ingrediënten. In likeuren treft men specerijen, kruiden, noten of vruchten aan. Ooit waren alle bieren gekruid.

Aangenomen wordt dat er in de oudheid honing en dadels in verwerkt werden. Toen het brouwen zich verspreidde naar het westen en het noorden, werden ook inheemse smaakmakers als koriander, jeneverbes, gagel en elstwijgjes gebruikt. In België tref je hier en daar nog een oud jeneverbesbier, gemaakt zoals vroeger, dat gewoonlijk bedoeld is als de gin van de lage landen. Het oude gebruik van twijgen met jeneverbessen als filter, smaakmaker en bewaarmiddel overleeft bij de boerderijbrouwers in Estland, Finland, Gotland, Zweden en Noorwegen.
Na de ontdekkingsreizen naar en de vestiging van kolonies in Azië, Afrika en Noord- en Zuid-Amerika werden ook meer exotische ingrediënten gebruikt. België en Nederland waren één land in de vroege koloniale periode en waren erg actief in de specerijenhandel. De Caribische eilandkolonie Curaçao werd beroemd om haar kleine, bittere sinaasappelen. Deze vruchten werden beschouwd als een luxeproduct en staan afgebeeld op schilderijen van Vlaamse en Nederlandse meesters. Soms worden ze getoond met vaten die nietgeïdentificeerde dranken bevatten.
De gewoonte om kruiden, specerijen en vruchten aan het bier toe te voegen, hield in België het langst stand, ze verdween er nooit helemaal en wordt sterk geassocieerd met dat land. Vooral tropische ingrediënten zoals koriander, paradijszaad en gember werden gebruikt. De laatste jaren kent dit gebruik in België een heropleving en werd het opnieuw ontdekt in een aantal buurlanden en in Noord-Amerika.

Ik bezocht ooit eens de al sinds lang gevestigde kruidenhandelaar Robert Meyskens in Quiévrain, dichtbij Bergen. Hij liet me toen verbleekte, met de hand geschreven registers zien met bestellingen van verschillende soorten kruiden door een twintigtal brouwers. De heer Meyskens vertelde me dat zijn klantenaantal onder de brouwers was teruggezakt tot twee eenheden in het begin van de jaren zeventig, maar dat hij er op het ogenblik van mijn bezoek, in 1986, alweer een tiental had. Drie jaar later schreef hij me dat zijn zaken met de brouwers weer 'goed' liepen. Vandaag zitten er kruiden in bijna elk nieuw bier dat op de markt komt.
Naast honing, sinaasappelschil en koriander zijn anijs, zoethout, het peperige paradijszaad en gember populaire ingrediënten. Dit is bijzonder typisch voor de 'witte' tarwebieren in de stijl van Hoegaarden, hoewel het ook toegepast wordt bij andere brouwsels. Sommige onder hen worden apart geklasseerd als kruidenbieren. In oude Germaanse talen werden de aan het bier toegevoegde kruiden 'gruut' genoemd. In het moderne Engels wordt de term 'grouts' vooral in de spreektaal gebruikt voor het residu van theebladeren op de bodem van een kop tee.

HOP ALS DELICATESSE

In de oudheid kende men wel hop, maar men weet niet hoe die juist werd gebruikt. Plinius kende de hop als een tuinplant, waarvan de jonge scheuten als een soort salade werden gegeten. In Europa

bestaat deze gewoonte nog in Bohemen, Duitsland en elders, maar alleen in België kent ze een bloeiend bestaan. Wijlen Waverley Root, de Amerikaanse essayist die in Parijs woonde, had het erover in zijn boek 'Food'. In zijn vertrouwde stijl schreef hij: "De meest fervente bewonderaars van de hop zijn de Belgen". Hij bedoelde het wel in de gastronomische betekenis, maar "bewonderaars" was hoe dan ook het juiste woord.
De cultuur van het eten van hopscheuten, "jets d'houblon", kent tegenwoordig een heropleving. Het natuurlijke seizoen voor deze verrukkelijke, pittige delicatesse is kort: slechts drie weken, van half maart tot begin april, de periode waarin de scheuten gewoonlijk worden gesnoeid. De laatste jaren werd dit seizoen verlengd door geforceerde cultuur in verwarmde grond.
Zoals veel klassieke gerechten (Napolitaanse pizza, Florentijnse eieren met spinazie, Quiche Lorraine) ontstond de hopscheutmaaltijd zeer bescheiden, uit de drang om werkelijk het laatste greintje te gebruiken. De scheuten moesten toch gesnoeid worden, waarom konden ze dan ook niet gegeten worden? Het snoeien gebeurt juist als de scheuten hun kopje boven de grond uitsteken. Vandaag doet men dat gedeeltelijk door te sproeien, want met de hand snoeien is heel duur geworden; dat is trouwens een andere reden voor het cultiveren onder glas. Hopscheuten zijn een zeldzame en dure luxe geworden.

De meest elementaire manier om ze klaar te maken, bestaat erin ze in zout water met wat citroensap te blancheren en ze daarna in een soepbord op te dienen met één of twee zachtgepocheerde eitjes, wat boter, room of een eenvoudige velouté, bechamel- of mousselinesaus. Vandaag verfijnt men het recept nog door toevoeging van plakjes gerookte zalm. Escoffier beval nog korstjes van gebakken brood aan en stond erop dat ze in de vorm van een hanenkam werden gesneden. Net zoals Florentijnse eieren zorgen hopscheuten voor een eenvoudig maar delicieus voor- of tussengerecht.
Zoals asperges op Vlaamse wijze, met fijngesnipperde gekookte eieren (nog een gerecht waar dikwijls bier bij wordt gedronken), hebben ze bovendien het ritueel en het plezier van een kort seizoen. Net zoals in deze beide gerechten vindt men smaakvolle contrasten in de textuur van eieren en groenten, bereid of in salades.
Sinds de jaren negentig wordt een jaarlijks hopscheutenfestival georganiseerd begin tot half maart. Bezoekers worden met de bus naar het veld gebracht waar de hopscheuten worden gesnoeid. Daarna volgt een meergangenlunch waarbij deze magische plant wordt opgediend.

DE HOPPLANT

Terwijl de scheut van de hopplant wordt gegeten, wordt de bladerige stengel, ook wel de hopbloem genoemd, gewaardeerd voor zijn olie, hars, tannine en zijn zuurhoudende en aromatische kwaliteiten. Botanisch gezien is de hop lid van de Cannabinaceae-familie. Hij deelt een moederplant met cannabis en is door de eeuwen heen

gebruikt als kalmeermiddel (in kruidenkussens), als bewaarmiddel (er bestaan geïsoleerde rapporten over het gebruik bij het balsemen en looien) en als medicijn of schoonheidsmiddel (zoals in biershampoos).

In ten minste één vertaling van de gesprekken van de Babylonische Talmud wordt gewag gemaakt van de Oude Joden die bier maken en hop gebruiken, maar dit steunt op de interpretatie van Aramese woorden voor dranken en planten. De Romeinen schreven dat de hop in het wild rond de wilgen groeide, wat leidde tot de botanische naam van hop: Humulus lupulus.
Men moet wachten tot de achtste en negende eeuw om hardnekkigere verwijzingen te vinden naar de teelt van hop. Men heeft het dan over hoptuinen in Bohemen, Beieren en andere streken in Duitsland. Koning Pepijn der Franken (de vader van Karel de Grote), die gekroond werd te Soissons, zou volgens de geschriften een hopboerderij als geschenk aan de abdij van St.-Denis gegeven hebben. Ook monniken in Picardië zouden al voor 822 hop geteeld hebben.
De vroegste verwijzingen zeggen niet waarom de hop verbouwd werd, hoewel talrijke bronnen aantonen dat er in dezelfde gebieden en in dezelfde periode ook bier werd gebrouwen. Vage allusies vanaf het begin van het millennium leggen de connectie tussen hop, graan en bier. Volgens een schrijver introduceerde de abdij van Affligem, gesticht in 1086, de hop in Vlaanderen en misschien in Engeland. In de 12e eeuw werd de eerste onbetwiste verwijzing naar het gebruik van hop in bier gemaakt in de schriften van abdis Hildegarde van Bingen (in wat nu Duitsland is).
Een ander verslag geeft aan dat monniken uit de Frans-Vlaamse stad Saint-Omer kort voor 1322 de hop in de Lage Landen brachten, waarna de stad de teelt ervan begon ten oosten van Duinkerken, in Poperinge. In 1364 verwees de bisschop van Luik en Utrecht naar het gebruik van hop, dat al zo'n dertig tot veertig jaar in de mode was.
De Vlamingen exporteerden in de vijftiende eeuw gehopt bier naar Engeland. Het is maar een korte oversteek van Vlaanderen naar Oost-Engeland en de twee streken deden al lang zaken met elkaar, vooral in wol. Vlaamse en Hollandse ingenieurs hadden ook al gewerkt aan het drooglеggen van de laaglanden van Oost-Anglia. In die tijd maakten de Engelsen nog altijd bier zonder hop. Aanvankelijk waren er protectionistische maatregelen tegen gehopt bier, maar Hendrik VI schafte ze af. Van dat gehopt bier hadden de Vlamingen dikke gezichten en buiken gekregen en je kon er zelfs van doodgaan, beweerde een Engelse schrijver uit die tijd (die merkwaardig genoeg een Vlaamse naam had: Boorde). Toch werd hop zeer populair. In de zestiende eeuw begonnen Vlaamse immigranten met het cultiveren van hop in Engeland.

In een kerk te Playden, bij Rye, op de grens van de hopstreken Kent en Sussex, draagt een stenen vloerplaat van 1530 een inscriptie met een gekruiste staf en roerstok (symbool van de brouwer) en twee vaten. In het Vlaams staat erin gegraveerd dat dit de graftombe is van Cornelis Roetmans, ongetwijfeld een brouwer. Rond 1700 werd de Engelse hopindustrie een ernstige concurrent van de Vlaamse.

In het seizoen zijn hopscheuten een ware delicatesse.

Op dat tijdstip waren de hopplanten ook geïntroduceerd in de Nieuwe Nederlanden, in Noord-Amerika. De hop volgde de ontwikkeling van de Verenigde Staten, van de huidige staat New-York over Wisconsin, in de Midwest, naar Californië. Vandaag vindt men de hop voornamelijk in Oregon, in de staat Washington en over de Canadese grens in Brits-Columbië.

HOPVARIËTEITEN

Tegenwoordig worden de hopvariëteiten gebruikt op basis van het biertype dat wordt gebrouwen. De Boheemse variëteit, die rond de stad Zatec wordt gewonnen (Saaz-hop), wordt geprezen voor zijn delicate, florale boeket. Hij doet me soms denken aan kamille. Hij wordt naar oude gewoonte in de fijnste Pilsenertypes verwerkt. Verschillende gelijkaardige variëteiten komen uit Beieren, waarvan de beroemdste de Hallertau-Mittelfrüh is.
Terwijl de Saaz en de Hallertau-Mittelfrüh voornamelijk worden gebruikt om aroma aan het bier te geven, dragen andere variëteiten bij tot de droogheid of bitterheid van het bier. Een van de bitterste hopsoorten van Beieren is de Northern Brewer, die men ook in België terugvindt en die afkomstig is uit Groot-Brittannië (vandaar de Engelse naam). Duitsland verbouwt dus tussen een kwart en een derde van de wereldproductie van hop, voornamelijk in Beieren. Vlaanderen daarentegen heeft maar één procent van de wereldproductie, misschien zelfs minder, maar het heeft een rijke hoptraditie. Ik heb zelfs een Vlaamse gin gedronken, Hopgenever genaamd, gefabriceerd door de firma Verhofstede in Nieuwkerken-Waas, bij Sint-Niklaas. Ik vond het moeilijk om het hoparoma erin terug te vinden, maar wat een schitterend idee!
Hoewel de hopvariëteiten internationaal erkend zijn, halen ze hun specifieke karakter toch uit het land waar ze groeien. Zo bijvoorbeeld is Hallertaus, in België verbouwd, het "geheime" ingrediënt van een bekend speciaal bier uit de Verenigde Staten. De Boheemse Saaz en de Northern Brewer waren de ouders van de Record, een variëteit die voor het eerst in België werd geteeld. Hij heeft wat van het aroma van de Saaz en Hallertau, maar een meer assertieve bitterheid en volheid van smaak. Al wordt de Record beschouwd als de voornaamste Belgische variëteit, er is ook nog de Brewer's Gold. Deze hop, met een zoeterig parfum, is Brits van oorsprong. Belgische ale-brouwers gebruiken dikwijls Britse hopvariëteiten, meer bepaald de aardachtige, sterk aromatiserende Golding van Oost-Kent. Deze wordt zowel verbouwd in België als ingevoerd. De laatste jaren lijken de Belgische telers ook de voorkeur te hebben gegeven aan de Challenger, een geurige en zuivere variëteit met een vleugje citroenschil en kinine. België heeft minder hop dan Groot-Brittannië, maar dit laatste land is maar "klein bier" op wereldvlak. Toch is Groot-Brittannië bekend voor zijn hop, die uitermate geschikt is voor ales. De Britse hop werd ook als moederhop gebruikt voor variëteiten in Noord-Ameria, Australië en Stiermarken in Slovenië.
Hop houdt van beschutting, een gematigd klimaat met lichte regen en vochtige bodem. Hij bloeit dan ook meestal op overeenstemmende breedtegraden in de noordelijke en zuidelijke halfronden, maar ook in verscheidene andere landen, waaronder Japan en de voormalige Sovjet-Unie.

De abdij van Affligem zou de hop geintroduceerd hebben in Engeland. Tussen het begin van maart en het einde van augustus kunnen de hopranken wel 6 meter hoog groeien.

De streek rond Poperinge is nog altijd de belangrijkste hopstreek in België. Een kleiner hopdistrict vindt men rond Asse en Aalst, tussen Gent en Brussel.

HOPLAND / POPERINGE

De Vlaamse provinciestad Poperinge is trots op haar geschiedenis. Ze lag vlakbij de Romeinse heirbaan van Boulogne naar Keulen en was tot aan de Franse Revolutie een onderdeel van de abdijgronden van Sint-Omer. Er zijn drie gotische kerken, een Brits militair kerkhof en het huis waar de filantropische organisatie Toc-H gesticht werd. Maar in de eerste plaats is het de stad van de hop.

Er zijn maar 12.000 inwoners, nog eens 8.000 in de omliggende vijf dorpen, maar de bevolking verdubbelde in de dagen dat de seizoen-hopplukkers er aankwamen, elk jaar in september. Plaatselijke ingenieurs hielden zich bezig met het ontwerpen van en experimenteren met mechanische plukmethoden, die op de wereldtentoonstelling van 1958 in Brussel te bekijken waren. Na meer dan 100 jaar gediend te hebben als waag en pershuis voor de hop, werd een stevig gebouw in het stadscentrum in 1975 uitgekozen om er het Nationaal Museum van de Hopindustrie in onder te brengen (Gasthuisstraat 71). In het toeristische seizoen is het open (de uren kan men best even checken met het plaatselijke toerismebureau: tel. 057–33.40.81; fax 057–33.75.81; e-mail: toerisme@poperinge.be; internet: http://www.poperinge.be).

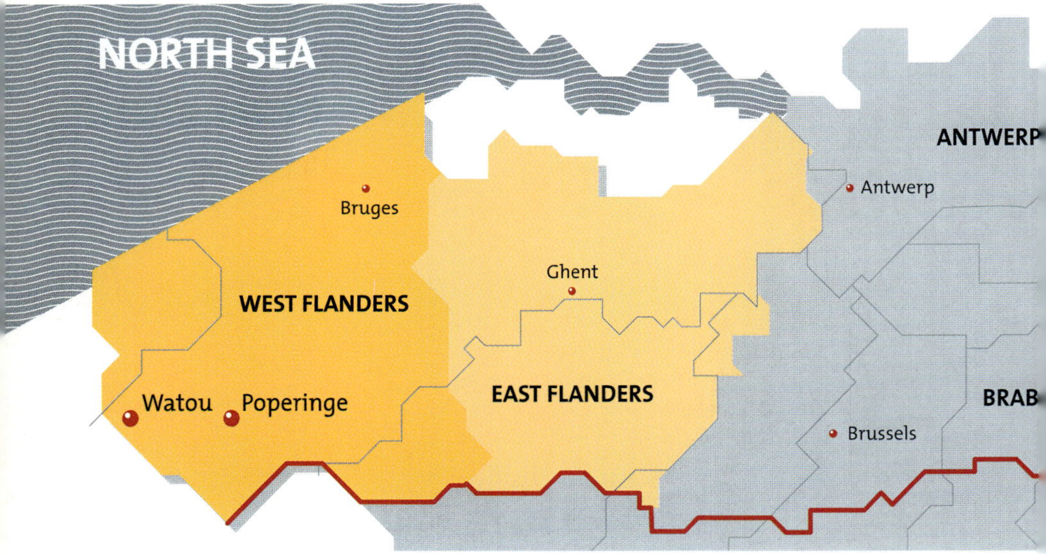

De Westhoek in Vlaanderen is het land van de hop, met Poperinge als hoofdstad. Proef de hopscheuten en het bier In Watou.

Op de vloer treft men nog de groene harsvlekken aan van de hopstengels en de verzameling van gereedschap en foto's geeft een levendig beeld van het verleden.

Het Palace Hotel in Poperinge, met zijn met hopbloesems gedecoreerde eetzaal, heeft een hartige keuken met plaatselijke gerechten en om en bij de honderd bieren (Ieperstraat 34;tel. 057-33.30.93/fax 33.53.50). In het seizoen at ik er ooit eens verrukkelijke hopscheuten. Ze waren bereid als een tussengerecht – een voorgerecht in de Europese, eerder dan in de Amerikaanse betekenis. "Neemt u vervol-

gens de ossenhaas op Poperingse wijze?" vroeg men mij. "Natuurlijk...". Dit bleek dan sappig rundvlees op een bedje van hopscheuten. Misschien had ik nog een andere plaatselijke specialiteit moeten proberen, Hennepot, een ragoût van konijn, kip en kalfsvlees. Het dessert was ook een Poperingse delicatesse, Tarte Mazarine, een zeer zoet, stroperig taartje met een kaneelsmaak, dat veel weg had van een rumbaba. Misschien werd deze zoetigheid genoemd naar kardinaal Mazarin (1643-1661), de opvolger van Richelieu, in een periode van Franse invloed in deze streek.
Het lokale gewas dat men in Poperinge vindt, wordt in de Vlaamse taal hop genoemd. Dit woord is van Duitse oorsprong, maar ter plaatse wordt ook het woord "hommel" gebruikt (afgeleid van het Latijn humulus), in het bijzonder om de vrucht of bloesem aan te duiden. Dit brengt bezoekers in verwarring, want een hommel is ook nog een insect. "D'n Hommelzak" is een tearoom in het centrum van Poperinge (Paardenmarkt 10bis) en "d'Hommelkeete" een stijlvol restaurant aan de buitenkant van het stadje.

HOPLAND / WATOU

Eer aan de hop.... de Couttenyes gaan hun hongerige gast verwennen.

Stefaan Couttenye werd geboren en getogen in Poperinge en bracht zijn vakanties als kind door in Watou, waar zijn oudtante een slagerij had. Hij groeide op tot chef en ging enkele jaren in de leer in Antwerpen, in de "Sir Anthony Van Dyck", een restaurant beroemd voor zijn haute cuisine. In 1986 keerde hij terug naar Watou waar hij een restaurant opende, "t'Hommelhof", waar hij zich specialiseerde in "gerechten met bier". Het restaurant in pubstijl is ondergebracht in een oud brouwerijgebouw op het marktplein (Watouplein 17; tel. 057–38.80.24; fax 38.85.90).

Kreeft gesmoord in witbier met verse tuinkruiden...in het Hommelhof.

Van de talloze verrukkingen die hij me voorschotelde, herinner ik me in het bijzonder zijn interpretatie van de klassieke Vlaamse waterzooi met vis, bereid met het naar koriander smakende Watou's Witbier. Dit bier wordt gemaakt door een van de drie brouwerijen in Watou, Van Eecke, net om de hoek van het marktplein. De familie Van Eecke heeft de brouwerij in haar bezit sinds de jaren 1840. Ze werd opgericht als brouwerij voor een plaatselijk kasteel en dateert van 1642. Een vroegere brouwerij uit dezelfde periode staat er recht tegenover en doet nu dienst als kunstgalerij. De echte specialiteit van Van Eecke is een zeer hoppige, goud- of bronskleurige ale, Poperings Hommelbier genaamd. Dit bier is gemaakt met een mengeling van zomer-, winter- en aromatische bleke mouten, bij een oorspronkelijke densiteit van 16 Plato. Men gebruikt zacht water uit de eigen bron. De hop is Brewers' Gold en Hallertau, beide verbouwd in Poperinge. De hoge gisting komt van een sterk attenuerende gist die vlug neerslaat. Er wordt witte suiker toegevoegd en opnieuw gist voor een tweede gisting op fles. Het uiteindelijke bier heeft een alcoholgehalte van 7,5% in volume en 40 eenheden in bitterheid (zie HOP IN DE BROUWERIJ), hoewel de smaak voor beide iets minder doet vermoeden. Sommige drinkers hebben het gevoel, en ik ben geneigd het daarmee eens te zijn, dat de gist een vaak honingachtig karakter aan het bier geeft – of komt dit door de idee van verwantschap tussen de hommel en de honingbij. Het bier heeft zeker een hoppige geur en smaak en werkt bijzonder verfrissend en zuiverend wanneer het licht gekoeld wordt geserveerd.

Dat vleugje honing in de gist en het wijnachtig karakter vinden we ook terug bij Van Eecke's complexe abdijbieren onder de naam "Het Kapittel". Naar beweerd wordt, zijn deze bieren oorspronkelijk gemaakt volgens een recept van de trappistenabdij van Mont des Cats, net over de Franse grens. Aangenomen wordt dat in het klooster in Frankrijk werd gebrouwen tot in het begin van deze eeuw; vandaag wordt er nog altijd kaas gemaakt. Op een bepaald moment werden de monniken van Mont des Cats er

De specialiteit van het land van de hop... hoewel de bittere hopbellen in bedwang gehouden worden door het honingachtige gistkarakter.

door de instabiliteit in Frankrijk toe gedreven een toevluchtsoord op te richten aan de Belgische kant van de grens, Notre Dame de St.-Bernard genoemd, waaraan een zuivelboerderij was verbonden. De monniken maakten kaas, die ze plaatselijk verkochten. Toen de broeders naar Frankrijk terugkeerden, nam een Vlaamse familie van kaasboeren de productie over en richtte een zuivelbedrijf op in Watou. Na de Tweede Wereldoorlog bouwde de familie haar zuivelbedrijf om tot een brouwerij, die ze ook Sint-Bernardus noemde. De aanzet hiertoe was een verzoek om bier te brouwen voor een andere trappistenabdij, Sint-Sixtus, in het dichtbijgelegen Westvleteren. Aan deze regeling is nu een einde gekomen en de St.-Bernardusbrouwerij brouwt haar eigen assortiment fruitige, schuimige bieren in abdijstijl. De brouwerij biedt ook logies met ontbijt in een klein maar stijlvol hotelletje (tel. 057-38.88.60).

De toverheks uit het woud... hier zit ze op haar vliegende roerstok bij de Brouwerij De Bie.

In Watou vindt u nog een kleinschalige brouwerij, De Bie. Zij brouwt

een droge, sinaasachtige, sterke ale onder de naam Helleketelbier (zo genaamd naar een bos in de buurt), en een zoetere ale, met een vleugje gedroogde pruim en chocola, de "Zatte Bie" (een Nederlandse brouwerij gebruikt dezelfde naam). De Bie's proeflokaal, Café d'Hellekapelle, is open op vrijdagavond vanaf 18 uur en na de middag in het weekend. De brouwerij kan worden bezocht op zaterdag- en zondagnamiddag (Stoppelweg 26; tel. 057-38.86.66).

Op het tweede plein van Watou, De Kleine Markt, werd begin jaren tachtig een standbeeld van een brouwer opgericht. In die tijd was er een enorme revival van de publieke belangstelling voor dit gebied en zijn erfgoed.

Om de drie jaar (1999, 2002, 2005...), tijdens het derde weekend van september, trekt een hoppestoet door de stad. De andere jaren is er een iets bescheidener hopfestival op hetzelfde tijdstip, met een brede selectie van bieren en streekkazen. Hierover vindt men ook informatie bij het toerismebureau. De plaatselijke hotels, herbergen, landhuizen en boerderijen lopen snel vol, dus tijdig reserveren.
De hopboeren hebben ook hun eigen feesten om een succesvolle oogst te vieren. Waar ook geteeld, hop heeft altijd af te rekenen met veel bladluis en ander ongedierte en de boeren vinden dat ze permanent tegen de duivel moeten vechten. Tegen het einde van de oogst verandert de duivel wel in een sympathieke schurk (zoals de Engelsman Guy Fawkes). Sommige boeren verbranden een stropop die ze de "Hopduvel" noemen en vergasten hun werklieden op een ceremonieel maal, Hommelpap genaamd. Het woord pap komt dan wel van een typische kindermaaltijd, maar het is uiteraard niet dat wat geserveerd wordt. Een standbeeld van de Hopduvel staat in het stadscentrum van Asse, in de oostelijke hopstreek. De Hopduvel geeft zijn naam ook nog aan een van de beste biercafés van België, in Gent (Rokerelstraat 10; tel. 09-225.37.29).

HOP IN DE BROUWERIJ

Alleen de kegelvormige bloemen of hopbellen worden door de brouwer gebruikt. Ze kunnen geleverd worden in hun natuurlijke vorm (samengeperst en gedroogd), in zakken, "balen" genoemd, samengedrukt in pellets (vacuümverpakt in folie, zoals koffie) of als extract (een confituurachtige vloeistof, in blikken). De verse hopbel is de simpelste vorm en sommige brouwers vinden dat de beste. Gepelletiseerd komen de bellen minder in contact met de lucht, waardoor ze ook minder vlug muf worden onder invloed van oxidatie. Op deze manier zijn ze ook gemakkelijker handelbaar, al vinden sommige brouwers dan weer dat het samendrukken de kwaliteit van de bladeren aantast. De extractvorm is uiteraard het gemakkelijkst, maar staat ook het verst van de verse hopbloem.

Als de hop bij het kokende brouwsel in de ketel wordt gevoegd, worden zijn smaken en aroma's opgenomen. De bijkomende eigenschappen als natuurlijk anti-infectiemiddel en klaarmiddel spelen nu ook een rol. Sommige brouwers koken slechts een uur, de meeste doen er 90 minuten over. Speciale bieren kunnen een veel langere kooktijd vergen.

Hop die in het begin van de kooktijd wordt toegevoegd, zal de grootste droogheid en bitterheid aan het bier geven. Later toegevoegde hop zal meer aroma afgeven. Hop kan in een-, twee- of driemaal in de ketel toegevoegd worden. Als hele hopbellen worden gebruikt, moet het gekookte brouwsel door een zeef om de bladeren te ver-

ROD
19
LE MAY LT

wijderen. Terwijl het hete brouwsel erdoor loopt, neemt het nog verder aroma's op. Wanneer het brouwsel enkele dagen in de gistkuip heeft gelegen en naar rijpingstanks wordt verhuisd, kan er nog eens hop worden bijgevoegd. Deze techniek heet "droog-hoppen", en het is hierbij de bedoeling om nog meer aroma te krijgen. Eén of twee brouwerijen gebruiken deze methode in België, maar het is meer de gewoonte in Groot-Brittannië .

Brouwers houden ervan om de bellen tussen de palmen van hun gevouwen handen te wrijven en de aroma's op te snuiven.

Sommige brouwers gebruiken dezelfde hop in elk stadium, maar de meeste zullen verschillende variëteiten kiezen voor het bitter maken en het aromatiseren. Soms noemt men ze ook wel "ketelhop" en "finishing hop". Uiteraard zijn deze variaties in de procedure niet alleen afhankelijk van de voorkeur van de brouwer, maar ook van het type bier dat moet worden gebrouwen. Brouwers kunnen de bitterheid van hun bier meten volgens een internationale schaal. Ze gebruiken daarvoor een formule die gebaseerd is op de hoeveelheid gebruikte hop en de zuurhoudende eigenschappen ervan. Een zeer zacht bier kan maar 10 of 15 internationale eenheden bitterheid bevatten, terwijl een assertief droog bier met een volle smaak er 40, 50, 60 of zelfs meer kan hebben.

Actieve brouwers verkiezen zelf dikwijls een hoppig bier, maar ze geloven wel – misschien wel omdat hun marketingcollega's het hen hebben verteld – dat het publiek opteert voor zachtere, mildere bieren. Eigenlijk verkondigen brouwers die zachtere bieren promoten dat de consumenten maar beter mineraalwater zouden kopen.

HOOFDSTUK VI

De Lambiekfamilie

Fino's, Chardonnays? De meest wijnachtige en verrassende van de bieren.

Liefhebbers van de frisse, fruitige appelsmaak van een Chardonnay uit de nieuwe wereld, de grasachtige, steenachtige scherpte van een echte Bourgondische Chablis, de geroosterde smaak van een champagne, de verfrissende levenskracht van een gistachtige fino sherry, zouden ook moeten genieten van de lambiekbieren, de zeldzame specialiteit van de Belgische Zennevallei.
De vergelijking met sherry ligt misschien niet voor de hand in de moeilijk te vinden onversneden, nauwelijks koolzuurhoudende lambiek. Smaken als die van de Chardonnaydruif zitten vaker in de versneden, sprankelende versie die bekend is als geuze. (De spelling varieert: ook Geuze komt voor, net als Lambic en Lambik.)

"Hard maar niet ruw," zo beschrijft de oenoloog Hugh Johnson de ideale Chablis. Hard maar niet ruw; beendroog maar niet scherp. Drinkers die lambieks te assertief vinden, ondervinden gewoonweg

Het is geen Champagne en ook geen Chardonnay, maar een verzameling van de meest klassieke Geuzebieren.

de schok van een smaak die ze in een bier helemaal niet verwachten. Of het kan zijn dat ze een overdreven zure lambiek drinken. Want het komt voor dat een lambiek te wrang is, maar er zijn nog meer voorbeelden van een te fletse smaak door toevoeging van suiker. De beste lambieks smaken zacht in het begin, worden geleidelijk harder en monden uit in een ongewoon lange afdronk. Dit zijn de Belgische brouwsels die de consument het sterkst kunnen verrassen, en het zijn zeker de meest wijnachtige.

Zowel fino sherry als lambiek is het resultaat van eigen gistculturen van wilde gisten. Lambiek is net als fino sherry een product dat enkele jaren gelegen heeft en toch een frisse smaak behoudt. De Andalusiërs drinken een kleine fles fino bij hun vistapas en de Belgen die het kennen, genieten tussendoor van een lambiek met scherpe, zachte lokale kazen en radijzen. Ik dronk ooit eens een fino samen met Don Jose Ignacio Domecq, de befaamde neus van de familie Domecq, in hun bodega in Jerez. Na een tijdje kwam het gesprek op mijn belangstelling voor bier. Het woord bier was nog niet uitgesproken of Señor Domecq vroeg me of ik al met lambiek vertrouwd was.
Er bestaan niet alleen gelijkenissen tussen de gistingsprocessen van

fino sherry en lambiek, maar ook misschien qua kleur – tussen de palo cortado en het bier (als het volledig gerijpt is) en tussen hun smaken en aroma's. In 1986 vond ik in het Belgische weekblad Revue een prachtige vergelijking tussen de lichtroze ondertoon van sommige lambieks en de Arboiswijn uit de Jura, door A.J. Liebling in zijn klassieker "Between Meals" als volgt beschreven: "...niet de kleur van een roos, maar wel van een ajuinschil, met roodbruine en purperen glinstering". Later kwam ik te weten dat de druif uit de Arbois, de Savaguin, heel wat gist opneemt en ook verwerkt wordt in de "Vin Jaune" uit de streek, die met een "florgist" wordt gegist, net zoals de sherry.

Jean-Xavier Guinard, een Noord-Amerikaanse brouwerijwetenschapper, tevens een toegewijd lambiekkenner, vindt overeenkomsten in smaak en textuur tussen het rijpe brouwsel en de klassieke jurawijnen. Hij bespeelt dit thema enkele malen in zijn boek "Lambic" (1990), in de reeks over klassieke bierstijlen, gepubliceerd door Brewers" Publications uit Boulder, Colorado. In zijn boek gebruikt Guinard ook een citaat uit een artikel dat ik schreef in het Amerikaanse tijdschrift "Zymurgy" in 1982. Ik geloof nog steeds in wat ik toen heb geschreven: "De lambiekfamilie is geen bier voor alleman, maar er is niemand met een ruime belangstelling voor alcoholische dranken die ze niet minstens fascinerend zou vinden. In hun "wildheid" en onvoorspelbaarheid zijn het opwindende brouwsels. Op hun best zijn ze een drank waar bier en wijn samenkomen; op hun slechtst bieden ze een historische smaak aan."

Het is een familie die gebaseerd is op één brouwtype, de lambiek, maar die ook een versneden versie telt, geuze genaamd, naast de gezoete faro en stijlen als kriek en frambozenbier, waarbij krieken en frambozen worden toegevoegd. In België, met zijn twee landstalen en de verschillende Vlaamse dialecten, worden deze namen op verschillende manieren gespeld.

DE NAAM LAMBIEK

De naam van dit meest mysterieuze van alle bieren is met raadsels omgeven. De meest waarschijnlijke verklaring is dat lambiek afgeleid is van Lembeek, een klein stadje in het gebied waar lambiek wordt geproduceerd.

Lembeek ligt op het punt waar een kleine rivier, een beek (in het Duits "Bach" of het Noord-Engels "beck"), samenvloeit met de Zenne. Het woorddeel "lem" zou een oude Vlaamse verwijzing kunnen zijn naar de lindeboom ("lime" in het Engels), een theorie die wordt gestaafd door een schrijn ter ere van de patroonheilige van de stad, Veronus (kleinzoon van Karel de Grote), waarop hij is afgebeeld met een lindetak in de hand. Maar etymologisch is het moeilijk "lem" te koppelen aan het Vlaamse woord linde. Meer algemeen wordt aangenomen dat de stad genoemd is naar leem in de betekenis van kleiachtige grond. Deze theorie wordt echter betwist door een andere, die beweert dat de eerste lettergreep komt van het woord "leen" (een geleend stuk land in de Middeleeuwen), en dan zou Lembeek niet "leemachtige beek betekenen, maar wel "leengrond aan de beek". Lembeek was een neolithische nederzetting op een stuk land dat bijna volledig omcirkeld was door een zeer scherpe bocht in de Zenne. De Kelten beschermden dit dorp op het schiereiland met een wal en later werd het een onafhankelijke stadstaat tussen de hertogdommen van Brabant en Henegouwen. In deze periode gaf Lembeek de boeren het ongebruikelijke recht om tegelijkertijd bier te brouwen en jenever te distilleren. Een boer kon voor beide activiteiten hetzelfde gedeelte van zijn boerderij gebruiken. Noemden de Spaanse overheersers uit de 16e en 17e eeuw dit eenvoudigweg een stokerij – een "alembic"? Werd dit woord verbasterd tot "lambiek"? De oudste referentie die werd gevonden – in het Frans, in 1791 – ondersteunt deze theorie.

Er loopt een leuke draad door deze theorie. Het distilleren zou door Arabieren ontwikkeld en en via de Moren Europa binnengekomen zijn. Via het noorden van Spanje verspreidde het zich over de Lage landen, waar graan en jeneverbessen voor het eerst tot "jenever" gestookt werden. Deze draad is echter niet stevig. Nog een andere theorie zegt dat de naam lambiek van het Latijn "lambere" komt, wat zoveel betekent als "nippen", maar dat lijkt vergezocht.
Lembeek had 500 jaar geleden al een brouwersgilde en het werd een belangrijk centrum voor de productie van lambiekbieren in de streek: de Zennevalei en het platteland ten westen daarvan. De Zenne ontspringt in Henegouwen en loopt onder Brussel door, om ten slotte uit te monden in de Dijle, die dan weer in de Schelde uitmondt.

Langs de rivier en in de landelijke gebieden langs beide zijden van Brussel teelden de boeren gerst en tarwe en brouwden zij bier om in de groeiende metropool te leveren. Zoals alle brouwers in de Middeleeuwen maakten zij gebruik van spontane gisting en ze zijn die methode altijd trouw gebleven. Dit gedeelte van Brabant is misschien wel de meest conservatieve hoek in de brouwerswereld, nog traditioneler dan Beieren (met gist die fenolachtige witbieren voortbrengt), Berlijn (met melkzure gisting) of Burton (met zijn techniek van met elkaar verbonden houten tonnen, als een sherry solera).
Het bier kwam niet allemaal uit Lembeek, maar de eerste Kentucky whisky kwam ook niet uit Bourbon County en de beste blauwe kaas van Engeland wordt ook niet in Stilton gemaakt.

De Lembeekse brouwers-stokers werden één voor één gedwongen hun zaak te sluiten wegens de opgelegde beperkingen op de geestrijke dranken, die in het begin van de 20e eeuw in zeer strenge wetten resulteerden. In die periode overheerste een sfeer van matiging in de hele ontwikkelde wereld.

De wetten op de jenever deden de lambiek geen goed. Spontane gisting geeft bier met een bescheiden alcoholgehalte en de uit hun rechten ontzetten jeneverdrinkers gingen op zoek naar sterkere bie-

ren zoals trappisten en Scotch Ales, waardoor ze België aan zijn reputatie op het gebied van krachtige brouwsels hielpen.
Vandaag is Lembeek niet méér dan een klein dorpsplein op een heuveltop, met 4.000 inwoners en één brouwerij, beneden aan de Zennerivier, beheerd door de revivalist Frank Boon.

Als stadstaat beschikte Lembeek over zijn eigen leger, waarvan nog steeds 4 regimenten bestaan. Het lidmaatschap gaat over van vader op zoon. De soldaten ontvangen een echte soldij van de gemeente in ruil voor hun deelname aan een ritueel op paasmaandag. Om 3 uur 's morgens blazen zij dan de klaroenen om de burgers te wekken, die om 8 uur 's morgens moeten verzamelen en langs de grenspalen van het dorp stappen. De gelovigen vertrekken aan de kerk, de minder devoten aan het gemeentehuis. De mars gaat over 20 kilometer en houdt halt aan elk café in het dorp. Waar vroeger cafés waren, voorziet de huiseigenaar in een tafel vol lambiek en jenever, die gezamenlijk is aangekocht en gratis wordt geschonken. Destijds werd aangenomen dat het drinken van deze kostbare vochten goed was tegen de pest en hondsdolheid, maar om dubbel zeker te zijn, kussen alle pelgrims ook het beeld van Sint-Veroon.
We zijn in België: de processie wordt onderbroken voor het middageten.

DE LAMBIEKSTREEK

Aan de oostelijke zijde van Brussel is de traditie uitgestorven, hoewel de bieren in versneden vorm nog steeds worden geschonken in de cafés van Jezus-Eik aan de rand van het Zoniënwoud, voor de wandelaars die er hun zondagmiddag doorbrengen. Vandaag de dag ligt het productiegebied aan de westkant van de stad, van Anderlecht tot Schepdaal, Beersel, Lembeek en nog lager, in een streek die men het Pajottenland noemt (een naam die zou zijn afgeleid van het Vlaamse woord "patriot").

Bruegel leefde aan deze kant van Brussel, in zijn Vlaamse Oude Stad, en slenterde door de dorpen van het Pajottenland. De kerk in "De parabel van de Blinden" is duidelijk die van Sint-Anna-Pede, tussen Itterbeek en Schepdaal. Zelfs 400 jaar later herkent iedereen de Vlamingen van zijn "Boerendans" of "Boerenbruiloft", genietend van een glas bier in een van de vele cafés in de vallei, vermoedelijk met de Brusselse skyline in de verte.

Op de "Boerenbruiloft" ziet men bier met een stroachtige, roodbruine kleur, geschonken uit een soort stenen kruiken die men vandaag nog vaak voor lambiek gebruikt. Dezelfde kruiken komen voor op de "Boerendans". Dezelfde beelden vindt men ook terug in de schilderijen van de kunstenaar met de toepasselijke naam Brouwer, die in de volgende eeuw leefde, en geen enkele bierstijl figureert zo vaak in de Vlaamse volkskunst, literatuur en folklore als de lambiekfamilie. (Overigens staat geen enkel thema in de Vlaamse cultuur meer centraal dan het brouwen en verbruiken van gelijk welk bier.)

Deze thema's worden bestudeerd in een verhandeling uit 1955 over "Geuze en Humanisme" van de dichter Hubert van Herreweghen. Hij begint met een verwijzing naar Erasmus, "die

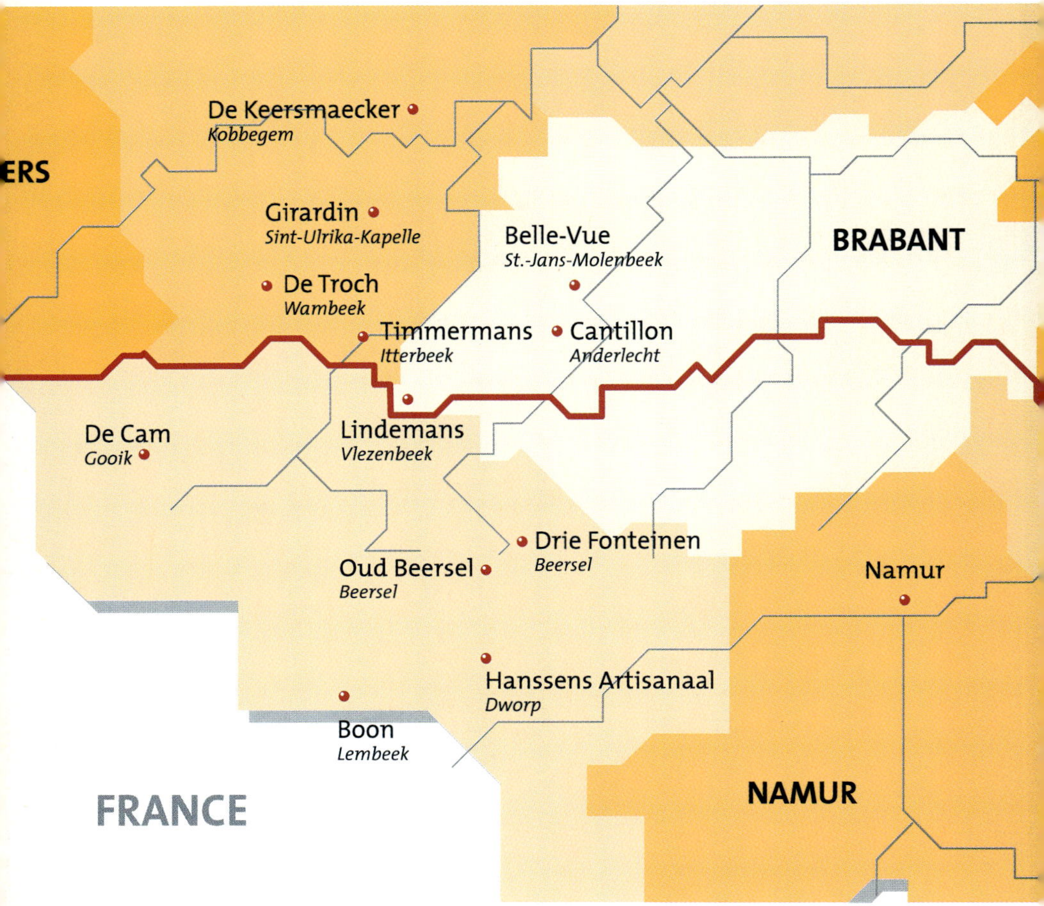

De meest oostelijk gelegen lambikbrouwerijen zijn Belle-Vue en Cantillon, vlakbij Brussel. De Lambiekstreek deint verder uit naar het Westen, binnen Vlaams-Brabant.

voorname inwoner van Anderlecht, groot Europeaan en groot humanist" en citeert een bladzijde of twee verder al Bruegel. De goed aangegeven Bruegel-route is zeer populair bij bezoekers van de lambiekstreek, maar verschillende brouwerijen die ze vroeger aandeed, zijn ondertussen gesloten. Er is sprake van een omlegging van de route zodat meer brouwerijen in de kijker worden gezet. De brouwerijen liggen nooit verder dan 16 tot 20 kilometer van Brussel verwijderd, maar het Pajottenland wisselt via stad en voorstad vlakke landerijen af met bosrijke dalen en onverwachte heuvels. Af en toe wordt het landschap gemarkeerd door een lambiekbrouwerij, soms in verval, een miniatuurvoorbeeld van industriële archeologie. Soms zijn er nog sporen van de op de gevel geschilderde naam van de brouwerij en de aanduiding lambiek.

Er zijn tien lambiekbrouwerijen in de traditionele lambiekstreek, drie lambiekversnijders en twee brouwerijen buiten de streek (beide in West-Vlaanderen) die bieren in deze stijl produceren.

HOE WORDT LAMBIEK GEMAAKT

Lambiek is een soort tarwebier en deze bijzonderheid plaatst het reeds in een groep van speciale stijlen. Vergeleken met tarwebieren elders in de wereld zit het unieke in het feit dat de gebruikte tarwe ongemout is. Niemand weet met zekerheid waarom. Misschien vonden de boerderijbrouwers gewoon dat ze deze stap niet nodig hadden voor hun bier. Dit zou best kunnen, want net zoals bij alle tarwebieren wordt er ook een deel gemoute gerst gebruikt en gerst zorgt voor de nodige enzymen. De plaatselijke Brabantse tarwe, met kleine graantjes, wordt soms gebruikt. Jarenlang ging de voorkeur naar de ruwere wintertarwe en -gerst, maar de laatste jaren zijn de brouwers overgestapt op de zomervariëteiten om minder wrange smaken te bekomen.

Het bier op Breugel's Boerenbruiloft is Lambik...
en Vlaamse gezichten zijn 400 jaar later nog herkenbaar.

De verhouding tarwe tot gerst veranderde over de jaren, maar werd inmiddels wel bij wet vastgelegd. De samenstelling van lambiek werd vastgelegd in een reeks van Koninklijke Besluiten in de jaren zestig en zeventig. Die stellen dat lambiek moet worden gemaakt van ten minste 30 procent ongemoute tarwe, met een densiteit van ten minste 11 Plato (1044). Sommige lambiekbrouwerijen gebruiken tot 40 procent tarwe en voor de rest gemoute gerst. Sommige voegen ook nog maïs, rijst of zelfs rogge toe.

Graanmolens zijn onverslijtbaar. Timmermans heeft nog heel oud materiaal, met drijfriemen. *(zie p. 73)*

Lambiekbieren worden gemaakt vanuit een oorspronkelijke densiteit van 1047–1054 (of 11,75–13,5 Plato – 12,7 Plato is de klassieke densiteit) en in hun onversneden vorm bevatten ze meestal een alcoholgehalte van rond 5-5,6 volumeprocent. Zoals bij veel biertypes werden in het verleden veel hogere densiteiten gebruikt.
De verschillende beslagtijden, soms zeer lang, dienen om de voor gisting vatbare suikers in de granen om te zetten. Volgens de klassieke lambiekmethode worden twee beslagen gemaakt, die afzonderlijk worden verhit in de ketel voordat ze worden gefilterd. Een melkwit wort wordt geproduceerd, in tegenstelling tot het klare type dat conventionele brouwers zouden verwachten. Hoewel deze technieken ongetwijfeld op empirische wijze werden ontwikkeld, waren ze voor een deel ook noodzakelijk door het gebruik van ongemoute tarwe en de lange gisting en rijping.
Verdere eigenaardigheden zijn er bij het koken. Heel wat meer hop wordt toegevoegd dan bij een conventioneel brouwsel, misschien wel zes keer meer. Gek genoeg gaat het hier om hop die wel drie jaar oud kan zijn. De bedoeling van het laten oud worden van de hop is om het aroma, de geur en de bitterheid te verminderen, juist die eigenschappen waarvoor conventionele brouwers ze gebruiken. Bij lambiek echter wordt hop gebruikt omwille van zijn tweede eigenschap, namelijk om het bier te beschermen tegen ongewilde infecties en excessieve oxidatie. Voor deze rol is de keuze van de variëteit niet echt belangrijk. Ooit werd een variëteit gebruikt die al lang is verdwenen, maar ik heb Belgische Brewers' Gold, Britse Fuggles en

Boheemse Saaz zien gebruiken, naast andere variëteiten, in de lambiekbrouwerijen.
Terwijl conventionele brouwers zowat anderhalf uur koken, volgen de lambiekmakers een heel wat langduriger proces. In hun geval duurt het koken meer dan drie uur, soms wel tot zes uur.
Dan komt de meest kritieke procedure. Het gekookte wort wordt afgekoeld in een ondiepe, open kuip die op de zolder van de brouwerij staat. Deze kuip, gemaakt van koper of roestvrij staal, neemt meestal het grootste deel van de zolderoppervlakte in beslag. Ze kan tot 7 of 8 meter lang zijn, 5 of 6 meter breed, maar slechts 30 tot 50 centimeter diep, zodat een groot gedeelte van het bier aan de lucht is blootgesteld. Nooit is de kuip helemaal tot de rand gevuld. Het vertrek heeft ramen die geopend kunnen worden, en ook tochtluiken. Er was een tijd dat alle brouwers hun wort op deze manier afkoelden en de tochtluikjes kan men nog dikwijls zien op de punt van hun afhellende daken. De brouwers leerden op tijd dat dit een hachelijke methode was. Als het wort te lang in de kuipen bleef en helemaal afgekoeld was, konden wilde gisten binnendringen. Conventionele brouwers sloten hun koelruimten af, verkortten de tijd dat het brouwsel in de kuipen lag of gebruikten warmtewisselaars.

Tegenwoordig worden ze door bijna iedereen gebruikt: afgesloten systemen waarin het wort door pijpen, omhuld met koud water of een koelvloeistof, wordt gejaagd.
De lambiekbrouwers deden het tegenovergestelde: ze werkten mee met de natuur in plaats van haar te bevechten. Ze verwelkomden de wilde gisten en lieten ze mee het karakter van het bier bepalen.

In een lambiekbrouwerij laat men de ramen en luiken openstaan en als er een pan van het dak is gewaaid, is dat niet erg, want de wilde gisten worden bewust binnengelaten. Als de brouwer denkt dat er wat te weinig gebeurt, regelt hij de luiken. Zoals een brouwer het ooit stelde: "Wij kunnen spelen met de wind". Het wort blijft er een hele nacht, de gisten komen binnen en hebben er vrij spel.

Lambiekbrouwers aarzelen ook om hun daken te vervangen, of gelijk welk deel van hun gebouw, om toch maar niet de aanwezige wilde gisten of andere microflora die het huiskarakter aan het bier geven, te verstoren. Elk bier, van gelijk welk type, heeft een karakter "van het huis", maar geen enkel heeft het zo uitgesproken als de lambiek.
Als het wort is afgekoeld, begint het te gisten. Het meest eenvoudige voor de brouwer is dan om het wort in vaten te doen en verder de natuur gewoon haar gang te laten gaan. Ooit gingen alle brouwers min of meer op deze manier te werk. Naarmate zij leerden met hun eigen gisten om te gaan, ontwikkelden zich meer gecontroleerde systemen, zoals die van de verbonden vaten van het "Union"-systeem in Burton of de grotere, stenen, doorlopende gistruimten die men in Tadcaster aantreft (beide steden zijn brouwcentra in Engeland). Vandaag gebruiken de meeste brouwers kuipen van roestvrij staal, met koelsystemen die het hele gistingsproces onder controle houden. Slechts zeer weinig brouwerijen ter wereld gisten nog in hout en alleen de lambiekbrouwers doen het nog in vrijstaande vaten. Andermaal is deze situatie natuurlijk ontstaan. In geen enkele grote stad ontmoeten de Romaanse en Germaanse culturen elkaar zoals in Brussel. Het is een stad die veel wijn importeert en consumeert. In de tijd dat de wijn in vaten werd aangevoerd, werden deze gerecupereerd door de brouwers om ze als gistingskuipen te gebruiken. Een parallelle evolutie vindt men terug bij de sherry die geïmporteerd werd in de Engelse stad Bristol en waarvan de lege vaten verkocht werden voor de rijping van Schotse whisky. Net zoals men in een opslagplaats van whisky in Schotland vaten vindt met de namen Domecq, Gonzalez Byass of Osborne, zo vindt men op de vatendeksels in een lambiekbrouwerij de namen van Port, Rioja of Muscat gesjabloneerd.

Geuzebrouwer te Bellegem: Omer-Jean van der Ghinste gekiekt voor zijn foeders.

Vandaag wordt er minder wijn in vaten vervoerd, maar toch kunnen de lambiekmakers nog steeds vaten kopen die in de wijnindustrie werden gebruikt. Naarmate de wijnboeren ook roestvrij staal begonnen te gebruiken, kwamen er houten vaten vrij voor de lambiekbrouwers. Ook door het sluiten van lambiekbrouwerijen, een spijtige zaak, kwam er hout vrij voor de overlevende. Er zijn ook nog kuipers werkzaam om deze wijnvaten te herstellen.

In lambiekbrouwerijen heb ik vaten van wel 150 jaar oud gezien, maar zelfs recent aangekochte vaten krijgen snel hun eigen bevolking van blijvende microflora. Deze laatste speelt ook een essentiële rol in het gistingsproces. In een brouwerij, vroeger een boerderij, heb ik eens meer dan tweeduizend vaten gezien, verdeeld over vijftien kelders en zolders. De gebruikelijke inhoud ervan is 250 liter (de "Brusselse ton"), een dik, kort vat, ontworpen in de tijd van de Franse revolutie om de commiezen met hun peilstokken te misleiden. In dit formaat is er een vrij grote gistoppervlakte in verhouding tot het bier. De ton lijkt complexe lambiekbieren voort te brengen, maar tenslotte geeft ieder vat verschillende resultaten, afhankelijk van zijn precieze vorm en ouderdom. Frank Boon gaf me uit verschillende vaten een glaasje om te proeven: het ene was citroenachtig, het andere deed denken aan pompelmoes, eentje geurde naar bloemen, een ander naar noten en een derde naar honing. De vermenging van deze aroma's is een essentieel element in de kunst van het lambiekbrouwen.

Net als de portmakers noemen de lambiekbrouwers hun vaten graag "pijpen", met een inhoud van 600-700 liter. Sommige brouwerijen hebben "foudres" van 3.000-10.000 liter, maar deze kunnen het bier te traag laten rijpen. Dit kan men omzeilen door voortdurend af te tappen en bij te vullen, zoals bij een sherry solera. Dit is ook een manier om te voorkomen dat het hout uitdroogt. Volgens Boon brengen foudres elegante lambieks voort. De foudre scherpt een versneden geuze aan, de ton geeft ze een ronder karakter.

De vaten liggen in lange galerijen, vaak bedekt onder een mantel van schimmels en spinnenwebben. Nogmaals, de brouwers maken niet te veel schoon, uit angst om een belangrijke gast te verstoren. Hoewel de lambiekmakers nogal van mening verschillen over hoeveel men precies moet schoonmaken, zijn ze het er toch over eens dat hun beste vrienden juist diegene zijn die andere brouwers alleen in een nachtmerrie ontmoeten. Een lambiekbrouwer vertelde me dat witte schimmels op de vaten een goede invloed hadden, maar dat zwarte schimmels op de muren ongezond waren.

Toen ik in een televisiedocumentaire galerijen vol met spinnenwebben bij Lindemans toonde, waren veel brouwers verbaasd over dit beeld. Hoewel ik met zulke scènes in een lambiekbrouwerij vertrouwd was, herinnerde ik me toch ook de whiskyschrijver Philip Morrice, toen hij het had over de Linkwood-stokerij in Schotland, waar het ooit verboden was om spinnenwebben weg te nemen. In zijn boek vertelt Guinard over de lambiekbrouwers die het doden van een spin als een misdaad beschouwen. Waarom? Omdat spinnen verdelgers zijn van vliegen. En fruitvliegen, aangetrokken door het gistige wort, kunnen vaak een ongewenste microflora teweegbrengen. Ik zag eens fruitvliegen in een brouwerij, gelegen in een appelstreek in de Verenigde Staten. De brouwer noemde hen een verschrikkelijke plaag, maar bekeek me toch raar toen ik hem suggereerde om wat spinnen aan te voeren.

Traditionele lambiekbrouwers brouwen niet in de zomer, want de wilde bestuiving van het wort in deze periode zou te onvoorspelbaar zijn en in zuur bier resulteren. Ze stoppen ergens tussen maart en mei en herbeginnen in september of oktober. Volgens de traditie beschouwen ze de zomer als de tijd van opslag, verdere gisting en rijping. Als enige brouwers die dit seizoenritme nog volgen, meten ze hun gistingen ook in "zomers". Sommige lambieks blijven slechts één zomer in het vat en dan worden ze nog altijd "jong" genoemd. Een lambiek van twee of drie zomers wordt als rijp beschouwd. Sommige brouwers hebben nog veel oudere lambieks in hun voorraden.

Het komt ook wel eens voor dat lambiek van minder dan drie maanden oud wordt geschonken, maar ideaal is het niet. Bier dat op het einde van het winterseizoen werd gebrouwen, in maart, zal goede jonge lambiek voortbrengen in juli of augustus, de vakantiemaanden, wanneer de mensen graag rondtoeren in de dorpen rond

De lambiekbrouwer kalkt zijn code op de vatendeksels om de voorraden te markeren....maar zijn eigen smaaktesten bepalen het uiteindelijke mengsel.

Brussel en stoppen voor een glas. Jonge lambiek heeft gewoonlijk een stroachtige kleur, soms met een roodachtige schijn (beschreven als "vossig"). Vaak is hij heel assertief, misschien lactisch (als een scherpe weke kaas), zuurachtig, ciderachtig en met een appelsmaak. Het is een drank die op een scherpe manier verfrissend is en tegelijkertijd zeer "dry", en die de eetlust opwekt.

Lambiek is droog omdat hij zo sterk is gegist. Paul de Neve, van de brouwersfamilie, beschreef me lambiek ooit eens als 's werelds eerste bier met weinig koolhydraten". Dat kan ik alleen maar beamen, want van één glas krijg je honger als een paard. Gelukkig zijn de maaltijden in België daarop voorzien.
Rijpe lambiek heeft veel subtielere kleuren, met soms de uiachtige, roodpaarse tonen. Hij is zachter, ronder en complexer, met fruitige

(soms rabarberachtige) trekjes, dat beetje Chablis, en met al zijn karakteristieke, sherryachtige aroma's. Er bestaat geen raadselachtiger drank.

Terwijl de meeste soorten bier (en ook wijn) een eerste en tweede gisting kennen, heeft lambiek tenminste vijf fasen, een soort kettingreactie, waarbij melk- en azijnzuren vrijkomen. Dit kan de complexiteit in boeket, palet en afdronk verklaren. Elders hebben veel brouwers traditioneel de keuze van graan, mout en hop als dominerende factor in hun bier beschouwd, maar de invloed van gist en rijpingsgedrag op aroma's en achtergrondsmaken wordt steeds meer gewaardeerd. In dit opzicht is geen enkel bier zo complex als lambiek. Terwijl de meeste biermakers alleen de culturen van de carlsbergensis- of cerivisaetypes zouden toelaten, vindt men ten minste vijf grote groepen van wilde spontane gisten en andere microflora in de lambiekbrouwerijen. In één enkel bier kunnen deze groepen zich nog eens in vijftien of twintig vormen manifesteren. Tot nog toe werden 86 culturen van wilde gist of andere microflora geïdentificeerd in lambiekbieren. Deze culturen bevatten met name vier oxiderende gisten die een film op het gistende bier vormen, zoals de "flor" bij de sherry. Er zijn ook wilde gisten van de Brettanomyces-familie, die oorspronkelijk geassocieerd werden met Britse stijlen zoals Stock Ale, Barley Wine en zware Porter, traditioneel tijdens lange perioden in hout gerijpt. De Brettanomyces geven een aroma af dat ooit omschreven is als "paardachtig", "lederachtig" en "dekenachtig". Ze werken ook heel traag in, maar krachtiger dan andere gisten, en maken potentieel soepelere bieren. In de Zennevallei heeft men zowat een dozijn Brettanomyces teruggevonden en twee ervan zijn taxonomisch geïdentificeerd met de streek: bruxellensis en lambicus.

"Brettanomyces bruxellensis is de rijkste niche in het microbiologische spectrum van lambiekgisting," werd mij eens verteld door professor Hubert Verachtert, die met collega-vorsers aan de Leuvense Universiteit heel wat op het onderwerp heeft gewerkt. Hun werk is rijkelijk geargumenteerd, maar toch lachte de professor maar groen op vele van mijn vragen: "Dat is een factor die we nog niet helemaal begrijpen. Dat zou een nieuw proefschrift vergen..." De Zennevallei bewaart nog steeds haar mysteries.

Kan een vallei zo dicht bij een grote industriestad haar eigen ecologie van microleven behouden? Misschien alleen in de zin dat elke plaats haar eigen uniek ecosysteem heeft. Het is zeker dat elke brouwerij haar eigen microcultuur creëert en nergens gebeurt dit meer dan in een lambiekbrouwerij. Wanneer vaten verwisseld worden en wort verkocht wordt aan geuzestekers of versnijders, zelfs als de brouwers elkaar bezoeken ... ontwikkelt de brouwnijverheid misschien wel haar eigen ecologie. Het is mogelijk om elders spontaan gegiste bieren te maken en men heeft dit ook op experimentele basis gedaan, maar de resultaten lagen toch ver af van de lambiek uit de streek. Terwijl de lambiekmakers het moeilijk hebben in hun kleine markt, is er een groeiende interesse voor hun bieren bij de echte kenners. Eén of twee brouwers buiten België hebben het aangedurfd om bieren in dezelfde trant te maken.

Waarom zou welke brouwer ook, zonder de overlevering, zo'n moeilijke en onvoorspelbare kunst willen beoefenen? Voor de uitdaging misschien? Het delicaatste probleem is de accommodatie van wilde gisten in een brouwerij die ook meer conventionele bieren produceert.
Net over de Nederlandse grens maakt de gerespecteerde brouwerij Gulpener, dichtbij Maastricht, sedert het midden van de jaren tachtig een bier dat lichtjes naar lambiek smaakt, het zogenaamde Mestreechs Aajt, in aparte lokalen.

Zijn de spinnewebben noodzakelijk? Sommige Lambikbrouwers zweren er bij. Anderen geloven er niet in.

Een vergelijkbare oplossing werd toegepast in Engeland, waar het brouwersbedrijf Samuel Smith al lang geleden de brouwerij Melbourn had gekocht in het historische Stamford, Lincolnshire. De brouwactiviteiten in de vestiging van Stamford gaan mogelijk terug tot de jaren 1600; de huidige lokalen dateren van 1825 maar werden gesloten in 1974. De brouwerij heeft een open ketel, waaraan Samuel Smith een koelschip toevoegde. In 1992 werden in Melbourn eikspaanders besproeid met Belgische lambiek van De Troch om het juiste microklimaat voor een "wilde" gisting te creëren. De bieren die daaruit voortkomen, op smaak gebracht met vruchtensappen, hebben een Belgisch accent maar met een heel zachte zuurheid. Ze gaan gewoon als fruitbieren naar de handel.

In de V.S. heeft het brouwerij-café Seven Barrel in Lebanon, New Hampshire, gebruik gemaakt van Brettanomyces en melkzuurculturen om een rabarberachtig tarwebier met zuur beslag te maken. In Cleveland, Ohio, zocht de brewpub Diamondback het in ruwe tarwe en gist uit Boon-flessen om een fruitig bier te brouwen, gerijpt in oude wijnvaten. Het heeft de stijl van een lambiek maar draagt de appellatie geuze. In het Zwitsers-Amerikaanse stadje New Glarus maakt de kleine plaatselijke brouwerij een sterk fruitbier met toevoeging van krieken uit ... Brussel, een plaatsje in Wisconsin, en cul-

turen uit België. Ook op andere plaatsen werden gelijkaardige experimenten uitgevoerd.
Onversneden lambiek is zeer droog, omzeggens zonder koolzuurgas. Traditioneel werd het in deze vorm, in houten vaten, rechtstreeks aan cafés verkocht. Die bewaarden het in de kelder en lieten het soms nog verder rijpen. In de kelder werd dan het bier van het vat in een stenen kruik getapt, die dan naar de toog gebracht werd om de klanten te bedienen. Weinig cafés willen zich hier nog mee bezighouden; het is dan ook vrijwel onmogelijk cafés aan te bevelen waar zeker nog onversneden lambiek wordt geschonken. Sommige brouwers beginnen nu in te zien dat deze schaarsheid een slechte zaak is, dus de kans bestaat dat er iets aan zal worden gedaan. Andere brouwers leveren geen lambiek meer in deze vorm; ze beweren dat er geen vraag meer naar is. Deze brouwers kunnen verder nog wel authentieke lambiek brouwen, maar dan alleen als een bestanddeel van geuze: vermengd om een tweede gisting en een zekere sprankeling te bekomen.

De drie vaten verwijzen traditioneel naar een brouwerij... dit is zeker het geval voor een Lambiekbrouwsel.

DE BENAMING "OUDE LAMBIEK"

De Koninklijke Besluiten die de minimumverhoudingen van de tarwe vastlegden, legden ook een spontane vergisting en een bepaalde minimale zuurtegraad op. In 1951 werden verdere pogingen om de lambiek te definiëren gedaan door de Belgische consumentenvereniging "De Objectieve Bierproevers". Deze vereniging is naast onafhankelijke groeperingen uit andere landen aangesloten bij de Europese Vereniging van Bierproevers, die in 1991 haar eigen "Appellation Contrôlée" heeft gecreëerd voor de traditionele lambiekbieren. Producten waaraan deze vermelding wordt toegekend, mogen dit ook aanprijzen op het etiket. Om hiervoor in aanmerking te komen, moet de lambiek op de klassieke manier zijn gemaakt en moeten de wilde gisten zeker Brettanomyces Bruxelliensis en Lambicus bevatten. Een geuze moet een zuivere versnijding zijn van lambieks, met een tweede gisting in de fles, zonder filtering, kunstmatige carbonatie, zoetmiddelen of pasteurisatie. Dit was een voorloper van een wet uit 1997 die de "Oude" bieren van de lambiekfamilie definieerde, op basis van een aanvraag van de Confederatie der Brouwerijen van België bij de Europese Unie. Het woord "oud" verwijst naar de methode, zoals hierboven beschreven, maar er is ook een bepaling over de ouderdom van de bieren. Elk versneden bier van de familie dat in het Vlaams wordt aangeduid als Oude en in het Frans als Vieille of Vieux (afhankelijk van de grammatica op het etiket) moet een (ongespecificeerde) hoeveelheid drie jaar oude lambiek bevatten en heeft een gemiddelde leeftijd van ten minste een jaar.

GEUZE, DE BELGISCHE CHAMPAGNE

"De Champagnes van de Bierwereld", dat is de bijnaam die de zerpe, verfrissende bierstijlen die men van tarwe kan maken, dikwijls krijgen. De term "méthode champenoise" wordt vaak op informele wijze geleend door de brouwers die hun bier in de fles verder laten gisten. Zoals de wijnmakers in de champagnestreek van die gistingsmethode hun specialiteit hebben gemaakt, zo hebben de Belgische brouwers dit ook gedaan. Veel Belgische bieren kan men met champagne vergelijken om één of meer redenen, maar het dichtst erbij staat wel de sprankelende geuze uit de lambiekfamilie.

Van origine een lambiek, is dit een tarwebier. Men versnijdt twee of meer lambieks om een tweede gisting en een champagneachtige sprankeling te krijgen. Soms zijn de woorden lambiek en geuze door een koppelteken verbonden, zeker wanneer het product uit het vat wordt geschonken. Dit kan een vroege aanduiding geweest zijn dat men de eerder platte lambieks wou omvormen tot een sprankelende drank. Om dezelfde reden voegen de Britten suikerpreparaten bij hun ales op vat en de Duitsers "krausen" het wort).

Het is maar toen ze het resultaat begonnen te bottelen dat de Belgen echt ontdekten wat een elegante drank een mengsel van lambieks kon zijn. Vandaag is dit de klassieke verschijningsvorm van een geuze. Omdat de gisting heel wat druk veroorzaakt, wordt de geuze op champagneflessen getrokken.

DE NAAM GEUZE

Engelstaligen spreken het woord geuze uit als "cursor", hoewel dit maar een ongepast hightech geheugensteuntje zou zijn voor dit prachtige ambachtelijke product. Het woord geuze zou afgeleid kunnen zijn van dezelfde stam als "gas" en "geyser" en gewoonweg verwijzen naar de mogelijke gevolgen van het aanspreken van een vat of het openen van een sprankelende fles waarbij veel koolzuurgas vrijkomt. (In de Verenigde Staten is er een gelijkaardig verhaal over "Stoombier".)
Een andere suggestie is dat de naam afkomstig is van politieke onderdrukking en opstanden in het Pajottenland tegen de Spanjaarden, ten gunste van de Hollanders. Een geschrift verwijst specifiek naar de burgemeester van Lembeek, die een "geus" genoemd werd omdat hij politiek een liberaal was. Van hem zegt men ook dat hij een van de eersten was om de méthode champenoise op lambiekbier toe te passen. Dit geschrift dateert van 1870, toen België al enkele tientallen jaren onafhankelijk was. Toevallig is kir (oorspronkelijk witte bourgogne, vandaag vaak ook koninklijke champagne, met crème de chassis of framboise) ook een drank die genoemd is naar een held uit het verzet, de burgemeester van Dijon. Een veel vroegere referentie, uit de 17e eeuw, wijst erop dat lambiekbrouwers toen reeds op een natuurlijke wijze hun bier carboniseerden. Er wordt ook gesuggereerd dat bier de drank was van de boeren, die ook "geuzen" waren in hun politieke sympathieën, terwijl de regerende klasse wijn dronk uit Frankrijk of Spanje.

Reeds op het einde van de 17e eeuw werd er wijn versneden tot champagne, de Dom Pérignon. In het begin van de 19e eeuw had de weduwe Cliquot reeds de technieken ontwikkeld om de flessen te keren en het bezinksel te verwijderen. Deze technieken worden nog niet op geuze toegepast, hoewel er in België experimenten in die zin zijn geweest.

GEUZE: EEN VERSNEDEN BIER

De karakteristieke eigenschappen van de lambieks worden overgebracht op de geuze, maar de verdere gisting zorgt ook voor een grotere complexiteit en finesse – en natuurlijk ook voor de sprankeling. Een natuurlijk-bruisende drank kan enige tijd in een vat rijpen, maar hij zal zich beter thuisvoelen in glas. Geuze zal men enige tijd toevertrouwen aan een fles alvorens hem te serveren. Een echte geuze is droog, wrang en fruitig, en verschillende onder hen hebben een geroosterd aroma dat aan sommige champagnes doet denken. Omwille van de nagisting in de fles ligt het alcoholvolume een beetje hoger dan dat van de oorspronkelijke lambieks, gewoonlijk zo rond 5,5 volumeprocent.

Zowel de keuze van de lambieks als de werking van de gisting in de fles is bepalend voor het palet van het eindproduct. De jonge lambiek in de versnijding heeft meer suikerresidu, terwijl de oude enkele interessante gisten heeft ontwikkeld tijdens de gistingsprocessen. De lambieks die tenminste vijf in elkaar vloeiende stadia van gisting in het vat doorlopen hebben (waarbij tenminste tien soorten gist en microflora in het geweer komen), zullen bij hun versnijding in drie stappen verder evolueren. Hierbij spelen vier of vijf van de oorspronkelijke gisten en microflora opnieuw een belangrijke rol. Het is dan ook geen wonder dat deze bieren zo complex zijn.

Terwijl versnijding een normaal gegeven is bij de productie van champagne (en andere dranken als cognac en Scotch whisky), is het een ongewoon procédé bij het maken van bier. Een grote brouwer kan wel brouwsels samenvoegen om consistentie te bereiken, maar niet om "karakter" te verkrijgen. Eén of twee Britse producten, waaronder Newcastle Brown Ale, en ook verschillende Vlaamse specialiteiten, komen tot stand door het mengen van verschillende bieren. Dit gebeurt echter niet om een verdere gisting te veroorzaken.
De lambiekbrouwer is niet alleen uniek in zijn methoden om met spontane gisting te werken, maar ook in zijn variatie op de "méthode champenoise" bij de productie van geuze. Zelfs de champagneboer voegt gist en suikerpreparaten toe.

In tegenstelling tot elke andere brouwer moet de lambiekmaker nadenken over de bestemming van elk vat dat hij heeft: moet hij het verkopen als onversneden lambiek? Zo ja, jong of oud? Of gaat hij het gebruiken om er geuze van te maken, en, zo ja, op welke ouderdom? In het algemeen zal men het vat dat zich het best lijkt te ontwikkelen, wel het langst bewaren.

Sommige brouwers zijn er heilig van overtuigd dat de meest geschikte bieren gebrouwen werden tijdens de koude maanden januari en februari, als de wilde gisten het meest worden ingetoomd. Hoe deze bieren dan verder evolueren, zal voor een deel afhangen van het weer van het volgende jaar. Er zijn goede en slechte jaren voor lambiek: de graanoogsten zullen misschien geen grote rol spelen, maar de temperaturen tijdens de rijping zeker wel.

Het meest sprankelende bier....enkel een Champagnefles kan het bevatten.

Andere factoren die een rol spelen, zijn de oorsprong en de omvang van de vaten waarin men het bier doet, en zelfs hun plaats in de kelders en op de zolders van de brouwerij. Dezelfde factoren zijn ook belangrijk voor de producten van de Schotse Single Malt Whisky. Men vindt vaak veel analogieën bij de verschillende ambachten die zeer traditionele, ambachtelijke en individualistische dranken maken. Maar geen van deze ambachten is zo esoterisch als de kunst om lambiek- en geuzebieren te maken.

Buiten alle beslommering van temperatuur en houtwerk ligt het onvoorzienbare: gist is een levend organisme, een levenskracht, en op zijn gedrag kan men nooit vertrouwen, zelfs niet in de meest conventionele brouwerij. De verhouding tussen jonge en oude lambiek kan variëren: ongeveer 70-30 is veelal gebruikelijk, hoewel zo'n groot aandeel jonge lambiek een uitgesproken melkzuurachtige

Geen enkel ander bier rijpt zolang in de fles, en op zulke schaal, als Geuze... kelders bij Boon.

geuze kan opleveren. Hoe meer oude lambiek men gebruikt, hoe meer aroma, diepte en lengte men bereikt. Een klassieke geuze bevat misschien slechts 15 procent jonge lambiek.

De lambiek wordt gecentrifugeerd of gefilterd om de vatbezinksels en de dode, overtollige gist te verwijderen, maar men laat wel genoeg levende cellen achter voor de verdere gisting. Hoeveel vaten er in één versnijding gaan, hangt af van de stijl van de geuze die men maakt en van de installaties op de brouwerij. Een brouwer vertelde me dat hij steeds een versnijding had van tussen de 40 en 50 vaten – bij toeval gaat ook hetzelfde aantal Pure Mout-whiskyvaten in de versnijding van sommige 'blended' whisky's. Het versnijden gebeurt in een grote houten ton of metalen tank. Na een periode van vijf, zes tot achttien maanden rijping in de brouwerij wordt de versnijding gebotteld.
De flessen worden net als in wijnkelders gestapeld. In een lambiekbrouwerij ziet men niet alleen veel ruimten vol met liggende vaten,

maar ook kelders vol met flessen, waarin het bier nog verder gist. Omdat in de brouwerijen schimmels en vocht mogen voorkomen, verkozen de geuzemakers tot voor kort geen etiketten op hun flessen te plakken: ze zouden vies kunnen worden of afpellen. Volgens de traditie deden de brouwers alleen een beetje witsel op de flessen om aan te duiden welke zijde boven had gelegen bij de rijping. Telkens de fles was verplaatst, legde men ze altijd in dezelfde positie terug, om het natuurlijke bezinksel, voornamelijk gist, niet te verstoren. Vandaag wordt op het etiket "oude geuze" vermeld.

Een teken van een goede geuze is de manier waarop de gist zich tijdens de rijping op de wanden van de fles vastzet. Als de gist goed gewerkt heeft, is een visgraatvormig bezinksel zichbaar. Een goede tweede gisting brengt kleine, hardnekkige luchtbellen voort, zoals de parels in champagne, en een levendig, niet-agressief karakter.

In een goed café of restaurant brengt men de fles voorzichtig in liggende positie naar de tafel. Cafés en restaurants bewaren een "oude" geuze vaak twee tot drie jaar in hun kelders. Op dat ogenblik kan een deel van het bier dat in de fles zit misschien zeven tot acht jaar oud zijn. Sommige geuzeliefhebbers laten hun flessen minstens achttien jaar liggen vóór ze te openen. Zelf heb ik ooit een 45 jaar oude geuze geprobeerd. Hij smaakte verrassend zacht en evenwichtig, maar had een sterk uitgesproken fino-karakter en was meedogenloos "sec" in de afdronk. Hij was bovendien volkomen "plat".

FARO: DE LANDWIJN VAN BELGIË

Net zoals Frankrijk, Italië en Spanje hun gewone landwijnen hebben, beschikten alle brouwnaties ooit over traditionele bieren die snel, goedkoop en met een relatief laag alcoholgehalte gemaakt waren en voor het dagelijks gebruik bedoeld. Van dit bier kon men grote hoeveelheden drinken en het was uitermate geschikt voor die tijd, toen handenarbeid veel meer voorkwam dan vandaag. Sommige bieren werden zelfs speciaal voor de oogsttijd gemaakt. Andere hadden een hoog restsuikergehalte of waren gezoet, als om de energie te vervangen. In sommige landen stonden ze bekend als doordrinkbieren", tegenover "bewaarbieren": de eerste werden snel gemaakt om onmiddellijk te worden gedronken; de tweede, die meer alcohol bevatten, werden gedurende langere perioden opgeslagen. De twee konden ook met elkaar worden versneden.

Zoals sommige eenvoudige wijntjes (of vergelijkbare eetwaar als pasta, meeneempizza of hamburgers) kunnen deze traditionele, goedkope bieren soms heel lekker zijn.

In het begin en het midden van de 19e eeuw waren de bieren van de lambiekfamilie onbetwistbaar de plaatselijke bieren van Brussel. Faro werd toen het meest gedronken. In de Belgische folklore heeft het een grote rol

Het volledige gamma klassieke geuzen is beschikbaar bij de Heeren van Liedekercke, die totaal 350 bieren op de kaart hebben. De zaak wordt gerund door de broers Du Four: Joost is de bierexpert en Tom is een inventieve exponent van de Bierkeuken. Hun brasserie-restaurant is een beetje uit de richting, in Denderleeuw, maar zeker een omweg waard. (adres: p.344)

gespeeld, en ook al schreef Baudelaire er lelijke dingen over, het was zeer geliefd. Faro werd soms donker gekleurd en gezoet met kandijsuiker of stroop en soms nog op smaak gebracht met kruiden en specerijen. In de tijd toen faro een alledaags bier was, werd het vaak ongepasteuriseerd van het vat geserveerd, maar de omzet moest snel genoeg evolueren om te voorkomen dat de suiker helemaal weg fermenteerde of dat het bier zeer zuur werd. Normaal was een vat binnen de dag leeg.

Het onderscheid tussen "doordrinkbieren" en "bewaarbieren" steunt vaak op een zeer elementair proces. Om het "extract" uit het graan te halen, laat de brouwer er warm water doorheen lopen. De eerste keer bekomt hij een rijk extract. Sommige speciale bieren zijn alleen van deze "eerste doorlopen" gemaakt. Zwakkere bieren kunnen gemaakt zijn van een tweede of derde doorloop. (Sommige Italiaanse espressobars doen hetzelfde: ze bieden de keuze tussen een "eerste trek" of een tweede.) Faro was aanvankelijk een versneden bier dat de derde doorlopen bevatte. De Mars was een bier dat alleen van de derde doorloop gemaakt was. Deze naam is mogelijk geïnspireerd op de idee dat in de lente lichtere, frissere bieren worden gedronken.

Tussen het einde van de 19e eeuw en de twee wereldoorlogen verloor faro zijn overwicht aan de meer conventionele (en stabiele) ales van het Belgisch-Britse type en de laaggegiste bieren van het Boheemse en Beierse type. Later kwamen dan de mode om Dortmunder en Deense laaggegiste types te drinken.

Toen de populariteit van de faro afnam, en dus ook de omzet, werd het bier soms te zuur. De herbergier hing er dan soms draden kandijsuiker in. Deze zoetstof, die tevens een tweede gisting in gang zette, had de perfecte werkvorm. De draden had men eerder in extract van suikerbieten gehangen, zodat de kristallen zich konden vormen. Dat is overigens de traditionele manier om kandijsuiker te maken. Vandaag vindt men hier en daar nog een café dat in kandijsuiker voorziet, samen met een stoemper, een klein gereedschap om de suiker te verbrijzelen (zoals om cocktails te maken).

Faro bestaat nog, maar is niet meer zo sterk vertegenwoordigd. Met zijn zure lambiekorigine in evenwicht gebracht met kandijsuiker, of soms donkere mouten, heeft een goede faro van nu wel wat weg van een zoete sherry. In de traditionele lambiekstreek zijn de laatste jaren voorbeelden van faro gemaakt door Boon (die zich bijzonder sterk is gaan interesseren voor de stijl), Cantillon, De Troch, Drie Fonteinen Lindemans en Timmermans.

Faro werd veel gedronken voor de eerste wereldoorlog, maar in de twintiger jaren hingen de brouwers dit vroege voorbeeld van generieke reclame op: elke brouwer drukte er gewoon zijn eigen naam op.

Cafés hadden ook de gewoonte hun eigen faro-variaties te versnijden. De Engelse tegenhanger van faro is Mild ale. Toen hij nog meer voorkwam, werd de Mild vaak in gelijke hoeveelheden gemengd met Bitter ale.Ierse Dry Stout met ale, een "Back and Tan", was een andere analogie. OfIerse ale met Barley Wine. In de wijnwereld zijn er verschillende streken waar brandewijn en vers druivensap worden gemengd om er een Pineau, een Ratafia of een Mistelle mee te maken.

DE NAAM FARO

Faro is de naam van een stad in Portugal. Tussen de Spaanse overheersers in België zaten troepen uit dat gedeelte van het Iberische schiereiland. Brachten zij de donkere, kerskleurige farowijn met zich mee? Of dachten zij aan die wijn toen zij het donkere, kerskleurige bier uit Brussel voor zich zagen? Misschien was de Portugese wijn de drank van de hogergeplaatste bezetter en het plaatselijke bier de "faro van het volk".
Zo'n zelfminachtend scheldwoord zou typisch zijn voor die mensen.
Dat is de recentste theorie over de oorsprong van de naam faro.

Misschien komt hij van het Latijn "farina", wat bloem betekent, en duidt hij op een "wijn" die met graan wordt gemaakt? Op dezelfde manier hebben de Engelsen hun "Barley Wine" (gerstewijn), maar dat is wel een zeer sterk bier. In modern Spaans betekent faro: licht, of, in alledaagse taal, een goed idee. De Britten hebben een uitdrukking voor "dronken worden": "getting lit up", wat zoveel betekent als "verlicht worden", zoals een lamp wordt aangestoken. Misschien is dat wel een verwijzing.

BROUWERS EN VERSNIJDERS VAN LAMBIEK MET PROEFNOTITIES

Het beste nieuws dat ons de laatste jaren uit de wereld van de lambiek bereikte, was de oprichting van een nieuwe brouwerij in Drie Fonteinen (voordien een versnijder, café en restaurant); een nieuwe versnijder, De Cam; en de opkomst van nieuwe generaties die willen blijven brouwen in Oud Beersel en versnijden bij Hanssens.

De lambikwereld verenigd op de lancering van een boek. De publicatie van Jef Van den Steen's "Lambi(e)k en Geuze" gaf de sector nieuw bloed en het geuzen bier vloeide rijkelijk....

Deze vier producenten zijn samen met Boon, De Keersmaeker, De Troch, Lindemans en Timmermans lid van een nieuwe gilde van lambiekbrouwers (Hoge Raad voor Ambachtelijke lambiekbieren, gekend onder het letterwoord HORAL).

De activiteiten van de gilde omvatten een tweejaarlijkse Geuzetoer, die inhoudt dat autocars de aangesloten brouwerijen aandoen. In 2000 werkte HORAL mee met de provincie Vlaams-Brabant bij de publicatie van het boek "Lambi(e)k en Geuze" van Jef Van den Steen. In dit kleine, geïllustreerde boek, dat eerst werd gepubliceerd in het Nederlands, staan ook recepten voor gerechten bereid met lambiekbieren, en een kort essay over de streek.
De zeer conservatieve Girardin-brouwerij en de puristen van Cantillon moeten nog lid worden van de HORAL. Omdat haar echte lambiekbieren zo beperkt beschikbaar zijn en haar verkoopactiviteiten worden gedomineerd door niet-traditionele brouwsels, kon Belle-Vue geen lid worden. De HORAL heeft ook een zeer conservatieve kijk op de geografie: brouwers uit West-Vlaanderen komen niet in aanmerking.

BELLE-VUE

Waar Brussel de buurt van Sint-Jans-Molenbeek omarmt, vinden we de grootste traditionele lambiekbrouwerij, die werd gebouwd rond de Eerste Wereldoorlog. Ze is gevestigd langs het kanaal (Henegouwsekaai 43; tel. 02-412.44.11), maar ook in de Zennevallei. Belle-Vue was al een product voor de massamarkt voordat de brouwerij werd overgenomen door Interbrew, in het begin van de 20e eeuw, en is nu nog algemener verkrijgbaar. De internationale reus heeft enkele welgekomen, zij het kleine, gebaren gesteld ten aanzien van de bierliefhebber. In de gelagzaal, gebouwd in de vroegere stallingen, wordt een bier van het vat aangeboden met weinig koolzuur, en dat lambiek wordt genoemd. Eigenlijk is dit een mengeling van 4 tot 5 lambieks; de meeste zijn jongere soorten, maar sommige zijn ook tot 5 jaar oud, gezoet met kandijsuiker en opgediend zonder veel verdere gisting. Het heeft een zoete aanhef maar een

De Belle Vue-brouwerij heeft eindeloze vatenkelders, maar onversneden kun je het bier bijna nergens vinden.

goede lambieksmaak. Een product in flessen met de naam Sélection Lambic is in feite een geuze (het heeft een tweede gisting ondergaan, waardoor een hoger koolzuurgehalte is ontstaan), met een oudere gemiddelde leeftijd, maar zonder zoetstoffen. Dit bier heeft een agressieve aanhef en een zeer droge afdronk.

De bieren die gegist en gerijpt zijn in de duizenden tonnen, pijpen en foudres (sommige in kastanjehout, de meeste in traditioneel eikenhout) van Molenbeek, hebben een vrij harde smaak, een vleugje eik, de duidelijke geur van muffe kelders en een zeer aromatische verwijzing naar mandarijnschillen. Sommige van deze vaten leveren uitmuntende lambieks af. Helaas worden ze bijna allemaal versneden met veel minder voorname bieren die worden geproduceerd in de brouwerij van Belle-Vue uit de jaren '70, niet ver weg in Zuun, op de grens van Brussel en Sint-Pieters-Leeuw. Deze versnijdingen, de wijd en zijd verkrijgbare versies van Belle-

Vue, worden gezoet en gepasteuriseerd. Ze hebben een lichte, zoete smaak, met toch een droge, wrange afdronk.

BOON

Deze fles geuze van Boon kan zijn mannetje staan (of liggen) tegen een carpaccio van Bosduif. Deze combinatie werd gecreëerd door Karel De Wolf, chef van Restaurant De Snip uit Waasmunster, Oost-Vlaanderen.

In Lembeek zelf. Het oorspronkelijke gebouw diende in 1680 al als boerderijbrouwerij en stokerij. De eigenaar, René De Vits, vermengde er lambieks. In 1977 ging hij met pensioen en verkocht hij zijn zaak aan Frank Boon, toen een geuzesteker. Ik ontmoette de heer De Vits samen met Frank Boon in 1986. Hij droeg nog steeds de leren brouwersschort en woonde nog in zijn vroeger café. Hij overleed in 1995. Intussen was Boon verhuisd naar een ruimer gebouw, een vroegere ijzersmelterij bij de Zenne, en begon te brouwen. Hij leidt de brouwerij nu als deel van de Palm-groep.

Hoewel Boon zoals de meeste Belgen familiale banden heeft in de brouwerijwereld, kwam hij als een nieuweling in het vak. Wel had hij in zijn studententijd een grote interesse voor bier ontwikkeld. Toen hij in de industrie begon, werden brouwerijen gesloten omdat er geen opvolging was. Ofwel hadden de eigenaars geen kinderen,

ofwel waren hun kinderen niet te vinden voor dergelijke zware arbeid waar maar een bescheiden loon tegenover stond. Geen enkel bier neemt zo'n lange brouwtijd in beslag als lambiek en geen enkel bier is zo moeilijk te slijten. Boon blies het beroep nieuw leven in. Hij is ook een belangrijke propagandist voor het vak. Hij heeft een sterk geloof in bepaalde tradities en gebruikt een bijzonder streng, troebel beslag, hoewel hij het niet eens is met bepaalde puristen die beweren dat een lambiek droog en zurig moet zijn.
Zijn Oude Lambik heeft een uitstekende complexiteit met een zweem van wijn, Chardonnay. Oude Gueze Boon (met 6.5 volumeprocent) is kruidiger (gember?), met een zoetige body. Zijn favoriete oude lambieks worden apart gehouden en versneden tot Geuze Mariage Parfait. "Maart is de beste periode om te bottelen", zegt hij. "De natuur herleeft. De warmere avonden maken de gist wakker." Oude Geuze Mariage Parfait (met een densiteit van 16 Plato en 8,0 volumeprocent) heeft een aroma van groene munt en een zachte, zoete aanhef; een vanilleachtige body van Amerikaanse eik; een geleidelijk opkomende intensiteit; een zure afdronk. (Bezoeken kunnen worden geregeld bij de Toeristische Dienst van de Zennevallei en het Pajottenland in de vlakbij gelegen stad Halle, tel.: 02-356.42.59)

CANTILLON

In Brussel. Cantillon is een actieve brouwerij met een museum (Gheudestraat 56, Anderlecht; tel. 02–521.28.91). Ze ligt niet ver van het Zuidstation, waar de Eurostar aankomt. Aan de buitenkant ziet de brouwerij eruit als een gewone garagebox. Aan de binnenkant is ze heel traditioneel.

De Cantillons, oorspronkelijk brouwers in Lembeek, kwamen in 1900 naar Brussel. Jean-Pierre Van Roy, een afstammeling van de familie, is een purist en een bekende en uitgesproken voorstander van droge lambieks, hoewel zijn recente voorbeelden minder agressief en citroenachtiger zijn. Terwijl onversneden lambiek gewoonlijk enkel van het vat verkrijgbaar is, bottelt Cantillon ook lambiek van enkele jaren oud, bijna zonder koolzuur, onder de naam Bruocsella Grand Cru.

Jean-Pierre Van Roy, brouwer in korte mouwen, is een grote voorvechter van traditionele Geuze en Lambik, en "Einzelgänger" in de sector.

Bezoekers aan de brouwerij mogen proeven en kunnen flessen of geschenkpakketten kopen. Er is altijd iets nieuws. Tijdens een van mijn bezoeken proefde ik een product dat Iris heette, een puur moutbier, gebrouwen met verse hop, maar spontaan vergist in de stijl van een lambiek. Het had een licht rokerig, fenolachtig aroma, een olieachtige, nootachtige smaak, een droge, houtachtige afdronk. Het moest een Brusselse specialiteit oproepen diehistorisch werd weergegeven door Jack-Op, een bier dat ooit populair was. Cantillon maakt ook een van de droogste en authentiekste fruitbieren (zie kriek en lambiek). Een interessante houtvariëteit wordt gebruikt, waaronder portpijpen.

DE KEERSMAEKER "MORT SUBITE"

Het beroemde Brusselse café Mort Subite, niet ver van de Grote Markt, geeft deze brouwerij zijn beter gekende en beroemde naam. "Lang Leven" zou een gepastere naam zijn. De brouwerij zelf ligt ten noordoosten van de stad, in Kobbegem, in het Pajottenland.
Een groot deel van het gebied was ooit eigendom van de abdij van Affligem. Een familie met de naam Van Der Hasselt brouwde op deze plaats in 1604. Bijna 400 jaar later, toen ik in een jury zat voor het tijdschrift "Bier Passie", raakte ik gesprek met Bernadette Van Der Hasselt, van dezelfde familie, die zich bezighoudt met de kwaliteitscontrole van de brouwerij.

In de brouwerij kreeg ik ooit grootboeken te zien uit 1721. De aantekeningen in de grootboeken omvatten formules waarin lambiek werd gebruikt om kwalen bij paarden en vee te genezen. Ik zag ook een met de hand geschreven document over de aankoop van een molen, ondertekend in 1780 namens Aartshertogin Maria-Theresa, en een document van een jaar later met het waszegel van Keizer Jozef II.

De brouwerij wordt al vijf generaties geleid door de familie De Keersmaeker, hoewel ze in recentere tijd deel is gaan uitmaken van de groep Alken-Maes, die nu eigendom is van Scottish and Newcastle.

De brouwerij bevoorraadt al lang het café van de familie Vossen in Brussel. Dit café, dat werd gebouwd rond 1880 en opgeknapt in 1926, is een klassieker uit die periode. Oorspronkelijk heette het La Cour Royale, en het werd bezocht door personeel van de Nationale Bank en journalisten van "La Libre Belgique" die er kwamen dobbelen. Wanneer iemand dringend werd teruggeroepen naar het kantoor, werd het spel beëindigd met "onmiddelllijke uitschakeling". Het café werd bekend onder de naam MORT SUBITE (Frans voor "onmiddellijke uitschakeling") en dat is vandaag nog de officiële naam. Het bevindt zich op de Warmoesberg 7 en verkoopt nog steeds de bieren van de brouwerij. De Mort Subite was het favoriete café van Maurice Béjart, die het zelfs als decor voor een ballet gebruikte.

De bieren van het café zijn de algemeen verkrijgbare gezoete, gefilterde en gepasteuriseerde versies. De brouwerij produceert ook een naar kruiden smakende Oude Lambiek (hysop, vertelde een ingewijde me). Ooit werd ook wort naar de oude Eylenbosch-brouwerij in Schepdaal getransporteerd, waar het werd gefermenteerd en gerijpt. De lambiek van Eylenbosch is nu moeilijk te vinden. Hij heeft een nootachtiger karakter.

Voor de Tweede Wereldoorlog, toen lambiekbieren werden verdrongen door ales en Pilseners, werd een nieuw brouwzaal ontworpen met deze stijlen in gedachten. Een tijd lang werden er een ale, een Pilsener en zelfs een Dortmunder gemaakt. De brouwzaal werd uiteindelijk gebouwd na de oorlog. Het gebouw en de vaten ademen een sfeer van de jaren vijftig die niet lijkt te passen bij de producten van de brouwerij. De brouwerij gebruikt geen koelschip, laat de wilde gisten inwerken door lucht in een gesloten vat te pompen. Ook dit is een heel ander

Geuzebrouwer-veteraan André De Keersmaeker geeft een idee van de tonnenmaat van de foeders terwijl hij die inspecteert.

systeem dan dat van de houten vaten ("pijpen" en "foudres"), waarin soms een productiedatum is gegraveerd van meer dan 100 jaar geleden en de naam van een wijn die al lang niet meer bestaat.
De Oude Geuze van Mort Subite (7,0 volumeprocent) heeft een honingachtig aroma met een floraal vleugje, een gladde, olieachtige body en een yoghurtachtige zurigheid in de afdronk. Hij smaakte heerlijk bij de zalm met citroen en honingsaus op de door Alken-Maes aangeboden lunch. De chef was Jan Wirix, die onder meer de koning van België tot zijn beroemdste eters kan rekenen. Op een andere gelegenheid namen twee generaties van de familie De Keersmaeker en hun brouwer me op een zondag mee voor een middagmaal in een haute cuisine-restaurant naast de brouwerij. Eerst tapten ze, recht uit de foudre, lambiek en kriek voor bij ons maal. Het moet een vreemd tafereel geweest zijn, voor wie ons met grote kannen bier door de straat naar het restaurant zag lopen.

DE TROCH

Vijf generaties al....de brouwerij houdt zorgvuldig documenten uit de achttiende eeuw bij. Ondanks de naam, heeft Mort Subite het al een hele tijd uitgehouden.

De huiskat heeft me ooit een rondleiding gegeven door deze brouwerij.
Ze liep lokaal na lokaal af in de juiste volgorde van het productieproces. Ze was duidelijk vertrouwd met de routine. Veel brouwerijen en whiskystokerijen gebruiken een kat om muizen uit hun graansilo's weg te houden, maar weinige hebben een kat als gids.
De lapjeskat van De Troch bood me haar diensten aan terwijl de eigenaar aan de telefoon hing.

De Troch is gevestigd in Wambeek, in het Pajottenland. Delen van de structuur stammen uit 1820, toen het een boerderij en cichoreistokerij was. De mooie kleine brouwerij, in baksteen en met pannen op het dak, is gebouwd volgens het torenprincipe.

Dit is een typisch brouwerijontwerp. De zakken mout en hop worden naar boven in het gebouw gehesen, waar ook een watertank staat. Alle ingrediënten doorlopen dan de procedures van beslaan, brouwen, gisten en rijpen, als volgens de regels van de zwaartekracht.

Een klassieke opstelling. Links, de torenstructuur van de Brouwerij De Troch. Rechts het kantoor van brouwer Jos Raes, dat uitkijkt op de kerktoren van Wambeek.

Wanneer ze uiteindelijk de kelder bereiken, zijn ze omgevormd tot bier. De brouwzaal van De Troch is een van de zeer weinige die nog met een kolenvuur werkt. Voor de Belgische markt produceert De Troch een Oude Geuze. Deze versie heeft eiktoetsen en iets kelderachtigs in aroma en smaak, met een droge afdronk. Een voor de uitvoer bestemde versie draagt de vermelding "Traditional" op zijn etiket. Een variant onder de merknaam Chapeau is suikerzoet. De firma heeft de laatste jaren veel meer aandacht besteed aan zeer zoete, steeds "tropischere" fruitbieren, gemaakt met sappen en extracten.

DRIE FONTEINEN

De favoriete ontmoetingsplaats voor de lambiekliefhebber is dit café-restaurant van de versnijder sinds jaar en dag, die nu ook brouwer is, in het aantrekkelijke stadje Beersel, op tien kilometer van Brussel. Toen Beersel nog landelijker was, stond het bekend om zijn kriekenbomen. Ooit waren er twaalf of meer cafés die hun eigen geuze versneden en kriek maakten.

"Drie Fonteinen" (Teirlinckplein 3, tel. 02-331.06.52; fax 02-331.07.03) dateert uit 1887 en versnijdt al sinds zijn prille begindagen. Sinds 1953 is het in handen van de familie Debelder.
Het pleintje waarop het staat, is genoemd naar de dichter, roman- en toneelschrijver Herman Teirlinck die ooit een stamgast was in de Drie Fonteinen, waar hij een vereniging van Vlaamse literatuurkenners oprichtte. Hem wordt de verdienste toegeschreven dat hij de café-eigenaar, Gaston Debelder, ervan heeft overtuigd geuze te blijven versnijden toen de belangstelling leek af te nemen.
Het café-restaurant is ondergebracht in een gebouw uit de jaren '60, met een winkelachtige gevel. Het interieur omvat een tegelvloer en houten lambrizering, met in het midden een bakstenen eilandbar. Je kan er een glas bier drinken met brood en weke kaas of een hele maaltijd, gaande van stoemp tot mosselen bereid met geuze of parelhoen met kriek.

Bij een van mijn bezoeken mocht ik een geuze proeven die in 1972 versneden was door Gaston Debelder en drie jaar later geschonken op de bruiloft van zijn zoon Armand. De geuze was delicaat, licht olieachtig en elegant. Toen ik hem mijn indruk meedeelde, wees hij alle lof van de hand. "Het is volledig mijn vaders verdienste, niet die van mij. Hij heeft hem gemaakt en ik had het geluk ervan te mogen genieten." De versnijding bevatte lambieks van Girardin, Lindemans en De Neve, die ondertussen al lang is verdwenen.

Eind jaren '80 begon Gaston zijn zoon Armand op te leiden in de kunst van het versnijden. Tegen 1991 was Gaston tevreden met het werk van Armand en vertrouwde hij hem de taak toe. "De eerste keer dat ik tranen in mijn vaders ogen zag, was toen de Objectieve Bierproevers mij een prijs gaven voor mijn bier in 1993," herinnert Armand zich.
De prijs trok de aandacht van de zoon van de dichter Hubert Van Herreweghen, Willem, een van de meest ervaren jonge brouwers

van België en een man met een passie voor lambiek. Willem werd een vriend en adviseur. De Debelders hadden opnieuw getwijfeld aan de toekomst van de lambiekversnijders; nu begonnen ze vertrouwen te winnen. Armand en zijn broer Guido sloten een overeenkomst over hun uiteindelijke erfenis: het café-restaurant zou naar Guido gaan, het bier werd van Armand.

"Het bier van mijn vader": Armand Debelder en vader Gaston. Nu brouwt Armand zijn eigen lambik in hun historische literaire café.

In 1998 bracht Van Herreweghen brouwmateriaal bijeen om te installeren in Drie Fonteinen. De beslagton en de ketel werden uit de Jupiler Pils-brouwerij gehaald, waar ze waren gebruikt als een pilootinstallatie. Een compacte brouwzaal met galerijen en een koelschip neemt nu een stuk van de oude kelders van Drie Fonteinen in beslag. Er is nog plaats in de kelders voor vaten, maar er is ook opslagruimte voorzien in een nabijgelegen gebouw.

Armand heeft voor een heel speciale smaak gezorgd door vaten van de Côtes de Nuits te gebruiken. Terwijl lambiekbrouwers in het verleden vaak vaten gebruikten waarin wijn werd verscheept, ging Armand naar Frankrijk om er aan "barriques" te snuffelen. Hij koos degene waarvan hij dacht dat ze de beste geuze zouden produceren. Hij was een echt pietje precies, geobsedeerd door natuurlijke ingrediënten en de juiste methoden.

De lambiek van Drie Fonteinen heeft robuuste smaken: een abrikoosachtige fruitigheid, goede, eikachtige vanille, een vleugje sherry en een uitstekende afdronk. Het café schenkt ook een faro, gebaseerd op een lambiek die een jaar heeft gerijpt in een barrique en gezoet is met kandijsuiker. In 2001 proefde ik er een oude geuze met dezelfde fruitige en eikachtige vanille, vooral in het aroma, in die mate zelfs dat hij mij deed danken aan een Bourgogne. De smaak had dezelfde kenmerken, met een vleugje citroenschil, en heel wat smaakontwikkeling die naar een nootachtige droge afdronk leidde. Versnijdingen met de eigen lambiek van Drie Fonteinen waren op dat moment nog niet verkrijgbaar.

GIRARDIN

Boerderijbrouwerij op wat ooit het landgoed van een edelman was, in Sint-Ulriks-Kapelle. De Girardins bezitten het sinds 1882, al vier generaties. In 1993 werd ik uitgenodigd om de brouwerij te bezoeken, na hier jarenlang om te hebben verzocht. Louis Girardin was toen 69 jaar oud en beheerde de brouwerij met zijn vrouw Jacqueline en zijn zonen Paul en Jan, zonder werknemers. Zijn landelijke conservatieve inslag omvatte een wantrouwen voor langharige buitenlandse bemoeiallen. Het was een gedenkwaardig bezoek en ik was bedroefd toen ik in 2000, op een bierfestival, vernam dat Louis Girardin pas was overleden. Gelukkig zet zijn familie de zaak voort. Ze verbouwen hun eigen tarwe, brouwen lambiek in de winter en produceren een pils in de zomer. De Girardins gebruiken 40 procent tarwe in hun lambiek en werken nog steeds met een molen die het graan tussen twee stenen plet, en ook met een modernere met metalen cilinders. "Wij blijven de stenen molen voor een deel van het graan gebruiken," vertelde Louis me, "voor het geval dit het karakter van het bier beïnvloedt."

Ze hebben nog steeds een open gietijzeren beslagkuip en een ingemetselde ketel, hoewel ze nu pas een modernere (jaren vijftig of zestig?) koperen brouwzaal aangekocht hebben in Duitsland. Een maand lang verbleven zij in Duitsland om de brouwzaal te ontmantelen en bouwden hem vervolgens in hun brouwerij in België. Hun voorafgaande berekeningen van de nodige ruimte bleken juist, tot op een insnijding van een paar centimeter in een stutbalk na.

"Wanneer je iets vuilmaakt of beschadigt in mijn brouwerij, moet je betalen," verwittigde Louis me. Het was niet helemaal een grap. Toen ik op de ketel wilde leunen om een foto te nemen, schoof hij snel een deken onder mijn ellebogen.

De zeer nauwgezette Girardins hebben zelfs twee open koelers, één op zolder en één op het niveau van de brouwzaal. Waarom? "In de twee plaatsen is de temperatuur verschillend. Afhankelijk van het weer buiten kunnen we variëren om de beste inwerking van de wilde gist te verkrijgen."

Dit is echt brouwen volgens de regels van de kunst. De tarweachtige, droge, ronde bieren hebben een complexiteit die wordt geprezen door alle liefhebbers van een traditionele lambiek. Louis Girardin gaf me eerst een fles die vijf maanden in zijn kelder had gelegen. Ik vond dat het bier een opmerkelijke combinatie had van intense droogheid en zachtheid. "Nee!", zei meneer Girardin. "Deze is te jong!!"

De drie jaar oude fles die erop volgde, bevatte een van de meest complexe bieren die ik ooit geproefd had. De aroma's en smaken riepen de herinnering op aan talkpoeder, vers zaagmeel van cederhout, hooi, appels, cider en droge oloroso sherry.

LINDEMANS

René Lindemans die het kolenvuur onder de ketel aanstookte, was een van de meest memorabele beelden in mijn reeks "Beer Hunter"-films voor televisie. De brouwerij ligt in Vlezenbeek, niet ver van de Zenne. Toen ik ze voor de eerste keer zag, was ik onder de indruk van niet alleen de gietijzeren beslagkuip en de ingemetselde ketels (een klassiek brouwzaalontwerp in Vlaanderen), maar ook door de Brabantse boerderijgebouwen die dateren uit 1869. De zaak begon als een boerderijbrouwerij in 1809 en er bestaan nog documenten die bewijzen dat ze belastingen betaalde als brouwer in 1829. Een jaar later werd gestopt met de boerderijactiviteit.

Lindemans heeft nu een modernere brouwzaal. Hij brouwt nog steeds een onversneden lambiek, maar het product is bijna onmogelijk te vinden.

Zijn oude geuze kreeg de naam Cuvée René, naar de eigenaar van de brouwerij. Dit mooie bier heeft een fris, bladachtig, droog aroma, voelt gestructureerd aan ("alsof je wolken doorslikt" zoals een enthousiasteling wist te vertellen), heeft een zachte, evenwichtige fruitige smaak met een zweem van palo cortado sherry in de afdronk.

Lindemans heeft altijd traditionele geuze gebrouwen, wat nog wordt bevestigd door dit nieuwe product. De brouwerij kwam aan bod in mijn boek uit 1997, "The World Guide to Beer", en werd onmiddellijk benaderd door een Amerikaanse invoerder. Ondanks diens inspanningen was de Amerikaanse markt op dat moment nog niet klaar voor een traditionele geuze, dus werden gezoete producten aangeboden. In de jaren daarna heeft de brouwerij aanzienlijke commerciële successen geboekt op exportmarkten met gezoete versies van geuze, kriek en andere fruitbieren. Er is zelfs een bier met een theesmaak.

OUD BEERSEL

Zoals veel oude huisbakkerijen ooit hun eigen brood bakten, zo maakten cafés hun eigen bier vóór de groei van de brouwnijverheid. Dergelijke etablissementen overleven in Beieren en de "Black Country" in Engeland. In het land van lambiek is het café Oud Beersel van de familie Vandervelden een klassieke overlevende. De stichters ervan zouden wellicht verrast, mogelijk zelfs verbijsterd zijn door de revival van brouwerijcafés vandaag.

Achter zijn decoratief betegelde gevel uit de jaren dertig, waarop "In 't Bierhuis Oud Beersel" staat, verbergt het café zijn piepkleine, 50 jaar oudere brouwerij. (Laarheidestraat 230. Café 02-380.44.48; brouwerij 02-380.33.96).

Dirk Lindemans kijkt een brouwketel na die hij tweedehands kocht in Duitsland.

Het Bierhuis Oud Beersel is een mini-monument, maar het blijft een lokaal café en brouwerij i.p.v. een toeristische attractie.

De overleving van de brouwerij was twijfelachtig toen Henri Vandervelden in 1991 met pensioen ging en zijn zoon de zaak niet wou overnemen. Uiteindelijk werd ze overgenomen door zijn neef Danny Draps, die er al verschillende jaren werkte.
Het café schenkt Oude lambiek met een florale, harsige en pijnboomachtige smaak. De oude geuze heeft een pijnboomachtig,

peperachtig aroma, een frisse smaak en een droge afdronk die de eetlust opwekt.

TIMMERMANS

Café Bécasse, vlakbij de Grote markt in Brussel, is een verborgen monument (Taborastraat 1 en een steegje door). Het is gespecialiseerd in gezoete versnijdingen die gebaseerd zijn op de lambiek van de brouwerij Timmermans in Itterbeek, ten westen van de Zenne.
De brouwerij dateertvan 1888, hoewel men aanneemt dat op dezelfde plaats al sinds 1650 een brouwerij moet hebben gestaan. De brouwerij gebruikt oude uitrustingen die nog in uitstekende staat zijn, waaronder een traditionele beslagkuip in de stijl van de madammen (naar de paraderende, Vlaamse "madammen").
Een beslagkuip wordt nog altijd gebruikt, naast een ketel op directe vlam(op stookolie), wat kan bijdragen tot het moutige karakter van het bier. Vlammen kunnen "hot spots" creëren, wat bijdraagt tot de karamelisering.

De ronddraaiende schijven worden "madammen" genoemd, naar de heupwiegende jongedames van de streek....roerkuip bij Timmermans.

Toen Germaine Timmermans in 1935 in het huwelijk trad met Paul Van Cutsem, gaf haar vader haar een nieuw koelschip als huwelijkscadeau. Het staat er nog steeds. Wanneer het wort de temperatuur bereikt waarop hij uit het koelschip moet worden gepompt, activeert een toestel een bel in de kamer van de conciërge. Jacques van Cutsem, de zoon van Paul, vertelde mij over de tijd dat hij zelf werd gewekt door deze bel.

De rondleiding die Jacques Van Cutsem me halfweg de jaren zeventig gaf, was mijn eerste bezoek aan een lambiekbrouwerij. Ik stond verstomd van de galerijen vaten en vond de hopen kriekenpitten heel grappig. Sindsdien heb ik Timmermans al verschillende keren bezocht, de laatste keer in 2001. Ook dit keer leidde Jacques mij rond en ik was verrast hoe weinig er was veranderd. Hij heeft nog steeds aandelen in de brouwerij, die nu wordt gecontroleerd door John Martin's, een maatschappij die beter bekend is om zijn pale ale. In recente jaren deed de firma een aanzienlijke investering in Timmermans, vooral in een gelagzaal in pubstijl (Tel. 02-569.03).

Een zweem van verse ceder lijkt een typisch kenmerk van de bieren van Timmermans, en vooral van de lambiek. Hij kan de laatste jaren worden gedronken in café "In 't Vagevuur" in Vlezenbeek. De oude

Bij Timmermans tapt Jacques Van Cutsem uit een foeder, gemerkt met het eigen symbool van de brouwerij. Een vat van dergelijke omvang kan je echter niet kwijtraken.

geuze van Timmermans, met de naam Caveau, heeft een volle smaak, is uitgesproken moutig en een beetje zoet, met een vleugje mandarijn in de afdronk. Timmermans bracht ook als eerste de "Witte lambiek" op de markt. (Zie p. 134)

VERSNIJDERS VAN GEUZE

Sommige lambiekbrouwerijen bereiden traditioneel ook het wort voor bedrijven die enkel de gisting verzorgen, de zogenaamde "geuzestekers".

Dit heeft veel weg van een wijnpers die druiven perst voor verschillende wijnmakers. De brouwerijen verkopen ook wort aan vreemde versnijders. Dit lijkt dan weer meer op de distilleerder die zijn productie verkoopt aan een cognachandelaar.

Geen van deze praktijken is gebruikelijk in de productie van andere bierstijlen, maar een lambiek is vooral het product van zijn gisting; de ermee verwante geuze wordt verkregen door versnijding.

De versnijders gebruiken gewoonlijk hun eigen vaten. Ze laten het wort een tot drie jaar gisten en rijpen, op de gebruikelijke manier. De jonge en oude lambiek die ze verkrijgen, wordt dan versneden en gebotteld. Na enkele maanden op flessen is de versnijding versmolten en heeft zich koolzuur ontwikkeld.

DE CAM

In 1997 werd in het bekoorlijke dorp Gooik, in het hartje van de traditionele streek, opnieuw begonnen met een brouwerij, in een 17e eeuwse kasteelhoeve waar lang geleden de lambiekbrouwerij gehuisvest was. Willem, de zoon van de dichter Van Herreweghen, nam een van de gebouwen in gebruik om geuze te versnijden, voor het eerst sinds lange tijd. Willem vatte dit op als een nevenactiviteit, naast zijn baan als productiedirecteur bij de grote brouwerij Palm.

Opmerkelijk is dat hij zijn eigen vaten voor De Cam liet maken. Nog opmerkelijker is dat ze werden gemaakt naar een Duits ontwerp uit de jaren 1860. Ronduit verbazingwekkend is dat er eikenhouten lagervaten voor werden gebruikt die eertijds dienden bij Pilsener Urquell. Alle 45 van de vaten die worden gebruikt, hebben deze afmetingen. Ze worden opgestapeld achter een venster, met een frivool uithangbord met de naam De Cam in neonletters. In dit alles is Bruegel heel ver te zoeken, een indruk die nog wordt versterkt door de versnijder Karel Goddeau, een twintiger met blonde krullen die niet zouden misstaan bij een rockzanger of een voetballer.

Overdag werkt Goddeau in de Proefbrouwerij, misschien wel de modernste van België, waar hij uiteenlopende stijlen maakt. Hij heeft een passie voor geuze sinds hij zich op 15- of 16-jarige leeftijd waagde aan een Girardin. Tijdens zijn vier jaar aan de brouwersschool was hij teleurgesteld door het gebrek aan belangstelling voor spontane gisting. "Ongeveer vier regels op 800 pagina's. Meer werd er over dit prachtige bier niet geschreven."

De Cam gebruikte de lambieks van Boon, Girardin en Lindemans in zijn eerste mengels, maar heeft nu ook zijn eigen lambiek die wordt gebrouwen in Drie Fonteinen. Een eerste botteling werd blind geproefd tijdens een beoordeling voor het tijdschrift "Bier Passie" en oogstte veel lof voor zijn complexiteit en droogheid. Ik vond hem dorstlessend, met lagen van sterke sma-

Een boodschap naar zijn generatie: Karel Goddeau is de apostel voor bier met smaak, vooral Geuze.

ken, vooral van pompelmoes en kruisbessen.Het bier wordt geschonken naast de brouwerij in het Volkscafé De Cam (Dorpsstraat 57. Tel. 02-532.21.32, gesloten op maandag).

Hanssens

Oorspronkelijk een brouwerij, Sint-Antonius, die in 1896 werd opgericht op een melkveebedrijf door een burgemeester van Dworp, Bartholomé Hanssens. Sint-Antonius maakte bruin tafelbier en lambiek.
De koperen ketels werden tijdens de Eerste Wereldoorlog weggehaald door het Duitse leger om er munitie van te maken, en de productie werd stilgelegd. Na de oorlog werd de brouwerij een versnijderij en decennia lang genoot de zaak een uitstekende reputatie voor zijn geuze. De laatste jaren heeft Hanssens ook een aanhang veroverd in de Verenigde Staten.

De toekomst van het bedrijf werd onzeker in 1999, toen de derde generatie, Jean Hanssens, aankondigde dat hij met pensioen wou gaan. Zijn dochter Sidy en haar echtgenoot John stapten naar voren om de zaak te redden toen bleek dat ze er niet voltijds in zouden moeten werken. Sidy is secretaresse in een advocatenkantoor en John werkt als luchtverkeersleider. "Wij konden onze baan houden en dit erbij nemen als we bereid waren een deel van ons sociaal leven op te offeren," vertelde ze me. "Niemand anders heeft een

Jean Hanssens met zijn dochter Sidy en haar man John: ik wil de streek proeven in het bier.

deeltijdse job als versnijder, maar op die manier slaag ik er toch in het werk van mijn vader en mijn grootvader voort te zetten."

Hanssens vult 70 "pijpen" per jaar, maar in zijn kelders staan veel meer van deze vaten. Een deel van het bier rijpt immers drie jaar. In elke versnijding gaan vier tot vijf pijpen. Sidy zei dat ze niet werkten volgens een vast recept, maar om een smaak te verkrijgen. Ze geeft wel toe dat ze geen zure geuze wou maken, maar voor de rest kan ze het karakter alleen als volgt definiëren: "Als ik ervan drink, wil ik de streek proeven."

Ze toonde me hoe ze de versnijding roert. Hiervoor stond ze op een verhoog, boven de mengton, en hanteerde ze een "roerstok" van drie meter lang. Een groot deel van de uitrusting is antiek, maar ze was bijzonder trots op de rekken waarin de gewassen flessen werden gedroogd. "Mijn grootvader heeft ze nog ontworpen en gebouwd". Er zaten 30.000 flessen in 16 "holten". Ze haalde er enkele uit en we begaven ons van de kelders naar de woning van de familie om ze te proeven. De oude geuze van Hanssens heeft een aardeachtig karakter met een complexe fruitigheid die me altijd al heeft doen denken aan rabarber. Andere proevers halen er meloen of zelfs ananas uit.

GEUZE BUITEN DE STREEK, PRODUCENTEN VAN GEUZE IN WEST-VLAANDEREN

VAN HONSEBROUCK

Waarschijnlijk zijn het de regionale verschillen die de verspreiding van de productie van geuze stoppen bij de grensovergang tussen Brabant en Oost-Vlaanderen. Maar hoe komt het dan dat de stijl terug opduikt in het verder gelegen West-Vlaanderen? Hoewel textiel en handel traditioneel belangrijk waren voor beide provincies, heeft het oosten zich misschien meer toegelegd op de fabricage en het maritieme westen op commerciële zeeroverij. Zelfs in zo'n klein land zijn er lokale karakterverschillen.

Eind jaren zestig en begin jaren zeventig, toen in verscheidene landen de naoorlogse drang tot "modernisering"en eenvormigheid plaats maakte voor de herontdekking van de culturele erfenis, ontstond er in België een nieuwe vlaag van interesse voor de geuzebieren uit de Brusselse streken. Deze stijl werd overgenomen door twee brouwerijen in West-Vlaanderen. Brouwerij Van Haelen uit Ukkel, Brussel, leverde aanvankelijk lambiek aan het familiebedrijf Van Honsebrouck in de historische stad Ingelmunster in West-Vlaanderen. Toen Van Haelen in 1968 sloot, begon van Honsebrouck met de gisting, in hout, van wat wort uit de brouwerij als een begin voor zijn eigen "lambiek", en hij creëerde zijn eigen microklimaat.

Geuze St.Louis en Kriek worden aangezoet, maar dat is niet het geval bij de Geuze Fond Tradition.

Vanaf dat begin werd Van Honsebrouck bekend voor zijn zoete geuze onder de merknaam St Louis. Vandaag heeft de firma een product toegevoegd met een traditionelere stijl. In 1993 werden twee en drie jaar oude bieren versneden tot een ongezoet, ongefilterd product, de Geuze Fond Tradition.

De eerste botteling had een lichte body, een zuivere, gladde, zeer verfrissende zuurheid en wrange, dorstlessende, sprankelende afdronk met een vleugje kelderkarakter.Een botteling die ik zes jaar later proefde had meer complexiteit: een vleugje groentesmaak (selder) met een licht eetlust opwekkende bitterheid die deed denken aan cichorei. Ik neem aan dat de Brettanomyces hiervoor zorgden. Van Honsebrouck is verder ook bekend voor een "rood" bier in de lokale West-Vlaamse stijl, het stevige brouwsel Brigand, dat iets weg heeft van de Triple-stijl; en een "Kasteelbier" dat de Britten en Amerikanen gerstewijn zouden noemen.

BOCKOR

De andere producent van geuze in West-Vlaanderen is de brouwerij van de familie Vander Ghinste in het dorpje Bellegem, dichtbij een andere historische stad, Kortrijk. Sinds 1890 behoort deze brouwerij, oorspronkelijk een deel van een boerderij, tot deze familie. In de jaren dertig werd er Bock gebrouwen, een lagerbier in Duitse stijl. Dit bier was goudkleurig en zo werd de brouwerij later bekend als Bockor ("or" betekent goud in het Frans). Bockor begon geuze te brouwen in 1970. Aanvankelijk werd in de versnijding een portie lambiek gebruikt, die aangekocht werd bij Heyvaert in Asse, in de traditionele streek. In 1981 sloot deze brouwerij en Bockor produceert nu zijn eigen bieren voor versnijding.

Vóór de uitvinding van de warmtewisselaars gebruikten alle brouwerijen koelschepen. Bockor bezit er ook nog eentje, dat eigenaardig kromt in een elegante toren om de gecondenseerde stoom af te laten.

Dit koelschip wordt alleen gebruikt voor de "lambiek". De brouwerij heeft ook zestien verankerde eikenhouten gistkuipen in de eigen kelder, die zowel voor de "lambiek" gebruikt worden als voor een zuurzoet, bruin-roodachtige ale in de traditie van West-Vlaanderen.
De geuze van Bockor wordt "Jacobins" genoemd, een naam met zowel geestelijke als democratische connotaties. De term is afgeleid van een dominicaans klooster bij de Saint-Jacqueskerk in Parijs. Ten tijde van de Franse revolutie bood het gebouw onderdak aan radicale democraten.

De smaak van volle krieken zit meer in de Belle Vue Primeur dan in de Kriek die het hele jaar door verkrijgbaar is.

Het jongste bier van de Jacobins Geuze is gegist en gerijpt gedurende enkele maanden, het oudste gedurende 14 tot 20 maanden. Het eindproduct smaakt wrang in het begin, behoudt verder een beetje van dit karakter en blijft tamelijk droog; bij de afdronk ontwikkelt zich een nootsmaak. Het bier is gefilterd, maar niet gepasteuriseerd.

FRUITBIEREN, ROSÉ-CHAMPAGNE OF ALCOPOP?

De fijnste, droogste, fruitigste bieren van België zijn de rosé-champagnes van de bierwereld, producten van grootse complexiteit en delicaatheid. Ze zijn niet altijd gemakkelijk te vinden. Sommige van de populaire, zoetere exemplaren lijken meer op alcopops.
De naam "fruitbier" lijkt een tegenstelling in te houden en het bier zelf lijkt nieuw, maar geen van beide vermoedens is juist. Ook de Ouden gebruikten wellicht al honing, dadels en misschien zelfs sinaasappelen in hun bier. In België hebben deze tradities overleefd. Deze producten zijn bieren omdat graan nog altijd het hoofdbestanddeel is waarmee ze worden gebrouwen. Pas later, tijdens de rijping, wordt het fruit toegevoegd om een verdere gisting op gang te brengen en tegelijk ook aroma en smaak toe te voegen. Als alleen fruit werd gebruikt, dan zouden het wijnen zijn.

In sommige landen bestaat het misverstand dat "lambiek" "fruitbier" betekent. Een onversneden lambiek bevat echter geen fruit. Een geuze al evenmin. Het misverstand is ontstaan doordat lambiek de bierstijl is die het vaakst wordt gebruikt als basis voor fruitbieren.

Het gebruik van tarwe en wilde gisten in lambieks geeft hen een zurigheid die fruitig lijkt. Dit past goed bij fruit en versterkt de complexiteit van droge smaken. De droogste, meest complexe en delicate fruitbieren zijn gebaseerd op lambiek.

Brouwer Frank Boon proeft een complexe Kriek. Boon was een outsider, maar heeft veel gedaan voor de heropleving van de sector.

KRIEK EN FRAMBOZENBIER

Het fruit dat in België het meest traditioneel wordt gebruikt, is de kriek. Noch het Nederlandse kers, noch het Franse Cerise zijn gangbare termen voor deze vrucht. Ze is algemeen bekend onder haar Vlaamse naam kriek en wordt af en toe ook aangeduid met de Franse beschrijving griotte. In het Engels wordt ze soms morello cherry genoemd. Ze is klein, bijna zwart, met gekleurd sap en een zure of zurige smaak. De kriek/griotte/morello is een zusje van de blekere, rodere Montmorency, die ook zuur is maar een relatief licht sap voortbrengt. Ze behoren tot de familie Prunus cerasus. Deze familie en de familie zoete kersen Prunus avium zijn de voorlopers van alle geteelde variëteiten.

Kriekenbomen kan men nog aantreffen in het hartje van Brussel en rond de stad, vooral in het noordwesten: in de streek van Schaarbeek en meer naar Ninove toe. Het was normaal dat lokaal beschikbare vruchten werden gebruikt, en de sterke aroma's en smaken van de "Schaarbeekse kriek" herkent men in de meest authentieke interpretatie van deze bierstijl.
Ooit was het gebruikelijk dat gezinshoofden, café-uitbaters en kleine brouwers krieken uit privé-tuinen gebruikten. Volgens de meest traditionele methode worden de krieken, zoals pruimen, eerst aan de boom gedroogd. Deze krieken zijn zeer zeldzaam, want vogels zijn er gek op.

Naarmate Brussel groeide, slonk de voorraad krieken, en de Schaarbeekse kriek werd in grote mate vervangen door de noorderkriek, die wordt geteeld rond Tienen en Sint-Truiden in de Belgische provincie Limburg. Veel brouwers gebruiken minder traditionele variëteiten die als pulp, sap of extract worden ingevoerd uit Duitsland, Denemarken of Polen. Sommige gebruiken een combinatie van deze grondstoffen.

De andere fruitsoort die algemeen als traditioneel wordt beschouwd, is de framboos. In dit geval wordt het Franse woord Framboise vaak gebruikt. Dit kan verwarrend zijn, want dezelfde term wordt in het Frans gebruikt voor een heldere, "witte" brande-

wijn gemaakt van de framboos. In een restaurant zegt u best duidelijk of u uw Framboise wenst in de vorm van bier of van eau-de-vie. Het Vlaamse woord wordt in het meervoud, Frambozen, vermeld op het etiket.

Een authentieke droge kriek is een perfect bier om vrienden mee te verwelkomen op een zomerfeestje. Hij is een van de wonderbaarlijkste aperitieven. Hij heeft de aciditeit van een champagne, het bouquet en de delicate smaak van de krieken, een evenwichtig, amandelachtig, "sec" karakter dat van de pitten komt, en ook de sherry-achtige ondertoon van de basisbieren. Een traditioneel frambozenbier vult de lucht met zijn bouquet en is nog delicater in palet en afdronk. Een verleider zou ervoor vallen en een seksist zou dit vrouwelijkste van alle bieren vervloeken.
De minder traditionele, gezoete exemplaren kunnen minder kenmerkend zijn, maar ze doen het perfect bij een zoet en fruitig dessert. Ik heb Amerikaanse vrienden die er dol op zijn bij hun "Cherry Jubilee", een dessert op basis van warm fruit in eigen siroop, geflambeerd en met roomijs.

In de bierwereld vindt men de dichtstbijzijnde traditie in de Noord-Germaanse gewoonte om een tikje frambozensap te voegen bij de Berliner Weisse, een scherpe, melkzuurachtige stijl van tarwebier. Dit is echter geen onderdeel van het productieproces, het is de herbergier die het toevoegt. Tijdens een lenteritueel maken sommige Duitse tavernes een zuivere vruchtensiroop om bij bier of wijn te voegen als een "Meibeker". De Zuid-Duitsers voegen soms een schijfje citroen bij hun kruidige Weisse of Weizenbier, maar dat is toch niet

hetzelfde. Toch betreft het hier twee interessante dranken. Deze gewoonten in Duitsland en in België steunen op een bier dat een intens karakter heeft en dat dan vervolledigd wordt. Sommige andere landen gebruiken een sterke smaak om een relatief neutraal smakend bier te vervolmaken. Van de Fransen weet men dat zij het kwaliteitsaperitief Amer Picon bij pils uit de Elzas voegen. Britse vrouwen deden zoete citroenlikeur bij hun pils en in de Engelssprekende landen is het bij onervaren drinkers een gewoonte geworden om een beetje vers fruit te voegen bij sommige lichte Mexicaanse bieren. In Canada is het niet ongewoon om tomatensap bij het bier te doen; dat heet dan een "Calgary Red-Eye". Zo zitten we al in de cocktailsfeer, hoewel een Bloody Mary toch heel wat meer voldoening geeft.

Onder de wijnen zijn de frambozenvermouts van Chambéry welbekend en delicieus. Onder de likeuren kent men de kersenlikeuren uit Denemarken, gemaakt door Peter Heering. Het zijn goede bekenden van de kriek. Onder de sterke dranken zijn gearomatiseerde brandewijnen, wodka's en aquavits verre verwanten.

HOE KRIEK WORDT GEMAAKT

Na de oogst, gewoonlijk in juli, worden de krieken in het vat bij het bier gevoegd. De gebruikte lambiek kan slechts drie maanden oud zijn, of meer traditioneel, 18 maanden. Een mengsel van beide is het meest waarschijnlijk. Sommige producenten drukken twee data op het etiket of de kurk: de brouwdatum van het oude bier en de oogsttijd van de krieken.

De meest kriekachtige smaken komen boven als het brouwsel ongeveer zes weken op het fruit ligt, maar sommige bieren zullen er veel langer op liggen. Voor het fruit is oktober de beste bottelmaand. De gistactiviteit in het bier is echter beter in maart, april of mei. En het gistkarakter is belangrijk voor de nagisting in de fles. Dit is de reden waarom niet alleen lambieks, maar ook afgewerkte kriek versneden worden om er verschillende leeftijden in te hebben. Een kleine, ambachtelijke brouwerij kan al zijn kriek niet in één enkele maand bottelen, zelfs niet in één seizoen. Als de kriekenoogst goed was, dan zal de brouwer waarschijnlijk meer kriek produceren dan hij in één seizoen kan verkopen en hem dus bewaren voor later.

Kriek die lang in het vat heeft doorgebracht, neemt meer bitterheid en een "sec" karakter op van de pitten. Dit kan meer evenwicht en complexiteit geven, zeker wanneer men een jonge met een oudere kriek heeft versneden. Na zes maanden of een jaar kan deze aangename bitterheid wel omslaan in een scherpte, maar veel hangt ook af van de conditie van het vat en de temperatuur (zoals altijd verkiezen de brouwers koel weer). Het is ongewoon maar niet onbekend om het bier meer dan één zomer op het fruit te laten.

Sommige brouwerijen gebruiken 300 gram krieken per liter bier, andere zijn minder gul. Er zijn er ook die een hoeveelheid vlierbessen gebruiken, voor de kleur en nog meer complexiteit. Als ze het vat hebben leeggemaakt, laten sommigen de krieken erin en voegen er een tweede lading bier bij. Daarna versnijden ze de eerste en tweede "extracten". Weer andere voegen jonge lambiek toe alvorens te bottelen. De traditionele kriekmaker zal zijn kriek dan een zomer lang op de fles laten liggen, alvorens hem op de markt te brengen. Het bier zal een verdere gisting in het vat doormaken, veroorzaakt door de suikers van de vruchten, en zal vervolgens een tijdlang narijpen in de fles.

Bij een traditioneel gemaakte kriek zal de verdere vergisting, door de versnijding en de toevoeging van vruchten, het alcoholvolume doen stijgen. Uiteraard hangt de drinkbaarheid van het eindproduct ook af van de densiteit van de oorspronkelijke lambieks. Het alcoholgehalte zal zo variëren van 5 procent of iets meer tot zelfs 7 procent of meer.

FRUITBIEREN OP BASIS VAN LAMBIEK MET AANTEKENINGEN BIJ PROEVERIJEN

Bijna alle producenten van lambiek en veel brouwers die andere stijlen maken, gebruiken een deel van hun opbrengst (en soms wel het grootste deel) als basis voor kriek, frambozenbier en misschien wel voor andere, minder bekende biersoorten. Deze bieren kennen de laatste jaren een groot succes.

BELLE-VUE

Belle-Vue brengt elk jaar in april een kriek primeur op de markt. Hiervoor worden jongere lambieks en zoetere krieken gebruikt dan voor het gewone product. De krieken zijn van het vorige oogstjaar, uit Sint-Truiden. De Primeur moet het nieuwe voorjaar inluiden en blijft ongeveer een jaar op de markt. Het is niet de bedoeling om de Primeur op te slaan; hij is gefilterd en flash-gepasteuriseerd zoals de gewone versie. De Primeur bestaat elk jaar uit een ander mengsel, maar kan bijna paars van kleur zijn met het frisse karakter van kriekenjam, uitmondend in een lichtjes wrange afdronk. De gewone Belle-Vue kriek is fruitiger en meer ijzerachtig dan vroeger, maar nog altijd zoet. Aan lambieks van vier maanden worden krieken toegevoegd voor 1 jaar, en dan worden ze versneden met jongere bieren, "verzacht' met een kleine portie kriekensap en gezoet met fructose (vruchtensuikers).

BOON

De klassieke, ongefilterde kriek van Boon wordt niet langer Mariage Parfait genoemd. De nieuwe definities voor lambiekbieren indachtig, wordt hij gewoonweg Oude Kriek Boon genoemd. Hij wordt gemaakt met 300 gram krieken per liter. Voor de gefilterde en gepasteuriseerde versie, met 200 gram krieken, volgt Boon een vrij complex proces. Het begint met een twee jaar oude lambiek die vier tot vijf weken op de krieken doorbrengt. Dit brouwsel wordt dan versneden met één jaar oude lambiek en een deel van een minder zwaar Mars-bier dat gebrouwen is met donkerdere mout. Het eindresultaat heeft een geroosterde, confituurachtige, likeurachtige intensiteit van smaken. Boon produceert ook een lichter frambozenbier.

CANTILLON

Cantillon is gekend voor elegant droge fruitbieren. Een uitstekend voorbeeld, Rosé de Gambrinus, heeft een samenstelling die in de loop der jaren is geëvolueerd. De laatste jaren was het mengsel voor de helft frambozenbier, 15 procent kriek en 35 procent één jaar oude gewone lambiek. Wanneer het pas gebotteld is, heeft dit bier een enorme fruitigheid, in evenwicht gehouden door de aciditeit. Door het verouderen op fles krijgt de versnijding een sobere elegantie. Een bier met Arctische bergbraambes, voor het gerenommeerde biercafé Akkurat in Stockholm, had een sinaasappel- en honingachtige, boterbloemachtige noot. Een bier met abrikozen uit het Franse departement Drôme was geuriger. Cantillon heeft ook druivenlambieks gemaakt, met de muskaatdruif en gelijkaardige witte variëteiten uit België, de Elzas en Italië, en met Merlot en Cabernet Franc uit Bordeaux. Dit brengt bier en wijn nog dichter bij elkaar, hoewel de eigenschappen van lambiek die van de druiven overtreffen. Dit was zeker het geval de eerste keren dat ik ze kon proeven, maar recentere voorbeelden hebben meer uitgesproken 'druivenschil'-trekjes, zeker in het aroma en de afdronk. De rodewijnversie, die de passende naam St.-Lamvinus kreeg, heeft een roodbruin tintje en een uitstekende tannine. In 2000 gaf ik een uiteenzetting ter gelegenheid van een diner waar tien lambiekversies van het vat werden geschonken, naast brouwsels van Lindemans en Hanssens. Elk van de vijf gangen was ook bereid met een ander lambiekbier. Deze verbluffende Tour-de-Lambic vond plaats in het Monk's Café in Philadelphia.

DE KEERSMAEKER "MORT SUBITE"

Mort Subite en zijn moederonderneming hebben, samen met de Universiteit van Leuven, verregaand onderzoek verricht naar de kriekenteelt. Ze huren boomgaarden af in Limburg om er de vruchten voor de eigen productie te kweken. Er worden bijen aangevoerd om de verstuiving van pollen te bevor-

deren. Jonge lambiek ligt drie tot vier maanden op krieken (250 gram per liter), bij omgevingstemperatuur, en vervolgens is er een lange, trage samensmeltingsperiode van ongeveer een jaar, bij lagere temperaturen. De ongefilterde versie is paarsachtig van kleur, met een zweem van kriekenschillen in het aroma, een zeer fruitige body en een zuiverende aciditeit in de afdronk. Deze versie is uiterst moeilijk te vinden. De gefilterde en gepasteuriseerde versie, gemaakt van 100 procent lambiek, is licht maar stevig, met een aangename wrangheid. Hij wordt gezoet, maar niet overmatig.

DE TROCH

De Troch heeft bij gelegenheid een aangenaam wrange kriek uitgebracht, maar maakt vaker een zoetere versie, met sappige fruitvezelaroma's, onder het Chapeau-label. De Troch is de ware specialist geworden van de ongewone smaken, gemaakt met sappen of extracten. Voorbeelden zijn een verfrissend halfdroog perzikenbier, een nootachtig abrikozenbier, een likeurachtig ananasbier, een pruimachtig mirabelbier en een zoeterig bananenbier.

DRIE FONTEINEN

De voorkeur wordt gegeven aan krieken uit Schaarbeek en wel in een verhouding van 350 gram per liter. Een lambiek van vijf of zes maanden ligt een half jaar op hele krieken (dus met steen), gevolgd door een even lange periode van rijping in het vat of op fles. De oude kriek heeft een braambesachtige intensiteit, met een vleugje passievrucht en een zeer zachte aciditeit.

GIRARDIN

De lambiek van Girardin is al zo delicaat dat het toevoegen van fruit totaal overbodig lijkt, alsof je een lelie zou vergulden. Het tarwekarakter komt naar voren in de fruitbieren, die geurig en delicaat zijn, zelfs in de gefilterde versies.

HANSSENS

De oude kriek van deze versnijder is sinds jaar en dag gegeerd. Hij is krachtig en fruitig, met een goede samenspel van zoetheid en aciditeit. Een nieuwer product is een aardbeienlambiek met hele vruchten, Oud Beitje genoemd (naar de aardbei). Hij doet denken aan een halfdroge roséwijn, met een zeer licht aardbeienaroma en -palet, tegen een achtergrond van een uiterst discreet moutkarakter.

LINDEMANS

Met zijn Cuvée René levert deze brouwerij een uitstekende geuze, maar in de fruitafdeling lijkt ze zich te hebben laten verleiden door zoetheid. Er wordt een hele waaier geproduceerd (in sommige landen onder de naam Foudroyante). Lindemans produceerde als eerste de perzikenlambiek, waarvan de smaken heel harmonieus lijken. Lambiek van zwarte bessen is een minder geslaagde combinatie. Het naar citroen smakende theebier is een verfrissend nieuw product.

OUD BEERSEL

De hars-, pijnboom- en peperachtige eigenschappen van de lambiek van Oud Beersel komen naar voren in deze oude kriek van de brouwerij. Hij biedt een bijzonder droge interpretatie van de stijl.

TIMMERMANS

Een zeer evenwichtige kriek (gefilterd) van deze brouwerij: goede, droge, 'paardendeken'-achtige lambiekaroma's, substantiële smaken, moutig en met een ingehouden fruitigheid. Lambiek van zes tot negen maanden ligt 18 maanden op noordkrieken uit Sint-Truiden. De andere fruitbieren in het assortiment zijn zoeter.

FRUITBIEREN UIT ANDERE STREKEN

Buiten de lambiekstreek bestaat de productie van kriek en frambozenbier vooral al lang in de streek rond Oudenaarde, in Oost-Vlaanderen. Daar is

Liefmans vermaard voor zijn assertieve kriek en een zachter frambozenbier op basis van zijn beroemde bruine ale. Liefmans maakt ook een kruidige Gluhkriek, die heet moet worden geschonken. Nog in de streek van Oudenaarde maakt de piepkleine familiebrouwerij Cnudde een zeer goed uitgebalanceerde kriek, ook op basis van bruine ale, van haar eigen kriekenoogst. Jammer genoeg voor het gros van de drinkers is de voorraad maar net toereikend voor de familie Cnudde.

De West-Vlaamse brouwerij Bockor gebruikt ook zijn Jacobins Gueuze als basis voor een kriek. Bier van 18 maanden ligt een half jaar op krieken. Van het hout in de brouwerij krijgt hij een heerlijk wrang kriekenkarakter, maar de versie die op de markt komt, is veel zoeter. In dezelfde streek maakt brouwerij Verhaeghe, in Vichte, ook een kriekvariatie. Deze echte kriek, op basis van krieken van Sint-Truiden, heeft het aroma en de smaak van een kirsch.

In Limburg gebruikt de brouwerij St.- Jozef haar eigen Pax Pils, waarvoor ze beter gekend is, als basis voor een zacht, fruitig Bosbier. Dit wordt gemaakt met bosbessen die daar in de streek ook worden gebruikt in bessenjenever en in fruittaarten. In de Belgische provincie Luxemburg proefde ik ooit een bier met een vleugje frambozensmaak, gebrouwen door Fantôme.

Nu de Belgische fruitbieren ruimere bekendheid genieten, hebben ze ook inspiratie geleverd voor variaties op het thema over de hele wereld. Vaak gaat het om flauwe, zoete brouwsels bedoeld voor mensen 'die niet van bier houden'. Het meest complexe fruitbier dat ik ooit heb geproefd, was een 'Belgian-style Red', een roodbier in Belgische stijl gebrouwen in New Glarus, Wisconsin. Een gemengde cultuur uit België is een sleutelement van dit bier, maar ook de plaats van herkomst van de krieken - Brussels, Wisconsin – was een gelukkige omstandigheid.

Lambikbrouwers komen samen in de kelders van Drie Fonteinen om geuze te proeven voor het magazine Bier Passie. De proevers alsook de bieren kwamen van brouwerijen en stekers uit het gilde van lambiekbrouwers, de HORAL.

Hoegaarden
Celis Wit

HOOFDSTUK VII Andere producenten van witbieren, met proefnotities

De Witte bieren

Van Celis tot Hoegaarden en Wittekerke... troebele dorstlessers voor de zomer

De zomerse, verfrissende tarwebieren waren de voorbije jaren hét grote succes in tal van landen. In tegenstelling tot sommige andere bieren voor de warme dagen zijn de tarwebrouwsels tegelijk vlot drinkbaar en heel smaakvol. De drogere exemplaren zijn even eetlustopwekkend als een gin-tonic. De zoetere, fruitigere bieren doen het uitstekend als dessertbier, vooral bij nagerechten met sinaasappel, banaan of appel.

Namen de Mesopotamiërs, die brouwden met tarwe, deze attributen al in overweging? Misschien niet, maar ze schonken hun bieren wel aan hun hogepriesteressen. Tarwebieren werden duidelijk op prijs gesteld in Beieren toen het nog een koninkrijk was. Alleen brouwerijen die eigendom waren van de koninklijke familie, mochten dit graan gebruiken. Vóór de grote doorbraak van de lagegistingsbrouwsels werden in heel Europa tarwebieren gemaakt, maar na de Tweede Wereldoorlog scheelde het niet veel of ze waren van de kaart geveegd.

De tarwe zorgt voor frisse, wrange smaken, maar het is een moeilijke graansoort om mee te brouwen. Doordat het geen volledig gevormde zemel heeft, raken de vaten vaak verstopt. De zemel van gerst daarentegen werkt als een natuurlijke filter. Het is dan ook zeer ongewoon dat een bier wordt gemaakt van tarwe alleen. Om in Duitsland als tarwebier erkend te worden, moet een brouwsel ten minste 50% tarwe bevatten, soms meer, en de rest is gerstemout. In België is de verhouding gewoonlijk 50/50. De Duitsers gebruiken alleen gemoute tarwe; in België is de tarwe gewoonlijk rauw.

De voornaamste voorbeelden van tarwebieren zijn de Weizen- of Weissbieren uit Zuid-Duitsland (en vooral het oostelijke deel van Beieren), bekend voor hun soms wat fenolzuurachtig, kruidig of fruitig (vaak banaanachtig) karakter, dat veroorzaakt wordt door de gebruikte gist. Verder is er nog het scherp zurige Berliner Weissebier uit het noorden, gemaakt met een cultuur van melkzuur, en ten slotte het Belgische Witbier of Bière Blanche (of soms Tarwebier of Bière de Froment), waarvoor de schillen van sinaasappels uit Curaçao en gemalen korianderzaadjes in de brouwketel worden toegevoegd. De Belgische stijl komt vooral voor in het oostelijke deel van Vlaams-Brabant.

Het Duitse Weizen, het Vlaamse Tarwe en het Franse Froment hebben dezelfde betekenis, net als Weisse, Wit en Blanche. In de tijd toen tarwebieren nog in heel Europa werden gemaakt, werd de term "wit" algemeen gebruikt om ze te beschrijven. Niemand weet waarom. Volgens sommigen was het een misverstand, ontstaan door de gelijkenis tussen de woorden "wheat" en "white" in verschillende talen. Volgens anderen zijn de meeste tarwebierstijlen heel bleek van kleur (hoewel dit niet zo is voor alle variaties). Er is een theorie dat "wit" verwijst naar de heel bleke kraag op het bier of naar het schuim dat tijdens de gisting wordt gevormd. Nog anderen suggereren dat de term betrekking heeft op de troebelheid van veel tarwebieren. Het is moeilijk om een helder bier te maken van tarwe; vóór de uitvinding van de filtering zag het resultaat er dan ook vaak melkachtig uit. Het feit dat tarwebieren heel oude stijlen zijn, is mogelijk de reden waarom de brouwers de troebelheid hebben bewaard als een onderscheidend kenmerk. In Duitsland behandelen jonge drinkers ongefilterde tarwebrouwsels als de "natuurvoeding" van de bierwereld, maar er worden ook heldere versies geproduceerd. In België worden bijna alle tarwebieren ongefilterd geschonken.

Belgische wegenbouw. Rotondes vind je ook in andere Europese landen, maar de Belgen zetten er brouwketels op. Deze foto werd genomen in het stadje Hoegaarden.

HOEGAARDEN

De Belgische voorbeelden van vandaag zijn allemaal gemaakt naar één model. In de Engelssprekende wereld wordt dit product op de markt gebracht onder de naam "Hoegaarden White". In België heette het eerst "Oud Hoegaards" en vandaag eenvoudigweg "Hoegaarden".

Vanuit Brussel is het amper een uurtje rijden in oostwaartse richting om, voorbij Leuven, rond de stad Tienen een aantal dorpjes te bereiken waar traditioneel bieren in deze stijl werden gebrouwen. Leuven had zijn eigen "wit" bier, zoals in detail beschreven wordt in een brouwershandboek uit de late 18e eeuw. Dat werd geproduceerd tot 1975. In de laatste dagen van dit bier hoorde ik dat er nog een kleine voorraad aanwezig was in de bar van het station. Toen ik er kwam voor een afscheidsglas en in het Nederlands naar het bier vroeg, fronste men de wenkbrauwen. Ik probeerde nog eens, ditmaal in het Frans, nog steeds zonder succes. Toen besloot de waardin dat ik iets van de Britse eilanden nodig had. Met een grote glimlach en in het Engels met een zwaar accent kreeg ik tehoren: "Monsieur, ik heb een bier voor u", waarop ze me parmantig een fles Guinness voorzette. Erg lekker, maar het was niet wat ik zocht.

In het midden van de belangrijkste marktplaats van Leuven staat de Sint-Pieterskerk. Alles wat met de stad verbonden is, heeft de naam van deze heilige gekregen. Het Leuvense witbier droeg de naam "Pieterman" en gelegenheids-revivalbrouwsels werden onder deze naam geproduceerd, soms met de naam Peeterman.

In het dorpje Neerijse produceerde brouwerij De Kroon tot voor enkele jaren af en toe een zoete, ciderachtige en zeer troebele "Dubbele Witte". In Lubbeek maakte de brouwerij Verlinden haar eigen versie tot in 1985.

Maar het is Hoegaarden dat al verschillende decennia wordt geassocieerd met de stijl. In Hoegaarden zelf heeft men me steeds verzekerd dat het een dorp is. Voor mijn part is het echter een kleine stad. In de brochure van de brouwerij spreekt men lichtjes overdreven van een "redelijk grote stad", die overigens over de grootste rococokerk van België beschikt. Deze kerk is zeer zeker indrukwekkend, maar ik hou meer van de kiosk in het midden van het dorp/stadje.

Hoegaarden ligt in een streek waar de grond zeer rijk is, met veel herenboerderijen, waar tarwe en bieten worden verbouwd. Hoewel er zeker al vroeger brouwerijen stonden, worden ze voor het eerst in de geschiedenis vermeld in het begin van de 14e eeuw. Hier vestigde zich in de 15e eeuw een klooster dat zowel bier als wijn produceerde. Rond 1500 had Hoegaarden zijn eerste brouwersgilde. Vele leden ervan waren boeren, die van hun eigen tarwe en haver bier maakten. In de 18e eeuw werd het stadje een waar brouwerijcentrum, van waaruit veel bier naar het nabijgelegen prinsbisdom Luik werd uitgevoerd. In de 19e eeuw waren er in en om het stadje, waar de rivier de Grote Gete en de Nermbeek samenvloeien (ondanks "Grote" in de naam toch maar twee kleine rivieren), meer dan dertig brouwerijen. In de 20e eeuw zorgden de ontwikkeling van Leuven als brouwerijstad en de verhoogde populariteit van de Pilsener-bierstijl ervoor dat heel wat van de Hoegaardse brouwtraditie verdween. In het midden van de jaren vijftig sloot de laatst overgebleven witbierbrouwerij haar deuren.

Enkele jaren later, toen enkele dorpsbewoners buiten wat zaten te keuvelen, merkte er één wat triestig op dat hij toch zo terug verlangde naar het "witte" bier dat ze altijd hadden gedronken. In het gezelschap bevond zich Pieter Celis, die altijd naast de oude brouwerij had gewoond. Celis had vaak een handje toegestoken in de brouwerij, was erdoor gefascineerd geraakt en had iets geleerd van de productieprocedures. Zelf was hij ook betrokken in de verkoop van een witte drank, hoewel toch iets verschillend: hij was namelijk melkboer.

De ondernemende Celis, toen vooraan in de veertig, voelde dat de traditie kon herleven. Met wat financiële steun van zijn vader, een veekoopman, kocht hij de installaties van een andere brouwerij die gestopt was, ging te rade bij de laatste brouwer die de stijl trouw was gebleven en begon in 1966 opnieuw met het maken van "wit" bier. Hij noemde zijn brouwerij "De Kluis", wat "klooster", "kluizenaarshut" of "abdij" betekende, ter ere van de brouwers die in de 15e eeuw actief waren in het stadje. Inmiddels is ze algemeen gekend, gewoon als brouwerij Hoegaarden.
"Ik dacht dat ik het moest hebben van de oudere generatie bierdrinkers," vertelde hij me eens, "want ik had mijn bedenkingen over de

jongeren, die het witte bier niet kenden." Maar het bleken de jongeren te zijn die vanaf het begin het bier ondersteunden. "Ook de "beweging" voor meer natuurlijke producten hielp. De mensen hielden van de natuurlijke "look" van een bier met gist op fles. Er werd geen enkele vorm van reclame voor gemaakt. Het was allemaal mondreclame. "Mensen uit Keulen en Parijs kwamen naar de brouwerij, maar ik had geen bier voor hen. Ik kon niet aan de vraag voldoen. Op een dag zei een dorpsbewoner me: "Weet je, ons Hoegaarden-bier kan men al drinken op de Champs-Elysées ...!"
De brouwerij breidde snel uit, maar er kwam een eind aan de financiële middelen van Pieter Celis, vooral nadat de brouwerij half afbrandde in 1985. Kort daarop zocht Celis naar bijkomende investeerders. Die kwamen van Interbrew, waar De Kluis nu deel van uitmaakt.

Brouwerij Hoegaarden is een oude boerderij en naarmate de brouwerij uitbreidde, heeft men gebouwen bijgekocht en gerestaureerd. Er staan nog een gekanteelde muur uit de 16e eeuw, een andere van rond 1750, en heel wat overblijfselen van de structuur uit 1830. Een overwelfde binnenplaats leidt naar vroegere boerderijgebouwen met een S-vormig pannendak. Door de eeuwen heen werden sommige delen van de vestiging gebruikt om te mouten, brouwen en distilleren, zoals dat vaak gebruikelijk was in veel boerderijen

Pierre Celis, onverwoestbaar op zijn 76, draagt zijn Texaanse bolo-dasje en schenkt het bier in dat zijn naam draagt. Het wordt nu gebrouwen bij Bios in Ertvelde.

van Noord-Europa. Nu is er ook een café en een restaurant, het Kouterhof, gespecialiseerd in gerechten die bereid worden met de bieren van Hoegaarden. (Het Kouterhof, tel. 016/76.74.33, elke dag open.) Ondertussen verspreidt zich over de hele wereld een keten van zomerse tuincafés met de naam van dit bier. Er is zelfs een Hoegaarden-café in Japan.

Sinds het begin wordt het witte bier uit Hoegaarden niet alleen met tarwe gemaakt, maar ook met een beetje haver van de streek. Een aantal producenten houdt deze traditie in ere. Terwijl de tarwe zijn eigen fruitige wrangheid meebrengt, zorgt de haver misschien wel voor dat tikje aangename olieachtige zachtheid. Deze bijzondere versnijding van ruwe grondstoffen beïnvloedt de complexe smaak van de "witte" bieren.

In het oosten van Brabant bestond de gewoonte om jonge mout onder het dak uit te spreiden om te drogen. Deze uitermate simpele methode zou gezorgd hebben voor zeer bleke bieren. Ik heb ook wel eens gehoord dat brouwers vijgen toevoegden om hun bieren bleker te maken. Een bleke kleur gaf namelijk een aantrekkelijk en "puur" uitzicht en de brouwers wisten nog niet hoe ze "klare" bieren moesten maken.

De oorspronkelijke "witte" bieren werden geproduceerd via spontane vergisting in hout. Sommige brouwers zetten deze methode verder. Oudere mensen herinneren zich het bier nog als zeer zuur en het moest dan ook gezoet worden. Hiervoor gebruikten de brouwers kruiden en fruit. Korianderzaad en gedroogde Curaçaosinaasappelschillen zijn bekende ingrediënten geworden voor dit biertype. Vanzelfsprekend dragen ze ook bij tot de complexiteit van het bier.
Toen sommige brouwers gist begonnen toe te voegen, was dat een hogegistingsgist, want lage gisting bestond nog niet. Zowel in Duitsland als in België worden de "witte" bieren gemaakt met een hogegistingsgist en wordt er altijd een levende cultuur gelaten (of toegevoegd) in vat of fles. Er zijn bepaalde hoge gisten die heel goed inwerken op de tarwe of op graanmengsels, en elk van die gisten brengt zijn eigen element van complexiteit aan. Vaak wordt er een bepaalde gist gebruikt voor de eerste gisting en een andere voor de narijping in de fles, die voor een extra dimensie zorgt. Zowel in Berlijn als in Hoegaarden herinneren de mensen zich nog dat ze de flessen in de grond stopten om ze koel te houden tijdens de rijping. Voor de Duitse types "wit" bier worden dan weer geen haver of kruiden gebruikt. Witte Hoegaarden wordt met ongeveer gelijke delen ruwe ongemoute tarwe en gemout gerst gebrouwen. De densiteit is gewoonlijk 12 Plato (1048), het alcoholgehalte bedraagt 3,8 in gewicht en 4,8 in volume. Hoegaarden is niet bedoeld als hoppig bier, maar het bevat wel wat Kent Goldings voor het "sec" karakter en wat Saaz voor het aroma. De kruiden worden gemalen voor ze worden toegevoegd. De brouwerij doet geheimzinnig over dit aspect van de productie. In de begindagen was er

sprake van een derde, "mysterieus" kruid. Ik vraag me af of het, voor zover het al bestaat, geen komijnzaad was.

De brouwerij ziet er vrij traditioneel uit, met een mengeling van koper en roestvrij staal, zeer compact opgesteld in een mooie, blauw betegelde ruimte.

De brouwerij beschikt over een zeer geavanceerd gistpropagatiesysteem en in het Hoegaardenbier worden verschillende culturen gebruikt voor de eerste en tweede gisting. De eerste gisting gebeurt bij 18 °C tot 26 °C. Dan wordt het drie tot vier weken warm geconditioneerd in keldertanks bij 12 °C tot 15 °C. Daarna wordt het gebotteld, waarbij een dosis duiker (glucose) en een dosis nieuwe gist worden toegevoegd. Eenmaal gebotteld, kent het bier een tweede gisting van ongeveer tien dagen in een warme kamer bij 25 °C.

Het bier heeft een zeer bleke, wit-gele kleur en is erg troebel. Het heeft een dichte, witte schuimkraag. In het aroma heeft het een tarweachtige, appelachtige wrangheid, kruidige trekjes met geurig koriander, een fruitigheid van sinaasappelschillen en een honingachtige zoetheid. Het wordt gewoonlijk gekoeld geschonken. Het is dan het meest verfrissend, maar geeft zijn beste smaken pas prijs als het opgediend wordt bij een natuurlijke keldertemperatuur van 11–12 °C. Met de toenemende populariteit van de "witte" bieren worden ze steeds meer koud getapt, als een zomerse dorstlesser. Volgens mij worden de huidige exemplaren niet meer gehopt en gekruid met dezelfde zorg als tien jaar geleden. Ik vond ze toen zachter en ze konden maanden of zelfs jaren bewaard worden. Ze pasten zeer goed bij het dessert: zowat het antwoord van de bierwereld op de muskaatwijn. Een goede fles Belgisch witbier doet het uitstekend bij een sinaasappelsorbet, een meringue van limoenen of bij appeltaart (vooral het zeer zoete, kleverige en gekruide Amerikaanse type).

In 1995 breidde Hoegaarden haar assortiment uit met een winterversie, de zogenaamde Speciale, die verkrijgbaar is van september tot maart. De Speciale is zwaarder (13,5 plato, 1054; 4,5 gew.;

5,7 vol.), met een sterkere nadruk op gerstemout (55 procent). De gebruikte moutsoorten omvatten een pittiger kristaltype en het resultaat is een zoetere, "warmere" interpretatie. De kruiden zijn dezelfde, maar de kleine veranderingen in het evenwicht van het basisbier lijken de toets van citrusvruchten in de Hoegaarden Speciale te onderstrepen.

Hoegaarden Grand Cru is ook een gekruid bier, maar alleen gemaakt van gerstenmout, en het heeft een nog hogere densiteit (18,4; 1076; ongeveer 7,0 gew., 8,7 vol.). Het heeft een troebele, perzikachtige kleur en een flagrant aroma. Het palet heeft ook wat van perziken en is wat zoet, hoewel nooit excessief. De fruitige trekjes – niet alleen perzik, maar ook mango en suikermeloen – en ook de warme afdronk maken van dit bier een heerlijk, likeurachtig digestief. Sommige liefhebbers verkiezen dit bier als het zes maanden oud is. Het zal zich verder ontwikkelen gedurende drie of vier jaar.
Tussen de twee wereldoorlogen was er in Hoegaarden een brou-

werij die gekend was voor een amberkleurige, mogelijk gekruide ale met de naam DAS. Deze brouwerij werd in 1960 overgenomen en later stilgelegd door Artois, de voorganger van Interbrew. In 1996 startte Interbrew in de brouwerij Hoegaarden met de productie van een gelijkaardig bier dat, in een oudere spelling, Hougaerdse DAS werd benoemd. Het is een vlamkleurige, wazige, sterk aromatische ale met sappige, delicate sinaasappel- en appelaroma's en een droge afdronk. Hougaerdse Das heeft een densiteit van 11,5 Plato (1046). Het wordt gebrouwen op basis van Pilsener- en kristalmout, met 20 procent maïs voor een lichter mondgevoel. Het wordt gehopt met Lublin en Stiermark en gekruid met koriander en Curaçao-sinaasappelschillen. Voor de gisting wordt dezelfde zeer fruitige gist gebruikt als voor de Ginder Ale van Interbrew, met een tweede gisting in de fles. Dit nieuwe bier is bedoeld als een lichte, verfrissende ale in de Hoegaarden-familie. Zijn populariteit draagt bij tot een vernieuwde belangstelling voor de Belgische ales.

Een veel donkerdere, zwaardere ale van Hoegaarden is "De Verboden Vrucht/Le Fruit Défendu".Dit bier, met een alcoholvolume van 9%, heeft de kleur van een bourgogne en een zeer dichte schuimkraag, een gekruid aroma met een vol, zacht mondgevoel, een zeer goed uitgebalanceerd palet met rijke, zoete verwijzingen naar koffie en abrikozen, die verder in de afdronk de plaats ruimen voor de drogere, amandelachtige trekjes, die zelfs kinine oproepen. Heel assertief in het begin, heel zacht op het einde.

Het etiket is gebaseerd op het schilderij van Rubens dat Adam en Eva uitbeeldt. Toen het bier voor het eerst naar Amerika werd uitgevoerd, kwam het niet voorbij het "Bureau van Alcohol, Tabak en Vuurwapens" (merkwaardige combinatie, niet ?). Men vond het etiket onfatsoenlijk. De importeur protesteerde: "Hoe durft u dit te doen? Dit is een Rubens, een groot kunstwerk dat door het Vlaamse volk aan de wereld werd gegeven!" De bureaucraat dacht even na en repliceerde: "Werd Eva door Adam bekoord met een glas bier? Ik dacht dat hij een appel gebruikte..."

Als de Interbrew-specialist in gisting op fles produceert Hoegaarden ook Julius (zie de zware goudkleurige ales) en een tripelversie van Leffe (zie Abdijbieren).

Ondanks de diversiteit aan bieren die de brouwerij door de jaren heen heeft gecreëerd, blijft men de naam Hoegaarden vooral associëren met de witte bieren, een product dat op zijn minst 30 andere brouwers in België heeft geïnspireerd, bijna evenveel in Nederland, eentje in Groot-Brittannië en een grote groep in Noord-Amerika.

BLANCHE DE BRUXELLES
BRUSSELSE WITTE
BLANCHE DE BRUXELLES
BRUSSELSE WITTE

CELIS WIT

Het succes van de Belgisch-geïnspireerde tarwebieren in de Verenigde Staten kreeg een impuls toen Pierre Celis in 1992 zijn eigen brouwerij opende in Austin, Texas. De brouwerij Celis produceerde een zacht, fruitig witbier met een volle smaak en een assortiment specialiteiten in Belgische stijl. Zijn witbier kreeg vrijwel meteen een cultaanhang in de Verenigde Staten, maar Celis kon de zware investering in zijn mooie brouwerij maar amper verantwoorden. In 1995 zocht Celis voor de tweede keer in zijn leven steun bij een grote brouwmaatschappij en hij sloot een overeenkomst met de Amerikaanse gigant Miller. Dit bleek een ongelukkig huwelijk en in 2000-2001 trok Miller zich terug, zodat de toekomst van de brouwerij op losse schroeven kwam te staan. Ondertussen was Celis White ook gelanceerd op de Belgische markt. Aanvankelijk werd het geproduceerd door brouwerij De Smedt, (nu gekend als Affligem) uit Opwijk. Nog recenter wordt het gemaakt door brouwerij Bios uit Ertvelde. De Belgische versie lijkt iets moutiger dan het Texaanse "origineel". Toen hij al een stuk in de zeventig was, waagde de onvermoeibare en inventieve Celis zich nog aan een andere droom: de productie van een bier dat, zoals Champagne, in grotten rijpt (zie Grottenbier, pagina 303).

ANDERE PRODUCENTEN VAN WITBIEREN PROEFNOTITIES

Blanche de Bruxelles: gebrouwen in Brabant, in Quenast, aan de Zenne, door brouwerij Lefèbvre die ook een Saisons en een abdijbier (Floreffe) brouwt. De brouwerij ligt ongeveer 15 kilometer van Brussel. Het witbier dat naar de hoofdstad is genoemd, is zacht, zoetig en korrelig, met wat trekjes van appelschil en een gemberdroge afdronk. Het wordt op sommige markten verhandeld onder de naam Manneken Pis of Student.

Blanche de Namur: lekker kruidig en droog, vooral in de afdronk. Het wordt geproduceerd door Du Bocq in Purnode, in de provincie Namen. Deze brouwerij fabriceert een grote variëteit aan bieren, waaronder de Saison Régal.

Blanche des Honnelles: deze variant is iets kruidiger dan het gemiddelde (6%) en smaakt erg sinaasachtig. Hij wordt

gemaakt in de familiale microbrouwerij die Abbaye des Rocs produceert, in Montignies, Henegouwen.

Blanche des Neiges: een zeer volkleurig zoetig witbier van brouwerij Huyghe in Melle, bij Gent. Deze sneeuwwitte onschuld staat in schril contrast met de dreigende naam van Huyghes sterke ale Delirium Tremens. Zie ook Floris.

Brugs Tarwebier: Een advertentie uit de jaren dertig voor de "Drie Monniken"-brouwerij van August Vanneste te Brugge vermeldt: "Spécialités de Bière Brune et Blanche". In 1983 werd de brouwerij "De Gouden Boom" van Paul Vanneste een vroege revivalist. Zijn Brugs Tarwebier is zeer zacht en opmerkelijk aromatisch, met vleugjes ananas en honing. Het bier behoort nu tot het assortiment van Alken-Maes.

Dentergems Witbier: Nog zo'n vroege revivalist, van brouwerij Riva, opgericht in 1857 door de familie De Splenter en nog steeds in hun handen. De brouwerij bevindt zich in Dentergem, West-Vlaanderen. Deze parelende, verfrissende variant heeft toetsen van vers geplukte appelen en een vleugje honingachtige citroen in de afdronk. Ook Wittekop en Riva Blanche zijn al als naam gebruikt.

Floris Garden: lichte zoete "witte" bieren van brouwerij Huyghe. Bijzonder wegens de verschillende smaken: een amandel- en vanilleachtige Griotte, een Fraises dat smaakt naar aardbeienijs, Passion, dat doet denken aan bessenstroop, "Ninkeberry", met abrikoos, mango en perzik, het bloemige en zoete Honey en een zacht en romig Chocolat. Floris en Ninke zijn de kinderen van de brouwersadviseur Roger Mussche.

Haecht Tarwebier: De brouwerij Haacht uit Brabant gebruikt de oude spelling om een naam aan haar witbier te geven. Dit wrange, droge voorbeeld, met een dorstlessende zuurheid, legt de nadruk op de typische karakteristieken van witbier en is slechts zeer licht gekruid.

Limburgse Witte: Brengt de afgeronde smaak van de eerste reveil-witbieren weer terug. Het heeft een dichte, romige kraag, een licht gekruide, fruitige neus en een zeer zacht, zuiver bouquet met sinaas en honing. Het wordt gebrouwen door de Limburgse brouwerij Sint-Jozef, bekend om haar Pax Pils, en gecommercialiseerd samen met de buren van brouwerij Martens (die naam maakt met haar Sezoens).

Mater Wit: genoemd naar het dorp dichtbij Oudenaarde waar brouwerij Roman gevestigd is. Mater Wit heeft een sorbetaroma, smaakt naar suikergoed en heeft de dorstlessende eigenschappen van verse limonade.

Mort Subite Witte Lambic: zacht en romig, met een mooie "Brusselse kant"-kraag. Complexe smaken, maar de koriander is het meest assertieve element, met een geleidelijk ontwikkeling tot een vrij bittere afdronk.

Steendonk: ongewone kaneeltoets in het kruidenpalet. De vrij kruidige droogheid wordt in evenwicht gebracht door sorbetachtige nuances en zachtere, zoetere accenten die doen denken aan meloen. Zoals de naam doet vermoeden, is dit een joint venture van Steenhuffels gerenommeerde Palm-brouwerij en Breendonks Moortgat, de laatste beroemd voor zijn Duvel.

Super-Fagnes "La Blanche": Verfrissend mandarijnachtig aroma en floraal palet. De schil van zoete sinaasappelen en citroenen wordt gebruikt. Naast de gebruikelijke koriander is er ook komijn. Ter plaatse geschonken in een met zorg uitgewerkte, op toeristen gericht brouwerscafé in de Ardennen, in Mariembourg, nabij Couvin (Brasserie des Fagnes 26, Route de Nismes. Tel. 060-31.15.70, Fax 060-31.19.40). Er wordt een hele waaier van bieren gemaakt in een zeer modern, goed uitgerust brouwzaaltje dat openstaat voor bezoekers. De uitrusting komt van de ter ziele gegane brouwerij De Gauquier (1858-1977) in het centrum van Chimay, die nu werd ingericht als mini-museum.

Timmermans Lambic Witte/Blanche: het eerste witbier op basis van lambiek. Deze zeer troebele, jonge (6 tot 12 maanden) lambiek wordt in de ketel op smaak gebracht met koriander en zoete sinaasappelschillen. Ook bleke kandijsuiker wordt gebruikt. Men vindt er nog steeds die typische wijnachtige lambieksmaak in

MATER
Witbier Blanche
MATER
WIT BIER
MATER
BIERE BLANCHE

terug, met een beetje krokant geroosterde nuance, maar het is een zeer makkelijk te drinken bier, met een dorstlessende toets van gember (hoewel dit kruid er niet in voorkomt).

Titje: Een vleugje fruit en kruiden in het bouquet, wrang, dorstlessend in smaak en afdronk. De naam heeft duidelijk een dubbele betekenis. Een "Titje" is in het plaatselijke dialect een inwoner van "Edingen", een stad in de buurt van Silly, in Henegouwen. Dit bier wordt gebrouwen in de brouwerij van Silly, beter bekend voor haar Saison.

Troublette: de wasem in het bier wordt soms beschreven als "trouble" en dat woord heeft dezelfde stam als "turbulent" en "troebel". Een wit bier kan terecht zijn troebelheid verheerlijken. Dit exemplaar heeft een zeer sterk geparfumeerd aroma van zoete citroen, een zeer zacht palet en een fruitige aciditeit in een droge afdronk. In de gewone Troublette worden Styrian- en Saaz-hop gebruikt. De "Bio"-versie wordt gebrouwen met Spalt-hop en lijkt fruitiger en iets minder droog. De biologische teelt van hop is zeer moeilijk en Spalt (een voortreffelijke hopsoort) is een van de weinige variëteiten die op die manier worden verbouwd. Deze bieren worden samen met een hele waaier van zware ales gemaakt door de microbrouwerij La Caracole, waarvan de naam zelf hulde brengt aan het slakkensymbool van "loom" Namen. De brouwerij werd hier opgericht in 1990, maar is vier of vijf jaar later verhuisd voorbij Dinant naar het Ardeense dorpje Falmignoul. Hier werden de gebouwen en installaties van een brouwerij die volgens sommigen dateert uit 1766 en stillag sinds 1971, met liefde gerestaureerd door La Caracole. Een opmerkelijk element is dat de ketels nog worden gestookt met hout. "Het is heel gemakkelijk hout te vinden in de Ardennen," vertelde brouwer Jean-Pierre Debras mij, "het probleem is droog hout vinden. Als het te vochtig is, dan brandt het langzaam en worden de ketels te heet. Bleke bieren kan je gemakkelijk te heet koken zodat hun smaak en kleur gekarameliseerd worden". Dat is een probleem waarvan Debras en zijn partner François Tonglet waarschijnlijk nog geen idee hadden toen ze elkaar als 12 of 13 jaar oude knapen voor het eerst ontmoetten in het schoolkoor.

alc.5%vol.
Wit Bier - Bière Blanche
Wittekerke
Artisanaal gebrouwen op basis van tarwe en gerstemout.
Brassée artisanalement à base de froment et de malt.
Wittekerke

Vlaamsch Wit: ook wel geëtiketteerd als Blanche des Flandres en Flemish White. Dit bier heeft een sinaasappelachtig aroma met een zachtheid die omslaat in droogheid als het palet kruidige accenten ontwikkelt. Een zeer licht en verfrissend biertje, geproduceerd door Van Honsebrouck in Ingelmunster, West-Vlaanderen. Deze eclectische brouwerij komt overigens nog in verschillende hoofdstukken van "De Grote Belgische Bieren" voor.

Watou's Wit: een duidelijke nadruk van koriander in een iets donkerder (een rozig tintje?), schuimig wit bier uit de West-Vlaamse brouwerij Van Eecke, beroemd voor zijn Poperings Hommelbier.

Wittekerke: De naam heeft een passende pastorale connotatie, maar verwijst naar de populaire soapserie over een denkbeeldig dorpje of stadje in Vlaanderen. De personages in de soap komen in beeld terwijl ze dit bier drinken. Het wordt geproduceerd in Bavikhove, West-Vlaanderen, door brouwerij De Brabandere. Wittekerke bevat haver

die het bier zachtheid verleent. Het wordt geschonken met een dichte, romige kraag en heeft een aantrekkelijke, opaalachtige, groengouden kleur. Het is zeer aromatisch, met een schone, plagende, geurige fruitigheid en een lichtjes kruidachtige wrangheid. De body is licht, maar zacht. De smaken zijn rond, heel subtiel en complex. De eerste indruk is die van kruidige droogheid, maar er is ook een lichte, onderliggende romige zoetheid.

Soap-opera-brouwsels... de acteurs van de populaire TV-serie Wittekerke heffen het glas in de brouwzaal van Bavik.

Wittekerke Speciale: is een winterse tegenhanger, iets zwaarder, met wat peren en room in het aroma. Een droog-romig mondgevoel, dat uitvloeit in een yoghourt-achtige wrangheid op het einde.

Kuurnse Witte: is een buitengewoon zwaar (6 gew.; 7,5 vol.) nevenbrouwsel, genaamd naar de dichtbij gelegen stad. Op het etiket staat het zelfspottende symbool van Kuurne, een ezel. Voor een zwaar bier wordt het opmerkelijk vlot gedronken. Het is een citroen- en wijnachtig, tintelend brouwsel.

HOOFDSTUK VIII

Andere bruine bieren

- Liefmans
- Felix
- Roman
- Cnudde
- Andere bruine bieren

Bruin bier

Van een bier dat bij de stoofkarbonade gaat (en je er ook bij drinkt) tot een winters opwarmertje voor na het skiën.

Geen enkele uithoek van de brouwwereld wordt zo sterk geassocieerd met de echte donkere bruine ales als Vlaanderen. Dit geldt zeker voor Oost-Vlaanderen en met name voor de streek rond Oudenaarde. Deze oude stad, die rijk is aan bronnen, is lang een brouwerscentrum geweest. Ze was ook het beroemdste centrum van de Vlaamse wandtapijtkunst in de 16e eeuw en staat bekend voor haar gotische architectuur. De macht van de stad vloeide voort uit haar strategische ligging aan de Schelde. De heuveltjes die oprijzen uit de vallei kregen de nogal gewichtige naam Vlaamse Ardennen.

Als ze op hun best zijn, hebben deze ales in hun kenmerkende Oudenaardse stijl een plagend zacht, bijna vederachtig, donzig mondgevoel (voortkomend, volgens mij, uit het calciumachtige en natriumrijke lokale water), een droge, complexe, karamelachtige moutsmaak, een wijnachtig vleugje Montilla (door de lange rijpingsperiode bij keldertemperatuur) dat verwijst naar noten en kersen, een licht evenwicht van zachtheid en zuurheid en een knisperende afdronk.

Naar mijn smaak is dit het perfecte bier voor de bereiding van de klassieke stoofkarbonade. Bier en gerecht zijn typisch Vlaams. Voor zijn Carbonade Flamande suggereert Escoffier ofwel een oude lambiek of een Stout. Het Vlaamse Oud Bruin valt juist tussen deze twee extreme stijlen. Het smaakt niet zo wrang als het ene en niet zo 'verbrand' als het andere in zijn donkere moutkarakter. De melkzuren lijken op een perfecte manier het vlees zachter te maken en het Montilla-karakter zorgt voor een pikanter kookvocht. Terwijl ik deze schotel klaarmaak, geniet ik van een glas van dit bier, een zalig tussendoortje in de late namiddag. Dan plaats ik mijn karbonade in de oven en laat ik mijn eetlust opwekken, terwijl de schotel langzaam, gedurende drie uur gaar kookt, op tijd voor een prachtig avondmaal.

De Oude Bruinen worden traditioneel gemaakt door versnijding van jonge en oude bieren, zoals dat met lambiek gebeurt bij het maken van geuze. Dit is ook het geval voor enkele andere bieren met een rodere kleur uit West-Vlaanderen.

Deze versnijding kan een middel zijn om een tweede gisting tot stand te brengen, maar het is ook een manier om de smaken te combineren en uit te balanceren. Toen er nog geen gesloten koelsysteem bestond en er in de zomer niet werd gebrouwen, werd een reserve voor deze maanden opgeslagen. Tegen de herfst zou het laatste van dit bier wijnachtig en zurig geworden zijn en zou het later versneden worden met frisser, zoeter nieuw bier om de smaak te verlevendigen. Na verloop van tijd werd 'oud' bier alleen nog maar geproduceerd voor die versnijding. Terwijl de lambiek- en de West-Vlaamse brouwers het verouderings- en versnijdingsproces traditioneel laten plaatsgrijpen in houten vaten, wordt in de brouwerijen in Oost-Vlaanderen doorgaans gebruik gemaakt van ijzeren of stalen tanks.

Met de hand ingepakte flessen zijn een typisch Belgische traditie. Liefmans is de beste vertegenwoordiger in het genre.

LIEFMANS

Het veruit bekendste Oud Bruin wordt vandaag gebrouwen door Riva in Dentergem, West-Vlaanderen, maar gegist, gerijpt, versneden en op flessen getrokken in zijn oorspronkelijk huis, namelijk Liefmans in Oudenaarde, Oost-Vlaanderen. Riva, gesticht door de familie van de huidige eigenaars in 1896, is nu eigenaar van Liefmans. Uit een belastingsdocument blijkt dat de brouwerij Liefmans al bestond in het jaar 1679. De familie Liefmans bezat de brouwerij van rond 1771 tot 1905.

Drie eeuwen vakmanschap... het rustig gebrouwen bier op de pancarte is een bier voor echte kenners geworden.

Er zijn een paar indirecte verbanden tussen brouwerij Liefmans en de opvoerende kunsten. Eén ervan was Leon van Geluwe, manager van het Koninklijk Conservatorium van Brugge. Zijn zoon kocht de brouwerij in 1905 nadat hij tijdens een diner gehoord had dat ze te koop stond. De geschiedenis van het bedrijf roept nog steeds herinneringen op aan het restaurant waar het diner plaatsvond, de Pomme d'Or. Typisch Belgisch!

Een deel van de uitrusting uit de tijd van de familie van Geluwe werd behouden toen de brouwerij in de jaren dertig naar haar huidige plaats aan de Schelde verhuisde. Voor die periode was het een zeer ouderwetse en moeilijk te exploiteren brouwerij. De brouwtonnen waren te klein ten opzichte van de nodeloos grote, met hout beklede open ketels die eruitzien als enorme, twee verdiepingen hoge kisten. Misschien omdat het zo moeilijk was die vaten op te warmen, is men ertoe gekomen het wort 's nachts te laten pruttelen, ook al werden sommige Vlaamse bieren vroeger gedurende 30 tot 40 uur aan de kook gehouden. In 1968 had de brouwerij 77 mensen in dienst voor een bescheiden productie van 25.000 hectoliter per jaar.

Een tweede verband met de opvoerende kunsten werd gelegd tussen de jaren zeventig en tachtig. In die periode was de leiding van de brouwerij in handen van Rose Blancquaert-Merkx, een vroegere balletdanseres. Ze vocht hard om het karakter van de bieren te bewaren en gaf ze een zekere cultstatus. Na de overname door Riva werd wort aangevoerd uit Dentergem; de Oudenaardse ketels werden voor het laatst gebruikt in 1991. Op dat ogenblik waren er 21 mensen in dienst, nog altijd een enorm aantal in vergelijking met de productie.

Liefmans' oude bruine bieren worden gemaakt op basis van drie moutsoorten: Pilsener-, kristal- en geroosterd mout. Er wordt, in eenmaal, Goldings- en Saazhop toegevoegd, en het geheel wordt twee uur aan de kook gehouden. De gisting gebeurt in open koperen gistkuipen met de huisgist (deze wordt sinds decennia gecultiveerd bij Liefmans, hoewel zijn oorsprong teruggaat tot de beroemde Rodenbach-brouwerij). Ik zal nooit vergeten hoe mevrouw Rose, vroeger een balletdanseres, een paar houten klompen aantrok, zonder veel omhaal in een van de vaten klom en zei: "Je zou eens moeten zien wat een onderhoud ze nodig hebben."

De bruine bieren worden in drie versies gemaakt: Odnar (3,2 procent alcohol in gewicht en 4 in volume); Oud Bruin (4 gew., 5 vol.) en Goudenband (de laatste jaren verhoogd van 4,8 gew., 6 vol. over 6,5 gew., 7 vol. tot 8 gew., 8,5 vol.). Om Goudenband te produceren, wordt bier van ongeveer vier maanden oud versneden met een reserve die twee-, drie maal zo oud is. Dit mengsel wordt gecentrifugeerd, er wordt een suikerpreparaat en een nieuwe dosis van de oorspronkelijke gist aan toegevoegd en het wordt op flessen getrokken in de kelders van de brouwerij.

Hoewel de Belgen sterker blijken vast te houden aan lokale stijlen dan sommige van hun buren, is die loyauteit toch wat afgebrokkeld. Goudenband, ooit een uitgesproken lokaal bier, wordt nu op talrijke plaatsen verkocht – maar als een buitenbeentje.
Dit is de reden waarom het alcoholgehalte werd opgevoerd, zodat het een bier werd om aan te nippen. Vóór die aanpassing was het een gewoon rijk en zoet bier. Riva blijkt nu een vastere toets te hebben gevonden. Goudenband heeft enkele van zijn kenmerkende trekjes van zurige wijn, ijzer, zout en toast terug. Deze ontwikkelen zich gedurende enkele maanden of zelfs jaren in de kelder. De brouwerij verkoopt nog "tien jaar oude" flessen van de vroegere versie en sommige cafés gaan prat op een reserve die 25 jaar oud is.

Waarom maakt Riva het zich zo moeilijk door te blijven brouwen in Dentergem, terwijl ze het bier laat gisten in Oudenaarde? "We mogen het risico niet lopen dat de Riva-bieren per ongeluk worden blootgesteld aan de Liefmans-gisten," kreeg ik als antwoord op mijn vraag. Nu wordt de mogelijkheid overwogen om bij Liefmans een bijkomende kleine ketel te installeren.

Het ketelhuis van de oude brouwerij is omgebouwd tot een biercafé met plaats voor 200 mensen. Het is gekend als de Baudelot-zaal, naar de traditionele wortkoelbak die er staat. De bedoeling is Liefmans te presenteren als 'huisbrouwerij' (tel. 055-31.13.92; fax 055-31.94.86) en als museum en kunstgalerij, die kan worden bezocht tijdens een

Ooit was zij balletdanseres, daarna een bewaakster van Liefmans: Mevrouw Rosa Blancquaert in eminent en speels gezelschap van Ridders van de Roerstok.

boottocht op de Schelde. Voor de niet-overtuigde bierliefhebbers onder de bezoekers heeft Liefmans een bier gelanceerd dat 'toegankelijker' heet te zijn: een lichter, oranjebruin en wazig ('natuurlijk') biertje dat minder zwaar is (4,4 in gewicht, 5,5 in volume) maar gemaakt op basis van dezelfde moutvariëteiten (in een andere verhouding natuurlijk) en de 'huisgisten'. Dit bier, Jan van Gent genoemd, heeft een delicate toffeesmaak, een fruitigheid die doet denken aan 'perziken op stroop' en een lichtjes yoghurtachtige afdronk.

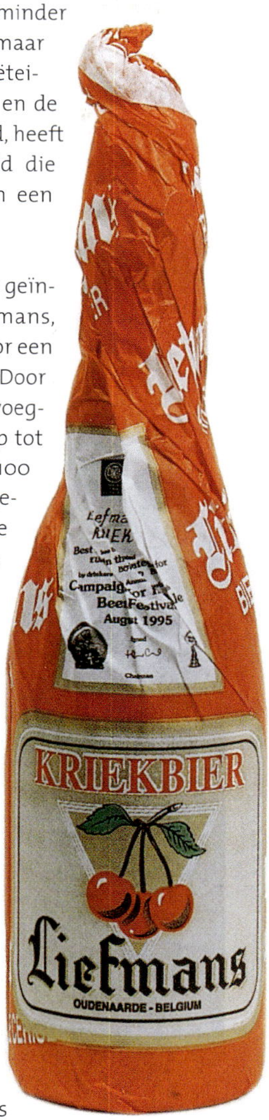

Riva heeft miljoenen Belgische franken geïnvesteerd in tankcapaciteit bij Liefmans, waarvan een groot deel bestemd is voor een zuivere kriek op basis van Oud Bruin. Door de gisting van het fruit en wat toegevoegde suikers, loopt het alcoholgehalte op tot 5,2 in gewicht en 6,5 in volume. Per 100 liter worden dertien kilo krieken toegevoegd en 0,2 kg sap (om het aroma te versterken). Het fruit blijft minstens zes maanden in het bier. Daarop volgt opnieuw een versnijding van jong en oud. De kriek heeft een heerlijk aroma van kersenijs, een goede aanhef met wrange 'vruchtenschil' en een aanhoudende geurige smaak. Het frambozenbier, gemaakt met geplette frambozen, heeft een zoete, kandijachtige aanhef, maar een goed evenwicht tussen fruitigheid en zuurheid (3,6 gew., 4,5 vol.).
Voor een maximaal contact van het fruit met het bier zijn de tanks horizontaal en heel ondiep. De persoon die de krieken uitspreidt, moet in de tank kruipen, zoals ook de mensen die de pitten en de schillen verwijderen. Ik was in ieder geval blij dat het mijn taak niet was.

Er wordt bij Liefmans nog gewerkt volgens arbeidsintensieve methodes. Vier medewerkers wikkelen iedere dag elk een goeie 3.000 flessen in zijdepapier. Bovenmaatse flessen zijn een specialiteit. Ik voelde wel wat voor een Balthazar van 12 liter, maar vernam dat die al gereserveerd was voor een dokter.

Liefmans' medicinale Glühkriek, die warm wordt gedronken in de winter, is een bijzonder origineel bier. De kaneel en kruidnagel komen duidelijk naar voren, terwijl de anijs op de achtergrond blijft. Het is een erg pittig bier, maar de kruiden vormen een goed evenwicht met de smaak van rijke vruchten, ijzer en de zuurheid. Liefmans heeft ook meegewerkt aan de ontwikkeling van een ver-

Roman
BROUWERIJ

gelijkbaar bier, Quelque Chose, gebrouwen door Unibroue in Quebec. De notie van op te warmen bieren doet menigeen de wenkbrauwen optrekken, maar het is echt een aangename, complexe drank, niet eigenaardiger dan een glühwein bij de après-ski.

Romeinse tijden? De familiebrouwerij dateert van de zestiende eeuw, maar veel van de huidige brouwerij dateert van einde negentiende en begin twintigste eeuw.

FELIX

Waar ooit een arm van de rivier vloeide en een 12e-eeuwse jezuïetenabdij stond, vindt men nu een tweede Oudenaardse brouwerij. Haar oorsprong voert ons terug naar de 17e eeuw. Hier wordt een ander Oudenaards bruin gemaakt onder de naam Felix. Dit was ook de naam van de man die ooit eigenaar was van deze brouwerij, maar sinds de Tweede Wereldoorlog is ze in de handen van de familie Clarysse. Hoewel men hier en daar nog overblijfselen vindt van de ommuring van de abdij, dateren de huidige brouwerijgebouwen van 1970. Het bier is zacht en zoet met een toffeeachtig tintje en toch heeft het ook een vleugje wrangheid. De brouwerij produceert ook een geparfumeerde kriek, een witbier en een soort abdijbier.

ROMAN

Ten oosten van de stad, maar toch nog in de gemeente Oudenaarde, in Mater, vinden we de brouwerij van de familie Roman. Het dorp en de familienamen vinden wellicht hun oorsprong in de Romeinse tijd; Mater ligt langs de oude weg van Keulen naar Duinkerken. De brouwerij is recenter: ze werd door de familie opgericht in 1545 als herberg en boerderij. Ze wordt vandaag geleid door de 14e generatie.

De voorvaderen keken streng toe uit hun kaders aan de muren toen Louis Roman en zijn zonen Lode en Carlo me op een proeverij vergastten. Ik kreeg een kopie van de stamboom toegestopt om me zeker niet te vergissen.

Toen ik vroeg waarom de bruine bieren van Roman minder wrang waren dan die van sommige buren, werd me uitgelegd – alsof dat onderscheid nog maar gisteren van kracht was geworden – dat dit het gevolg was van het feit dat ze in de 14e eeuw aan de 'Duitse' zijde van de Schelde lagen. De Duitse Keizer vaardigde een edict uit dat bier met hop moest worden gebrouwen. De andere kant van de rivier werd beheerst door de Fransen, die bier maakten met kruiden en specerijen, eerder dan met hop.

De brouwerij bestaat uit imposante gebouwen rond een binnenplein met bloemperken,

Romaanse stallen en een betegelde hal, bezet met ammoniakcompressors, stoommachines en antieke stroomgenerators. De koperen brouwzaal is uit de jaren dertig, maar moet in die tijd heel modern zijn geweest. In verschillende kelders worden vijf gistvariëteiten gebruikt om de verschillende bierstijlen te maken.

Tot de jaren vijftig brouwde het bedrijf enkel bruine bieren. Roman Oudenaards (4,0 in gewicht, 5,0 in volume) heeft een donkere kersenkleur, een aroma van ingekiste sinaaappelen en een pittige geur die zich ontwikkelt tegen een achtergrond van zachte, zoetige mout met chocolade- en geroosterde trekjes. De bourgognerode Special Roman (4,4 gew., 5,5 vol.) is ook pittig en chocoladeachtig, maar meer geroosterd en beter gestructureerd, met een vleugje knisperende wrangheid op het puntje van de tong. De brouwerij heeft bij gelegenheid ook een Dobbelen Bruinen geproduceerd (6,4 gew., 8,0 vol.) die ronder en steviger is, met cacao, bittere chocolade en verwarmende alcohol in de afdronk.

Roman brengt een zwaar bier uit onder de naam Sloeber (zie Sterke Bieren) en verwerft steeds meer bekendheid met haar Ename-assortiment (zie Abdijbieren). De uitgebreide portfolio van de brouwerij omvat ook een bronskleurig kerstbier (6,4 gew., 8 vol.) met zoete, geurige honing- en bloementoetsen.

Klassieke ketels uit de jaren dertig, prachtig onderhouden, in de Brouwerij Roman vlakbij Oudenaarde. Hun trotse bewaker is brouwer Jozef Snauwaert.

Deze peperbus is een hopfilter, in Brouwerij Cnudde te Eine.

CNUDDE

In Eine, een dorpje ten noorden van de stad maar ook nog in de gemeente Oudenaarde, ligt de charmante brouwerij van de familie Cnudde. De kleinschalige industriële stijl deed me denken aan een Engelse wolfabriek uit de 18e eeuw. In werkelijkheid dateert de brouwerij van 1919 en werd ze hier en daar gerestaureerd in de jaren vijftig.

Café Casino in Eine, het soort volkscafé waar de bierliefhebber de hele dag wil blijven hangen.

Ze werd opgericht door Fons Cnudde en later voortgezet door zijn zoon Omer en zijn kleinzoon Louis. Toen Louis Cnudde in het begin van de jaren negentig ziek werd, rees enige onzekerheid over de toekomst van het bedrijf. Vandaag wordt het witgeschilderde huis nog altijd bewoond door Louis' weduwe, terwijl haar drie zonen de brouwerij leiden.

Alle drie hebben ze een vaste baan. Pieter is advocaat, Lieven leraar wiskunde en Steven ingenieur. Acht keer per jaar, op zaterdag, komt het drietal samen om te brouwen. Ze hebben geen personeel. Het bier wordt enkel verkocht in Eine, in de tien cafés die het dorp rijk is. Naast de brouwerij is er een heel eenvoudig café, het Casino. Het heeft een kegelbaan, een kaartersclub, een motocrossclub en er hangen voetbalsjaals aan het plafond. Toen ik het café bezocht, hingen de dagelijkse resultaten van de Ronde van Frankrijk uit. Ik had er gerust de hele dag kunnen blijven, met menig glas Cnuddebier.

Een verkwikkend glas Gildenbier... of als dessertbier bij een caramel-flan.

Dit bier wordt gebrouwen op een heel eenvoudige manier, op basis van Pilsenermout en karamel, gehopt met Northern Brewer en Stiermark, waarvan de laatste uit een soort peperbus wordt gedraaid. Het karakter van het bier is ongetwijfeld beïnvloed door een gebrek aan koeling in de brouwerij. Het wort gaat van de ketel van 60 hectoliter naar een open koperen koelbak boven in het dak en dan naar een Baudelot. Dit laatste systeem, dat er eerder uitziet als een ouderwetse radiator, laat men vollopen met koud water waarbij het wort naar buiten overvloeit. Het wort wordt gekoeld – maar ook blootgesteld aan de omgeving.

Cnudde Oudenaards Bruin heeft een bruinrode kleur, een alcoholgehalte van ongeveer 3,2-4 in gewicht en 4-5 in volume en een frisse, lichte heldere droogheid met een zweem van ijzer en een delicate wrangheid. Mijn indruk was die van een eerlijk, ongecompliceerd dorpsbier uit minder jachtige tijden.

Zowel de brouwerij als het huis van mevrouw Cnudde kijken uit op een kleine boomgaard met ongeveer tien kriekenbomen. Deze leveren een voldoende oogst op om eenmaal per jaar kriek te brouwen, die echter uitsluitend bestemd is voor de familie. Het bier wordt met de krieken samengevoegd in plastic kuipen. Ik proefde een twee jaar oud brouwsel dat geelrood was en zurig smaakte, met een mooi evenwicht tussen vruchten, pitten en bier.

In de tuin staat het beeld van een buffel. Dit Amerikaanse symbool van kracht treft men op verschillende plaatsen aan in de streek van Oudenaarde. Het herinnert aan de heldhaftigheid van de Amerikaanse militairen, in het bijzonder de Ohio National Guard, tijdens de Eerste Wereldoorlog.

1500
2000
Charles
Bière de haute fermentation
Keizer Karel

ANDERE BRUINE BIEREN

Niet ver hier vandaan, in de kleine stad Zottegem, Oost-Vlaanderen, werden decennialang een lichtbruine ale met een roosachtige kleur en een hoog aangeschreven kriek gebrouwen. De brouwerij ligt als een verborgen stuk antiek achter een café en een familiehuis, daterend van 1798. Er zijn zelfs nog overblijfselen van hopeesten. Ze is de laatste jaren met tussenpozen actief geweest en een deel van het bier werd geproduceerd door brouwerij Strubbe in Ichtegem, West-Vlaanderen. Verscheidene andere kleine brouwerijen in Oost-Vlaanderen en Vlaams-Brabant maken zurige, bruine ales. In België wordt ook nog een dozijn donkere brouwsels van een ander type geproduceerd.

Een voorbeeld, versneden met lambiek, wordt gemaakt onder de naam Jack-Op door Belle-Vue. Een gelijkaardige stijl werd traditioneel gemaakt aan de andere kant van Brussel, in en rond de stad Aarschot. Recent werd deze stijl een nieuw maar kort beschoren leven ingeblazen door brouwerij De Biertoren in Kampenhout, op ongeveer twintig kilometer ten noorden van Brussel. Jammer genoeg is dit initiatief mislukt. Het bier wordt nu, samen met de Campus-reeks van de brouwerij, vervaardigd in West-Vlaanderen door Huyghe uit Melle bij Gent. Een heel andere soort bruine ale, gebrouwen ten oosten van Brussel, is het Gildenbier. Oorspronkelijk was dit de plaatselijke brouwstijl van Diest, nu is het de specialiteit van brouwerij Haacht. Het is een zeer zoet, naar karamel smakende bruine ale, die zacht en onschuldig lijkt voor een brouwsel van 17 Plato, 5,1 in gewicht, 6,3 in volume. Dit ongewone bier wordt gebrouwen uit drie moutsoorten met een dosis kandijsuiker in de ketel en het rijpingsvat. Het lijkt overweldigend zoet, maar past uitstekend bij een chocoladedessert. Een groter broertje van dit brouwsel werd meer naar de voorgrond geschoven sinds de 500e verjaardag van Keizer Karel V van het Heilige Roomse Rijk. Dit bier, dat al in het assortiment zat, heet Keizer Karel (de Franse naam is Charles Quint). Het is iets droger en sterker (5,6 % in gewicht, 7,0 % in volume), heeft een stevige, zachte body met een vermoeden van zoethout en een verwarmende afdronk. Het wordt geschonken in een stenen kroes met vier oren.

HOOFDSTUK IX

Rodenbach

Andere producenten van Rode Bieren, met proefnotities

Rode bieren

De bourgognes van België...een aangenaam glas zurig bier bij de maaltijd.

Grote ontsteltenis op het Internet, vooral vanuit Noord-Amerika, toen in het begin van het nieuwe millennium het gerucht de ronde deed dat brouwerij Rodenbach haar Grand Cru zou laten vallen. Dit bier heeft een zodanig verfijnd en complex karakter dat het alleen de echte kenners aanspreekt, maar zijn adepten zijn welbespraakt en mondig. De Grand Cru wordt wereldwijd beschouwd als een klassieker, ook al choqueert hij de argeloze drinker en vinden sommige consumenten in zijn thuisland Vlaanderen hem "ouderwets".

De eigenaars van de brouwerij waren er snel bij om de consumenten gerust te stellen dat de Grand Cru geen gevaar liep. Toen ik Rodenbach in 2001 bezocht om zekerheid te krijgen, overwogen de brouwers de ontwikkeling van een nog verfijndere versie. Rodenbach Grand Cru is het voorbeeld bij uitstek van een bierstijl zonder naam. Bieren in deze stijl worden geproduceerd door negen of tien brouwers. Ze hebben een bruinrode kleur en worden hoofd-

Op 26 maart 2002 werd de nieuwe brouwzaal van Rodenbach ingehuldigd, een glazen biertempel met vijf ketels en een wereldprimeur: de "in-lijn opstelling" van de schijvenmolen die het gerstemout maalt.

zakelijk gemaakt van gerstemout (hoewel ze even zuur kunnen zijn als een Berliner Weisse-tarwebier, zonder de droge afdronk evenwel). De klassieke voorbeelden worden gegist met gemengde culturen en rijpen lange tijd in hout, maar in vaste grote vaten in de plaats van tonnen.

Sommige van deze brouwers, en veel bierliefhebbers, maken geen onderscheid tussen de traditionele Oud Bruin-stijl van Oudenaarde en Oost-Vlaanderen en de scherper smakende, rodere interpretatie die meer voorkomt in West-Vlaanderen, vooral in de steden en dorpen rond de oude textielstad Kortrijk.

Toen ik deze laatste voor het eerst tegenkwam, halfweg de jaren zeventig, noemde ik ze kortweg Rode Bieren. Dit was duidelijk een ontoereikende beschrijving, en later heb ik er het woord "zure" aan toegevoegd. Ik zou zelfs "zoetzuur" durven zeggen, maar dat zou te veel doen denken aan een Chinees gerecht. De zuurheid is wrang dorstlessend. Ik heb ooit geschreven dat Rodenbach het meest verfrissende bier ter wereld was. Deze commentaar, gereproduceerd in mijn handschrift, stond op een bepaald moment zelfs op de verpakking. Bij mijn laatste bezoek aan de brouwerij kreeg ik terloopss te horen dat er een filmploeg aan het werk was in het gebouw. Zou ik mijn mening willen herhalen voor de camera? Ik besloot dit keer de Rodenbach Grand Cru eruit te lichten. Lichtjes gekoeld is hij even dorstlessend als een jonge Beaujolais. Bij een natuurlijke keldertemperatuur krijgt hij de stevigheid van een bourgogne.

Het brouwsel vloeit uit de ketel...in 2001 werd een nieuwe brouwzaal geïnstalleerd.

Met de omschrijving "bourgognes van België" doelen de Vlamingen op hun hele kelder vol bierstijlen, maar wat de kleur betreft past deze titel perfect bij de rode bieren. De meest authentieke exemplaren van deze West-Vlaamse stijl krijgen hun kleur van specifieke types van donkere mout, met een beperkte bijdrage van de eik en soms een lichte maderisatie. Sommige brouwers voegen ook een vleugje vruchtensap of karamel toe. De beste bieren hebben een evenwicht tussen lichte moutsmaak, fruitigheid en zuurheid, met een beetje tannine. Het is vooral door hun zuurheid dat ze zo goed bij het eten passen. Een beroemde oude reclame voor Rodenbach-bier zei gewoonweg, zij het enigszins verwarrend: "'t Is wijn...". Variaties op dit thema hebben Bourgondische namen als Bourgogne des Flandres, Vlaamse Bourgogne en Duchesse de Bourgogne.

RODENBACH

Naar Belgische normen is Rodenbach een middelgrote brouwerij (met een capaciteit van ongeveer 250.000 hectoliter per jaar) en dat is een moeilijk formaat. Zoals de meeste traditionele bierlanden heeft België heel wat brouwerijen. De meest succesvolle zijn ofwel groot (en maken op economische manier bier voor de massamarkt) of klein (en produceren specialiteiten).
Rodenbach kan overleven doordat het uniek is uitgerust om deze wereldklassieker onder de bieren te maken. Geen enkele andere brouwerij die Vlaamse rode ales maakt, houdt het bij deze stijl en geen van hen heeft zelfs maar bij benadering evenveel eiken vaten. Evenmin als eender welke brouwerij ter wereld. Het woord "uniek" wordt te pas en te onpas gebruikt, maar Rodenbach is het op het lijf geschreven. Om zijn bestaan te rechtvaardigen, moet Rodenbach zijn eiken woud vullen. De eiken vaten drukken hun stempel op de kleur van het bier, maar geven ook vorm aan het aroma, de smaak, de textuur en het algemene karakter. Een brouwerij die dergelijke vaten bijhoudt en trots gebruikt, is een nationale schat.

De lanen tussen de eiken vaten lijken oneindig, als een doolhof die van de ene kamer in de andere overloopt. De vaten zijn niet alleen in historisch en esthetisch opzicht van belang...

De indrukwekkende brouwzaal uit 1920, met haar tegels en koperen leuningen, ademt een maritieme sfeer.

Mocht een bierliefhebber met kennis van de markt een lijstje opstellen van de meest kenmerkende brouwerijen ter wereld (op het vlak van uitrusting, productiemethoden en eindresultaat), dan zou hij genoegen kunnen nemen met drie, vier of vijf of het houden op tien. Verschillende bierliefhebbers zouden verschillende resultaten voorstellen, maar Rodenbach zou op ieders lijstje prijken.
Toen iedereen zijn eigen streekbier dronk, had een brouwerij van deze omvang, volledig afgestemd op de West-Vlaamse stijl, nog zin. Vandaag kan Rodenbach overleven door zijn bier als een (brede) specialiteit in heel België, en steeds meer daarbuiten, te verkopen, en niet alleen in zijn thuisprovincie. De brouwerij is gevestigd in de stad Roeselare, een binnenhaven langs het kanaal, maar niet echt een grootstad.

De Ierse havenstad – én hoofdstad - Dublin is groter en de Guinness-brouwerij veel omvangrijker (hoewel visueel minder verrassend). Ze heeft eiken vaten, maar het zijn er veel minder. Het is een zeldzaam voorbeeld van een grote brouwerij die een bier maakt met een karakter dat choquerend kan zijn voor de biernovice (minder door de zuurheid dan door de verbrande en bittere

Het meest verfrissende bier ter wereld? De zerpe Rodenbach is een goede dorstlesser, maar de Grand Cru haalt het met vlag en wimpel.

smaken). Een andere gelijkenis is dat beide brouwerijen aanvankelijk eigendom waren van dynastieke families. Sommige mensen denken dat Rodenbach zijn rijpings- en versnijdingstechnieken heeft gehaald bij de Porter- en Stout-brouwers van Groot-Brittannië en Ierland. Ik denk dat het aanvankelijk de Vlaamse brouwers waren die hun kennis overdroegen op de eilandbewoners, hoewel de kennis de andere richting begon uit te gaan na de industriële revolutie.

De Rodenbach-familie heeft dan ook een erg kleurrijke en opvallende geschiedenis achter de rug. Haar wortels gaan terug tot in Andernach, aan de Rijn, in de buurt van Koblenz. In 1747 of 1750, tijdens het Oostenrijkse bewind, kwam Ferdinand Rodenbach naar Roeselare, als militair chirurg. Hij schreef medische traktaten (in het Duits), opende een plaatselijke praktijk en huwde een Vlaamse. In 1820 kocht een familielid, Alexander Rodenbach, een kleine brouwerij die reeds bestond in de huidige vestiging te Roeselare, aan de Spanjestraat ("Spanjestraat" – de hele geschiedenis van België lijkt besloten te zitten in de brouwerij). In 1836 werd de brouwerij aan een ander familielid verkocht en dat jaar wordt sindsdien beschouwd als de datum van oprichting van de huidige onderneming.

De stichter, Alexander Rodenbach, was de meest merkwaardige figuur van de hele familie. Op 11-jarige leeftijd werd hij blind na een ongeluk aan een schietkraam. Dit weerhield hem echter niet om de basis van een grote brouwerij te leggen, een rudimentaire vorm van brailleschrift te ontwikkelen, politicus te worden en actief op te treden in de Belgische onafhankelijkheidsbeweging. De broer van Alexander, Constantijn, was ambassadeur in Griekenland en werd tegenover het Parthenon begraven. In de jaren 1870 trok Eugene Rodenbach naar Engeland om er brouwtechnieken te studeren.

Niemand weet in welke Engelse brouwerijen hij gewerkt heeft, maar het is interessant om te vermelden dat de Greene King Strong Suffolk het enige Britse bier is dat ook wordt gemaakt met een proces van rijping in vaste eiken vaten. Indien er geen Noordzee was, dan zouden Rodenbach en Greene King bijna buren zijn. Zo'n tien jaren geleden heb ik de aandacht gevestigd op dit verband, en sindsdien hebben de twee brouwerijen een vriendschapsband aangeknoopt. Net als de Greenes (Graham en Sir Hugh) van die brouwerij, zijn ook de Rodenbachs een literaire familie. Georges Rodenbach schreef in the Frans en Albrecht – die een standbeeld in de stad heeft – schreef in het Nederlands.

De Rodenbach-brouwerij op zichzelf is een eerbetoon aan het bierbrouwen. Aan de ene kant van de straat, in een tuin met pijnbomen, hazelaars en treurwilgen, staat een kasteel met 19 kamers, dat in 1891 voor de directeur van de brouwerij werd gebouwd. De tuin kronkelt zich naar een meertje van zowat 30 meter diameter, gevoed door een zeventigtal kleine bronnen. Het feit dat de forellen die in het meer leven het zeer goed doen, is een bewijs van de zuiverheid van het bronwater dat door de brouwerij wordt gebruikt. Aan de overkant van de straat staat een meer dan 100 jaar oude mouterij, het hart van de brouwerij. De mouterij heeft een cirkelvormige structuur en reikt zo hoog als een gebouw met vier of vijf verdiepingen. Ze werd gesloten in 1974 en er is een klein, maar zeer goed opgevat museum in ondergebracht. Dit project nam twee jaar in beslag en omvatte ook de volledige restauratie van de toren. Recenter werd een groot bezoekerscentrum geopend waarin nog meer van deze opmerkelijke brouwerij wordt tentoongesteld.

De stad Roeselare is door de jaren heen een belangrijke handelscentrum voor landbouwproducten geweest in West-Vlaanderen en er is heel wat interessante industriële archeologie te zien. De mensen uit de streek worden in België beschouwd als harde werkers die voorzichtig omspringen met hun geld.

Wat Alexander Rodenbach destijds kocht, was de Sint-Jorisbrouwerij. De Engelsen kennen Sint-Joris als hun nationale heilige, maar hij inspireerde ook brouwerijen in verschillende landen (denk bijvoorbeeld aan Georgen-Brau, een van mijn geliefkoosde brouwerijen, bekend voor haar Kellerbier, in Frankenland). De gewoonte om brouwerijen naar heiligen te noemen, was ooit wijd en zijd verspreid. Bij Rodenbach kan men een spectaculair reliëf zien dat Sint-Joris uitbeeldt die de draak doodt, daterend van 1836. Het versiert de muur van de huidige moutsilo's, gebouwd in 1962. De onderneming werd opgenomen in de Palm-groep in 1998 en niet veel later begon men te werken aan een nieuwe brouwzaal.

Rodenbach-bieren worden gemaakt met mout van twee- en zesrijige variëteiten van wintergerst en een roodachtig kristalmouttype dat soms door continentale Europeanen beschreven wordt als "Vienna" of "Weense mout". Deze mouten maken meer dan 80% van de gort uit; de rest is maïsgort. Een versie van de afkookmethode wordt toegepast. Verschillende hopvariëteiten worden gebruikt, onder andere Northern Brewer, Target en Yeoman, en vooral Brewers' Gold, een variëteit die wel kruidig is, maar met een lage bitterheid. Zoals bij alle wrange bieren is het ook bij Rodenbach niet de bedoeling om heel hoppig te zijn. Wrangheid en bitterheid gaan niet goed samen. De hop is ook belangrijk omdat hij helpt om het bier te bewaren en uit te klaren tijdens de lange periode die het in het hout verblijft.

Het voornaamste bier heette eerst gewoonweg Rodenbach. Nu is het gekend onder de naam Rodenbach Klassiek. Het wordt op de klassieke methode gemaakt door het versnijden van "jonge" en "oude" brouwsels. Het jonge bier wordt gebrouwen tot op een densiteit van 11,4-11,5 plato (1046-6). Het bier dat bedoeld is om te rijpen, heeft 13.3 Plato (1052-4).

Deze mooie mouterijtoren, meer dan 100 jaar oud, is vier of vijf verdiepingen hoog. Hij doet nu dienst als museum.

Toen ik voor de eerste maal de brouwerij bezocht, werd er nog een open afkoelbak gebruikt en koperen rijpingsketels, maar deze hebben nu de plaats moeten ruimen voor moderner materiaal. Met de ontwikkeling van de brouwwetenschap is Rodenbach ook meer op de gist gaan letten, die nu al meer dan 70 jaar wordt gebruikt. De eerste keer dat ik er kwam, sprak men van drie culturen in de gist, die een "hogegistingsgist" is. Bij een volgend bezoek had men al vijf culturen herkend. Sindsdien is men de gist meer analytisch gaan onderzoeken aan de universiteit van Leuven, en vandaag de dag neemt men aan dat er zeker 20 culturen aanwezig zijn, waaronder de lactobacillus in verschillende vormen.

Vijfenzeventig procent van het versneden bier is jong bier, hoewel dat zelf toch ook nog vier tot vijf weken heeft gerijpt bij een warme temperatuur. Tijdens deze periode heeft het een tweede gisting ondergaan en begint zich een melkzuurkarakter te ontwikkelen. Dit alles vindt plaats in horizontale roestvrij stalen tanks. Het bier dat bestemd is om verder te rijpen, wordt zeven tot acht weken warm opgeslagen in verticale roestvrij stalen tanks.

Dit bier gaat vervolgens 18 tot 24 maanden doorbrengen in hout. Tijdens deze periode heeft er een derde microbiologische activiteit plaats. De brouwerij beschouwt dit als een derde gisting. Het melkzuur, en een beetje azijnzuur, ontwikkelt zich in het bier, de microorganismen die in het hout zitten, werken in, er is activiteit van de Brettanomyces en, het belangrijkst van al, er ontwikkelen zich meer fruitige, "rijpe appel"-esters en ronde smaken. Een zekere graad van verdamping bepaalt het karakter van het rijpende bier ook nog mee. De laatste jaren heeft de brouwerij de tweede gisting iets verkort en is ze meer aandacht gaan besteden aan de derde, met het oog op een mildere en vollere smaak. Met hetzelfde doel voor ogen heeft ze zich opnieuw gebogen over de keuze van de vaten van waaruit de bieren worden versneden.

Het hout, met al zijn tannine en karamels, levert een directe bijdrage tot het palet en de kleur van het bier. Toen ik eens de vraag stelde of het hout zijn karakter ook blijvend zou afgeven, antwoordde men dat elke ton van binnen werd afgeschraapt na elk gebruik. Zouden de tonnen op den duur dan niet te "dun" worden? Men vertelde me dat de wand van elk vat wel tussen vijf en tien centimeters dik was en dat het afschrapen een zaak was van enkele millimeters. De vaten die het meest gebruikt waren, hadden toch nog maar zo"n vijftig brouwsels gezien. Het oudste vat is 160 jaar oud en veel vaten staan er al van in het prille begin van de 20e eeuw. Naarmate de brouwerij uitbreidde, kocht men vaten op van concurrenten die hun deuren sloten. Ze zijn gemaakt van eik uit de Vogezen en uit Polen. De brouwerij heeft drie kuipers in dienst voor het onderhoud, die met genummerde duigen, ringen, riet en bijenwas werken.

De tonnen zorgen voor een opmerkelijk schouwspel: de kleinste bevat meer dan 100 hectoliter, de grootste wel zesmaal deze hoeveelheid. In één hal staan er bijna honderd en de overige tweehonderd zijn verdeeld over tien kleinere ruimten. In de grootste hal zijn er vijf rijen van elk twintig tonnen, met smalle paden ertussen. De hallen worden verwarmd als de omgevingstemperatuur onder 15°C daalt.

Hoewel het meeste gerijpte bier gebruikt wordt voor het versnijden van de Rodenbach Klassiek, wordt een gedeelte ervan voorbehouder om "puur" gebotteld te worden als Grand Cru. De Rodenbach Klassiek is een complex, smaakvol, zoetzuur, verfrissend bier, met verwijzingen naar madeira, passievruchten, eik en zelfs een beetje ijzer. De Grand Cru is over de hele lijn assertiever, een beetje voller in de mond en donkerder van kleur. Beide bieren zijn zo wrang dat ze een beetje worden gezoet met gekarameliseerde suiker, waarna ze nog een flash-pasteurisatie ondergaan voor ze in de fles gaan. Hoewel ze redelijk lang kunnen worden bewaard, is geen van beide bedoeld om lang te liggen. Sommige Rodenbach-adepten zouden graag een ongezoete, ongepasteuriseerde versie verwelkomen, misschien ook nog een beetje zwaarder en met de ouderdom van een Grand Cru. Zoals verschillende "oude" bieren heeft ook de Grand Cru zijn eigen frisheid. Een paradox in de brouwkunst.

Hoewel deze bieren het van hun wrange smaak moeten hebben, doen sommige verbruikers er wat grenadinesiroop bij om het zoeter te maken. Voor haar 150e verjaardag heeft de brouwerij een zoetere versie gemaakt, genoemd naar de stichter, Alexander Rodenbach. Dit is een versnijding van frisse Grand Cru met een kriekenextract. In 2000 werd echter gestopt met de productie. Ondertussen was ook Boon, dat een traditioneler kriekenbier

maakt, bij de Palm-groep gekomen.
Rodenbach Klassiek heeft een alcoholgehalte van 3,7 in gewicht (4,6 in volume). De Grand Cru heeft 4,8 (6,0 vol.). In België worden ze gewoonlijk geserveerd tussen 8 en 12 °C. Ooit werd reclame gemaakt voor het Rodenbach-bier als ideale drank bij de garnalen van de nabijgelegen kust. Deze combinatie werd echter achterwege gelaten omdat men vreesde dat de mensen het bier alleen nog zouden bestellen als ze van plan waren garnalen te eten.
Ik heb het genoegen gehad om van schitterende, met Rodenbach-bieren bereide maaltijden te genieten, niet alleen in hun geboor-

De oude brouwzaal: maritiem of culinair? Brouwen is een vorm van koken en chefs houden van Rodenbach.

Dit gerecht, konijn met een uienconfituur, werd bereid met Rodenbach Grand Cru. Enkele kreeften maken het af.

teland, maar ook bereid door chefs in Londen en New York. In de thuishaven van Rodenbach, de stad Roeselare, is er het restaurant Den Haselt (Diksmuidsesteenweg 53. Tel. 051-22.52.40; fax 24.10.64), waar de lokale bieren de hoofdrol spelen.

In Den Haselt heb ik eens uitgebreid getafeld met Rodenbach. Het begon met een Aperitief Grand Cru (90% bier, aangelengd met gelijke delen Amer Picon en Crème de Cassis). Als borrelhapjes kregen we in Alexander gemarineerde oesters, een kop garnalensoep met Rodenbach en terrine van konijn in een kriekengelei, op smaak gebracht met Alexander en honing. Dan volgde ganzenlever met appel, vergezeld van een Rodenbach. Vervolgens zeeduivel met selder, gepresenteerd met Grand Cru. Dan volgde konijn met langoustines, waarbij een Alexander werd geserveerd. Op het einde kwam er een sorbet van Alexander, een taartje met Rodenbach

bereid en een sabayon Grand Cru. Bij een andere gelegenheid in hetzelfde restaurant kreeg ik er brood gemaakt met Grand Cru en amandelen; zwezeriken in een Rodenbach-saus en schuimtaart van passievruchten met Alexander. Bij mijn laatste bezoek kreeg ik als dessert in Rodenbach gepocheerde aardbeien geserveerd, geflambeerd met pastis en bestrooid met peper.

Rodenbach zelf is naar mijn smaak een perfecte begeleider van schaaldieren en salades, terwijl de zwaardere Grand Cru (met dat vleugje ijzer, zoals in een Cheval-Blanc) ideaal is bij lever, konijn en wild zoals kwartel. Rodenbach Alexander was natuurlijk een gedroomd dessertbier.

Nu zowel de Rodenbach Klassiek als de Grand Cru echte kosmopolieten zijn geworden, verliest men soms uit het oog dat ze in de streek ooit een bier voor elke dag van de week waren. Een reclamebord voor Rodenbach – of een rivaal – op een gevel of een hoek hier of daar, herinnert hier nog aan.

ANDERE PRODUCENTEN VAN RODE BIEREN, MET PROEFNOTITIES

BAVIK

In 2001 kreeg de stijl een nieuwe wending toen deze brouwerij in de Verenigde Staten een beperkte oplage op de markt bracht van een bier met 5,2 in gewicht (6,5 vol.), dat bij wijze van proef de naam Petrus Aged Pale meekreeg. Dit bier wordt alleen gemaakt met bleke mout en is onversneden. Het brengt 24 tot 30 maanden door in hout en komt er weer uit met een kleur die twijfelt tussen "oud goud" en brons, met een eikachtig aroma, vleugjes sherry (de notigheid van een Palo Cortado?) en fruit (peren?) gedompeld in een overvloed van smaken, met de klassieke zuurheid in de afdronk en een opzettelijk laag koolzuurgehalte. Een "wit" rood bier? De verleiding is groot om het te vergelijken met een "witte" Zinfandel, maar het bier is steviger in smaak en body. Ik kreeg een voorsmaakje van het eindproduct in een restaurant met een naam die nogal uitdrukkelijk naar wijn verwijst, Bistro Merlot. Het bier wist zich goed te handhaven naast een lichtjes rokerige forelmousse en gepeperde ansjovissen. Ik vraag me af hoe een Merlot het er zou hebben afgebracht?

De brouwerij heeft ook een conventioneler Vlaams rood bier. Op een zeker ogenblik was er een versie met de afgeleide naam Ro-Bav. Die verdween in de jaren zestig, maar enkele decennia later verscheen een nieuwe interpretatie onder de naam Petrus Oud Bruin, geïnspireerd door Sint-Pieter, "de oudste paus," legt chief executive Ignace De Brabandere uit. "En," voegt hij er dan aan toe: "... de houder van de sleu-

tels tot de hemel". De mensen van Château Pétrus in Bordeaux zagen de naam niet zo zitten, maar na een bezoekje ginder ter plaatse bleek het allemaal wel mee te vallen. Petrus Oud Bruin is samengesteld uit twee speciaal gemaakte bleke bieren en één donker, dat gedurende 20 tot 24 maanden gerijpt is in hout. De brouwerij heeft drie kelders met houten vaten, elk negen vaten van 60 hectoliter. In een vierde kelder, de allereerste die de brouwerij in gebruik nam, staan vaten in perfecte staat van 220 hectoliter elk. Ze zijn ongeveer 50 jaar oud en een twintigtal jaar geleden gekocht in Frankrijk, waar ze eerst witte wijn en later Calvados bevatten.
Het bier is mahoniekleurig met een dikke kraag, het heeft een volle smaak met rijke, zachte chocoladeachtige toetsen en trekjes vanille, eik, fruitige zoete appel en passievrucht en een beperkte zuurheid. Het heeft een alcoholgehalte van 4,4 in gewicht en 5,5 in volume. In een lokaal restaurant kreeg ik een bord ganzenlever en gerookte eend geserveerd op een bedje van sla met Petrus-vinaigrette en een sneetje getoast rozijnenbrood. Hoewel Oud Bruin kwantitatief een klein product is, wordt het nog altijd benadrukt in de publicaties van het bedrijf en de naam Petrus vormt een rubriek voor een Speciale (ale) en een Tripel (zie aldaar). De naam van de brouwerij komt van haar thuisdorp Bavikhove, West-Vlaanderen. Ze is in handen van de vierde generatie van de familie De Brabandere, oorspronkelijk een boerengezin uit Bavikhove dat op brouwen overstapte in 1894. De aanvraag bij de gemeente om toestemming om een brouwerij op te richten, hangt nog altijd te pronken in de gastenbar, naast de stamboom en een glazen kast van een meter of twee met een koperen model van de huidige brouwerij uit de jaren vijftig.

De houten vaten in Bavikhove weten te imponeren op hun eigen manier... en in 2001 stelde brouwer Kris Van Acker een verrassend nieuw bier voor.

Ignace De Brabandere staat aan het hoofd van het familiebedrijf

BOCKOR

Deze brouwerij, ook gekend voor haar Jacobins Geuze, maakt in de lokale stijl een bier dat verschillende namen heeft gehad, maar vandaag gekend is als Bellegems bruin. Het is een versnijding van een in eikenhout gerijpt lambiekbier (waarin een deel tarwe zit) en een ale op basis van bleke en donkerdere kristalmouten. Het eindresultaat heeft een donkerrode kleur. Het is licht en verfrissend met een goede stevige, frisse wrangheid en trekjes passievrucht of ijzer. Het heeft een alcoholgehalte van 4,4 in gewicht en 5,5 in volume of iets meer. De brouwerij is gelegen in Bellegem,West-Vlaanderen.

BOURGOGNE DES FLANDRES

Een bier dat met trots wordt gepromoot door Michel van Houtryve, wiens familie al zeven generaties lang, sinds de 18e eeuw, in het brou-

Proevers aan het werk in de voorkamer: de broers Wim (links) en Philippe Leroy (midden), met doorgewinterd salesmanager Paul Priem, stellen hun producten op de proef. (foto rechts)

werijvak zit. Ze introduceerden Bourgogne des Flandres in 1911. Toen hun brouwerij in Brugge in de jaren vijftig de deuren sloot, werd de Bourgogne des Flandres geproduceerd door verre verwanten, de brouwersfamilie Verhaeghe in het West-Vlaamse Vichte. Zij hebben de traditie voortgezet met hun eigen Duchesse de Bourgogne (zie verder). De naam Bourgogne des Flandres staat nu voor een bitterzoet, zacht en zoethouterig bier met een alcoholgehalte van 4% in gewicht en 5% in volume, een mengsel van een speciaal gemaakte donkere ale van hoge gisting en Timmermans Lambic

FACON

Buur van Bockor in het dorpje Bellegem, West-Vlaanderen. De familiebrouwerij Facon, die dateert uit 1874, heeft nog haar eigen gietijzeren beslagkuip en ingemetselde ketels, een stil en spookachtig zicht. De bieren van vandaag worden gemaakt in een veel minder aantrekkelijke brouwzaal die werd ingericht in 1986. Het huis van de familie, dat ernaast staat, stamt uit dezelfde tijd als de oorspronkelijke brouwerij. Hier, omringd door ingelijste schilderijen en Art Nouveau-objecten, liet Jean-Michel Facon mij kennismaken met een hele waaier van bieren. Zijn nieuwste bier in de lokale stijl draagt het etiket Facon Ouden-Bruin en Vieille-Brune (het dorp ligt vlakbij de taalgrens). Het is een versnijding van jonge en oude bieren, maar zonder rijping in hout. Het heeft een bruinrode kleur, een vleugje madeira in de neus, een nogal zoet palet en een balancerende zuurheid in de afdronk. Het heeft een alcoholgehalte van 3,8 gew. (4,8 vol.).

LEROY

Dichtbij Ieper (de stad die in het grootste deel van de wereld gekend is als Ypres) ligt het dorp Boezinge. Brouwerij Leroy heeft familiebanden met Van Eecke uit Watou, ook in West-Vlaanderen. De brouwerij Leroy stamt uit 1720 en werd in 1920 heropgebouwd, samen met een aantal andere kleine ondernemingen en huizen. Ik proefde de bieren in een vertrek dat er uitzag als de voorkamer van een gezinswoning. Leroy is het best gekend voor zijn lagers, maar heeft ook hogegistingsbieren. Eén ervan is een bier in de lokale stijl dat werd genoemd naar een beroemde verkoper voor de brouwerij (een parallel met de Ierse whisky Paddy). Het bier heet Paulus. Het heeft zijn eigen cultuur en wordt "gedurende jaren" gerijpt in metalen tanks. Bij het schenken krijgt het een rotsachtige kraag, een aantrekkelijke paarsrode wijnkleur en is, voor deze stijl, vrij zoet en vol van smaak. Het heeft een

alcoholgehalte van 4,8 in gewicht (6,0 vol.).

STRUBBE

In het dorp Ichtegem, West-Vlaanderen. Deze brouwerij werd opgericht in 1830, maar haar indrukwekkende gevel ziet er 100 jaar jonger uit. Dat deel van het gebouw dateert dan ook uit 1950. De brouwzaal, met haar traditionele ingemetselde koperen ketels, ziet uit op de kerk van de parochie. Strubbe heeft zich ontfermd over een aantal bieren van brouwerijen die de deuren hebben gesloten en is daarnaast ook gespecialiseerd in kruidige bieren. Haar eigen Ichtegems Oud Bruin wordt gemaakt met een deel caramunich-mout en verouderde hop, en extra op smaak gebracht met zoethout. Het wordt gedurende 18 maanden verzuurd in open metalen vaten. Het heeft een alcoholgehalte van 4,4 gew. (5,5 vol.). Dit bier is ook de basis voor een kriek.

VAN HONSEBROUCK

In de lokale stijl biedt deze bloeiende brouwerij uit Ingelmunster, West-Vlaanderen, het zogenaamde Bacchus-bier. Het is een licht en verfrissend bier met wat karameltrekjes en een knisperende wrangheid in de afdronk. Het wordt gemaakt door versnijding, onder meer met in hout gerijpt bier, en heeft een alcoholgehalte van ongeveer 3,6 in gewicht en 4,5 in volume. De

brouwerij bezit negen eikenhouten vaten. Het oude bier in Bachus dient ook als basis voor de Kriek "8". Dit bier van 8 procent is fluwelig en bitterzoet met bes- en medicinale toetsen.

VAN STEENBERGE

Deze meer dan 200 jaar oude brouwerij is ook gekend als Bios, het Griekse woord voor leven. "Mijn grootvader was microbioloog en hield van de klassieken", legt de huidige uitbater Paul Van Steenberge uit. De microbioloog isoleerde ook de cultuur die gebruikt wordt voor de gisting van een bruinrood bier, Bios genoemd, met het onderschrift Vlaamse Bourgogne. Het gaat om een vermenging van jonge en oude, in ijzeren tanks gerijpte bieren. Het eindproduct heeft een lichtjes siroopachtige aanhef en mondt uit in een melkzuurachtige droogheid. De brouwerij is gelegen in een domein van enkele hectare met siertuinen en een vijver met eenden en zwanen, overspannen door een fraaie brug in ijzerwerk. Ze ligt in het Oost-Vlaamse Ertvelde, niet ver van Gent.

VERHAEGE

De familie Verhaege maakt al bier sedert de 16e eeuw en baatte een brouwerij uit in een herenhoeve vóór ze in 1880 naar de huidige vestiging in het West-Vlaamse Vichte verhuisde. Andere leden van de familie richtten brouwerijen op in Zulte en in Waregem. Tijdens de Eerste Wereldoorlog weigerden de Verhaeghes bier te brouwen voor het bezettingleger en bijgevolg werden hun ketels door de Duitsers ontmanteld. De laatste jaren heeft een nieuwe generatie van de familie zich geconcentreerd op speciale bieren, waarvan de brouwerij een ruim en smakelijk assortiment biedt.

Vandaag scheidt een haag een gezinswoning van de brouwerij, waarvan de witgekalkte muren oprijzen boven de geraniumpotten. De originele mouterijen en brouwzaal zijn bewaard gebleven, maar geen van beide werkt nog. De huidige brouwzaal dateert van de jaren zestig, maar drie van de bieren worden gerijpt in een twaalftal veel oudere eiken tanks.
Een van die bieren, met de naam Caves, heeft wat van een geuze, maar met een vollere kleur en een nootachtiger, romiger palet. De Vichtenaar, genoemd naar het stadje, is een bier in de lokale stijl. Het heeft een alcoholgehalte van iets meer dan 4,0 in gewicht (5,0 vol.), een kersrode kleur en een sterk en ijzerachtig bouquet; de aanhef is fruitig en vloeit dan over in madeira en toffee.

Een bier dat werd genoemd naar het leven, uit een tuinbrouwerij... Bios, van Van Steenberge

Een derde, het wat bloemiger Duchesse de Bourgogne (5 in gewicht, 6 in volume), vormt een mooie schuimlaag, heeft een zachte, rijke textuur met een heel interessante wisselwerking tussen passievrucht en chocolade, en een lange, droge, zurige afdronk. Het is een versnijding van acht en achttien maanden oud bier. De naam verwijst naar de dochter van de hertog van Bourgondië, Maria, geboren in Brugge in 1457. Toen ze hertogin werd, werd ze gezien als een voorvechtster van het Vlaamse volk.

ZULTE

Dit dorp in Oost-Vlaanderen had vroeger een brouwerij die een uitstekend zuur rood bier produceerde. Ik bezocht de brouwerij in de jaren tachtig, maar niet lang daarna sloot ze haar deuren. Het bier wordt de laatste jaren gebrouwen door Alken-Maes, maar in een korreliger smakende, minder complexe, meer melkzuurachtige interpretatie.

III
DUPONT
Moinette
II
Moinette
non Filtrée
Saison DUPONT
BIOLOGIQUE

Saisons

Stevige plattelandsbieren voor de zomerse picknick met kaas en charcuterie.

Een andere stijl die sterk in de smaak valt bij de echte kenners onder de Amerikaanse adepten van Belgische bieren. Aan beide zijden van de Atlantische Oceaan is Saison Dupont het bekendste én het meest inspirerende voorbeeld van deze bierstijl. Een paar Vlaamse brouwers fluisterden me toe dat de Saison Dupont hun favoriet was, na hun eigen bier welteverstaan. In Vlaanderen is dit type overigens niet zo bekend – Saisons is een Waalse stijl en zelfs in Wallonië een relatief klein speciaal bier. Ze worden voornamelijk geproduceerd in en rond het westelijke deel van de provincie Henegouwen. Typisch voor Saisons is dat ze worden gemaakt door een handvol, meestal heel kleine en ambachtelijke brouwerijen. Sommige van deze brouwerijen verraden nog hun oorsprong als boerderij en enkele andere getuigen van het prille begin van de Industriële Revolutie.

De Saisons werden door brouwerijwetenschappers op het einde van de 19e en in het begin van de 20e eeuw beschouwd als een duidelijk onderscheiden familie bieren. Oorspronkelijk werden bieren van verschillende sterkte gebrouwen. Zo waren er versies voor kinderen, voor het gezin, een 'dubbele' en een 'régal' (koninklijke), maar ze waren in het bijzonder verbonden met de zomer. Ze moesten fors genoeg zijn om de hele zomer lang goed te blijven, want dan kon er niet gebrouwen worden, maar ook weer niet te sterk: ze moesten nog altijd de dorst lessen tijdens de oogst.

Naast de streek van herkomst zijn er vandaag nog twee kenmerken die een Saison helpen karakteriseren. Het is een middelsterke tot sterke zomer-ale, traditioneel met een duidelijke oranjegele kleur, een zeer sprankelend koolzuurgehalte, goed gehopt, droog en fruitig, met een dorstlessende aciditeit en een knapperige afdronk. Het is moeilijk ze te definiëren op basis van een technische specificatie of productiemethode. In de loop der jaren werden verschillende technieken gebruikt.
In veel gevallen wordt hard water gebruikt. Soms worden hoge beslagtemperaturen toegepast, zodat een groot aantal onvergistbare suikers vrijkomt die het bier een stevige scherpte geven. In het verleden lieten sommige brouwers het wort een zekere graad van natuurlijk melkzuur ontwikkelen voor het koken. Dit kon echter ook achteraf plaatsvinden, tijdens het koelen van het wort. Sommige brouwerijen gebruikten het Baudelot-systeem, waarbij het wort werd blootgesteld aan de lucht en aan de aanwezige wilde micro-organismen terwijl het over met koud water gevulde leidingen liep. Sommige bieren werden nog zuurder tijdens het rijpen, wat meestal in stalen tanks gebeurde. In sommige gevallen kwam de verfrissende zuurte tot stand door het vermengen van jongere en oudere bieren. Deze brouwsels worden soms opgefleurd met droog smakende kruiden, en in het verleden werden ze vaak droog gehopt. Hun smaak doet ook het gebruik van een aantal heel karaktervolle gisten vermoeden. Saisons worden doorgaans gepresenteerd in gekurkte champagneflessen, met een tweede gisting, en worden uitgeschonken met een dichte, rotsachtige kraag. Men vraagt me soms Saisons te vergelijken met de Bières de Garde die over de grens worden gemaakt. Mijn antwoord hierop is dat de Franse stijl in zijn meest typische vorm helemaal niet knisperend of zomers is; hij is zachter, ronder, rijker, zoeter en moutiger, soms met een zoethoutachtige noot.

EEN OVERZICHT VAN DE SAISON-BROUWERIJEN (VANUIT BRUSSEL)

LEFÈBVRE

Op de baan van Brussel naar Bergen, even voorbij Lembeek, nog steeds in de Zennevallei, kan men de reusachtige steengroeven van Quenast bewonderen. De steen die hier ontgonnen wordt, werd vroeger gebruikt voor kasseiwegen en dient nu als ondergrond voor de trans-Europese expresstreinen. Het kappen van deze steen creëerde bij de arbeiders een monumentale dorst, die uiteraard

Een hoeveboerderij of een vroege industriële brouwerij? De overgang blijkt duidelijk uit de stijl van het gebouw, met een takel om zakken gerst of mout naar een zolderschuur te hijsen.

met bier moest worden gelest. Er was al een brouwerij Lefèbvre in Quenast in 1797, in de tijd van de Franse Revolutie. Niemand weet echter zeker of deze Lefèbvre een voorvader was van Jules Lefèbvre, jachtopziener, landbouwer, mouter, brouwer en herbergier.
Toen de mannen in 1870 arriveerden om stenen te kappen, bouwde Jules 'de Jachtopziener' een nieuwe brouwerij en voorzag alle uitgangen van de steengroeve van nieuwe cafés. Het verging hem goed, en zijn zoon was al welvarend genoeg om naast de brouwerij, op de oever van de Zenne, een groot herenhuis, bijna een kasteel, te bouwen. "Aan het einde van de Eerste Wereldoorlog waren hier Britse troepen gelegerd," vertelde een lid van de familie me. "Zij wachtten op het Verdrag van Versailles. De officieren waren Engelsen en Schotten, de soldaten Indiërs. Ze dronken Schotse whisky en waren gelukkig, maar toen kwam er een epidemie van de Spaanse griep. Ze gingen één na één dood. Een van hen ging naar huis met Kerstmis en kwam nooit meer terug. Mijn grootmoeder heeft me dit verteld."

De vijfde en de zesde generatie: Philippe en Paul Emile Lefèbvre.

Het huis staat er nog, maar van de brouwerij blijven alleen maar stukken over. Na de Eerste Wereldoorlog kocht de familie een andere brouwerij, hoog op de heuvel van de vallei. De brouwerij werkt nog steeds. Pierre Lefèbvre en zijn zoon Philippe, die de vierde en vijfde generatie van de familie zijn, vertelden me in 1994 dat de windrichting en de windkracht veel invloed hadden op het vuur onder de ketel. Wanneer het vuur sterk was, zorgden de hete plaatsen in de ketel ervoor dat het bier sterker karameliseerde. De luchttoevoer kon worden gemanipuleerd en dat beïnvloedde de uiteindelijke smaak van het bier. Dit was nog echt ambachtelijk brouwen. "We

kunnen ons moeilijk op het etiket van het bier verontschuldigen voor het feit dat er weinig wind stond op de dag dat het werd gebrouwen," merkte Pierre droog op.
De oude brouwzaal staat er nog altijd en dient als basis voor een museum, maar Pierre is met pensioen en Philippe heeft glimmende nieuwe vaten geïnstalleerd in roestvrij staal, die worden opgewarmd met stoom. Toen ik er in 1997 langs kwam, was Paul Emile, Phillippes zoon, in de brouwerij aan het werken. Hij had een felrode baseballpet op. Men vertelde me dat hij binnenkort naar de brouwerijschool zou gaan, als vertegenwoordiger van de zesde generatie van het familiebedrijf.

Tijdens de grote dagen van de steengroeve verkocht de brouwerij enorme hoeveelheden van een ale die genaamd was naar het blauwgrijze porfier dat ontgonnen werd. Vandaag zijn er veel minder arbeiders in de steengroeven, veel vroegere cafés zijn privéwoningen geworden en de mannen gaan nu naar huis om televisie te kijken. Een verwijzing naar de fameuze Porph Ale kan men terugvinden in de Saison 1900, een datum die herinnert aan de productiepiek. Dit is een zeer vol aanvoelende, nogal droge Saison van 14 Plato (1056), 4% alcohol in gewicht, 5% in volume, met een goede moutachtergrond, een smaak van citrusvruchten en een knapperige afdronk. De brouwerij maakt ook een witbier, een baanbrekend honingbrouwsel met de naam Barbar en zeer kruidige producten voor de abdijen van Floreffe en La Bonne Espérance. Al deze bieren ondergaan een tweede gisting in de fles. Quenast ligt nog in Brabant, maar wel op de grens met Henegouwen.

SILLY

Net over de grens, dicht bij het stadje Edingen (Enghien in het Frans) ligt het dorpje Silly, dat in het Frans een normalere klank heeft dan in het Engels. In dit dorpje aan het riviertje de Sille telen de boeren vooral suikerbieten en tarwe. In het centrum van het dorp staat een café dat de bieren van de familie Meynsbrughen promoot (de spelling van de naam lijkt met de jaren wel wat verbasterd). Daarnaast, achter een mooi bepleisterde gevel, ligt een binnenplaatsje met kasseien, vanwaar men recht in de brouwerij binnenkijkt. Die heeft nog steeds veel weg van een hofstedelijke brouwerij.

De landbouwer Nicholas Meynsbrughen begon met de brouwerij in 1850 en zijn familie beheert ze nog steeds. Alle bieren van deze brouwerij hebben een zeer zachte fruitigheid, die een beetje aan nectarines doet denken. De Saison de Silly (4,0 % alcohol in gewicht, 5,0 % in volume) is ook duidelijk wijnachtig en een beetje wrang. Dit bier wordt verkregen door

De bieren van Enghien maken deel uit van het gamma van de brouwerij van Silly.

vermenging van een bleek brouwsel met een donkerder dat gedurende ongeveer een jaar in een metalen tank is gerijpt. Sommige aanhangers vinden dat Saison de Silly het meest de Saison-traditie respecteert, hoewel het geen tweede gisting in de fles kent. De andere producten van de brouwerij zijn onder andere een bleke en een donkere versie van de meer mouterige en sterkere Double Enghien (6,4 % alcohol in gewicht, 8,0 in volume) en een zeer machtige, zachte, knisperende bronzen ale die La Divine heet (7,6 % gewicht en 9,5 % volume).

Deze streek is gekend om zijn trouw aan de plaatselijke speciale bieren "De mensen krijgen dorst van het kaatsspel," vertelde mij de baas van café Titien in het naburig dorp Bassilliy. Hij verwees naar het kaatsspel, of jeu de balles, of pelotte, een spel dat zeer regionaal en in verschillende varianten voorkomt langs de Europese kusten van Friesland tot Spaans Baskenland en onder de naam JaiLai van Cuba over Florida tot Connecticut. Aan de wand in café Titien hangt een klasseringstabel van de kaatscompetitie. Een van de uitvloeisels van het kaatsspel is een competitie in het eieren gooien. In 1990 gooide een inwoner een ei maar liefst 63 meter ver, zodat het uiteindelijk in het Guinness Book of Records terecht kwam.

ELLEZELLOISE

"Een omweg waard," zoals de Michelin-gids zou zeggen. Iets meer richting Vlaanderen, maar nog net in de province Henegouwen en vlakbij de stad Ronse (Renaix). Waar de Vlaamse Ardennen Wallonië binnenlopen, worden ze gewoon de heuvels genoemd. "La Bière des Collines" (het bier van de heuvels) is de slogan van deze brouwerij die op een verlaten heuvelflank staat en haar naam kreeg van het nabijgelegen dorp Ellezelles. (Guinaumont 75, Ellezelles. Tel 068-45.31.60, Fax 068-54.37.16). Als mascotte koos ze Quintine, een heks uit de plaatselijke folklore.

Brouwerszoon Philippe Gerard zat al 25 jaar in het vak, waarvan de laatste bij Bush (zie verder), toen hij zijn eigen zaak startte. "Brouwen is mijn job, mijn hobby, mijn passie," vertelde hij me. "Mijn eigen brouwerij, mijn eigen bier... dat was mijn droom." Hij kocht een boerderij in 1985 en zocht acht jaar lang naar tweedehands apparatuur die hij kon aanpassen. Het resultaat is een prachtig ingerichte koperen bouwzaal op een bakstenen voet. De ketels zijn zichtbaar vanuit een café met acht tafels waarop, toen ik er langskwam, vaasjes met bloemen prijkten. De zitbanken dragen bij tot de rustieke sfeer. Op het menu staat een lokale kaas, op smaak gebracht met het bier.

De hele inrichting zit onder het puntdak, met blootliggende balken. Er is ook een terras buiten, en bier kan worden meegenomen in hersluitbare flessen. Het eerste brouwsel werd geproduceerd in 1993, en in 2001 begon Gerard meer opslagruimte te voorzien in een sympathieke constructie die eruitziet als een schuur. De boerderij is een beschermd gebouw. Philippe wordt bijgestaan door zijn vrouw Jacqueline en hun kinderen David en Dimitri, beide dertigers.

Heksen zijn populaire symbolen in de Belgische brouwerswereld. De heks Quintine lijkt koers te zetten naar de brouwzaal van Ellezelles.

De bieren zijn niet gecentrifugeerd of gefilterd. De hopvariëteiten zijn English Kent Goldings en Stiermark, over de hele lijn. Toen ik ze proefde, maakte ik de aantekening "goede, eerlijke bieren" in mijn notitieboekje. Pas later besefte ik dat Marc Rosier van Dupont deze uitdrukking had gebruikt om de lokale stijl te definiëren (zie verder). Ik schreef ook: "Stevig" en "recht door zee".
Quintine Blonde heeft een aardachtig, romig aroma, een moutige

droogheid en een ruime, eetlustopwekkende hoppige afdronk die meer dan de gespecificeerde 38-39 eenheden bitterheid doet vermoeden (6,4 % alcohol in gewicht, 8,0% in volume).
Saison 2000 heeft een aantrekkelijke bronskleur, een dikke, romige kraag, een licht nootachtig, heel fruitig palet en een droge, sprankelende afdronk (5,2 % alcohol in gewicht, 6,5% in volume). Wat maakt het tot een Saison? Volgens Gerard is het beter geschikt als zomerse dorstlesser dan zijn andere bieren. Het is dunner en dus ook schraler, met een lager alcoholgehalte, maar nog altijd vrij zwaar.
Quintine Ambrée heeft een vollere, roodachtige kleur, met een uitgesproken nadruk op een moutige droogheid. De Munich-mout laat zijn invloed duidelijk voelen (6,8 % alcohol in gewicht, 8,5% in volume).

De brouwerij heeft ook de voortreffelijke Hercule Stout in haar aanbod: romig, koffieachtig met kruidige trekjes die verwijzen naar Sambuca (7,2 % alcohol in gewicht, 9,0% in volume).

PIPAIX

Verder op de weg, voorbij Aat, ligt de gemeente Leuze met twee Saison-brouwerijen, in de dorpjes Pipaix (thuishaven van het Bush Beer) en Tourpes.
De geschiedenis van Saison de Pipaix gaat terug tot een brouwerijboerderij rond 1780. De huidige brouwerij wordt nog steeds van energie voorzien door een stoommotor uit 1985, waarvan de zuiger de hele tijd stampt, pruttelt en stoom uitblaast terwijl de motor via een ingewikkeld web van aandrijfriemen de mengkuip en het roermechanisme aandrijft. Tijdens het brouwproces wordt de hele brouwzaal gevuld met stoom uit de roerkuip. Een deel van de brouwerij dateert van rond de Eerste Wereldoorlog en sommige van de gebouwen van rond de Tweede Wereldoorlog. De brouwerij bleef in één en dezelfde familie tot in het midden van de jaren tachtig, toen de eigenaar ziek werd en niet langer kon doorgaan.

Ze was in een zeer verwaarloosde toestand toen ze werd gered door twee jonge leraars die toen al thuisbrouwers waren. Jean-Louis Dits, een leraar geschiedenis, had een zwak voor de tradities van de streek. Hij en zijn vrouw Anne-Marie Lemaire waren toen al bezig met een vereniging om lokale producten te promoten. Anne-Marie was lerares biologie, een zeer goede basis voor de wetenschap van het gisten. Zij bleven les geven, maakten ondertussen de brouwerij opnieuw operationeel en staken éénmaal per maand in het weekend het vuur onder de ketel aan. Ze noemden de brouwerij "Brasserie à Vapeur", een echte "stoombrouwerij". Toen de brouwerij haar deuren sloot, werd er onder andere een "Saison" gebrouwen, en die werd terug tot leven geroepen. Jean-Louis, die twee of drie verschillende moutsoorten gebruikt, laat het mengsel eerst een melkzuurkarakter krijgen voor hij het zeer langdurig kookt. Hij gebruikt Kent-hop, laat het bier verscheidene weken rijpen in stalen tanks en trekt het dan ongefilterd op flessen.

De eerste keer dat ik hen bezocht, vertelden ze mij over het genoegen dat ze hadden om "iets te maken waarvan je houdt". Korte tijd daarna vernam ik tot mijn grote ontsteltenis dat er een ongeluk was gebeurd in de brouwerij, waarbij Anne-Marie om het leven kwam. Jean-Louis betuigde haar zijn lof in een boek dat de geschiedenis van de Brasserie Vapeur vertelt. Hun twee dochters helpen nu al in de brouwerij en een van de twee voelt er wel wat voor om het werk van haar ouders later verder te zetten. Niet zolang geleden is Jean-Louis hertrouwd. Zijn vrouw Vinciane Corbisier en haar familie hebben een winkel die grondstoffen levert aan kleine brouwers, bakkers, kaasmakers en koks. Toen ik bij hen op bezoek was, bakte Vinciane een vleesbrood met koriander, zoete sinaasappelschillen en kruidnagels. "Jean-Louis is gek op kruiden," lachte ze.

Hij is ook bekend om zijn gebruik van kruiden. Saison de Pipaix, dat een zeer fris, sinaasachtig karakter heeft, bevat zes "plantenextracten" waaronder anijs, zwarte peper en een geneeskrachtig korstmos. Ik proefde drie of vier brouwsels, waaronder het eerste dat hij ooit maakte. Het was bijna 10 jaar oud en had een enorm sinaasaroma, een mooie kraag, een erg fijne pareling en een heel droog, kruidig bouquet (5,2 % in gewicht, 6,5% in volume). Zoals een kok die nieuwe gerechten uitprobeert, maakt Jean-Louis bijna telkens wanneer hij brouwt een "special". Sommige bieren bevatten esbladeren, een ingrediënt dat al vermeld werd door de benedictijnse abdis Hildegarde (1098–1179). In haar geschriften over natuurgeschiedenis vinden we de eerste duidelijke verwijzing naar het gebruik van hop bij het brouwen. Hildegarde was de abdis van Rupertsberg bij Bingen, niet ver van Mainz in Duitsland. Zij vertelde niet wat de smaak van esbladeren was, maar Jean-Louis denkt dat ze een droog gevoel geven op de zijkant van de tong, en ik ben het met hem eens.

Een zeer rond, zacht bier dat "La Cochonne" heet, bevat witlofwortels. De priming-suikers van alle bieren van Jean-Louis komen van de fructose van witlofwortel, een wel zeer Belgisch ingrediënt. Diezelfde avond kregen we in de nabije taveerne Les Iris eendenborst met Saison de Pipaix opgediend. De eend was voorzien van een saus op basis

van dit bier, met room en sjalotten. Verder aten we gerechten met verschillende bieren van de Brasserie à Vapeur en met bieren van de twee andere brouwerijen uit de streek.
In zijn beginperiode als brouwer werd Jean-Louis veel geholpen door de eigenaars van de Moinette-hoeve en brouwerij Dupont.

DUPONT

Deze hofstedelijke brouwerij, gelegen aan een dreef in het dorp Tourpes, dateert van 1850 of vroeger en behoort toe aan de familie Dupont sinds 1920. Ze werd oorspronkelijk gekocht om een familielid te doen afzien van zijn plannen om naar Canada te emigreren.
De kleinzoon van de oorspronkelijke Duponts, Marc Rosier, leidt het

De briefkaartencampagne van Dupont gaf een goed beeld van de open beslagkuip. Dit soort kuipen was ooit heel typisch in hoevebrouwerijen en hier en daar worden ze nog steeds gebruikt.

bedrijf met zijn twee zusters en verschillende familieleden. De brouwer is Marcs neef, Olivier Dedeycker. In 1995 werd het aanbod van Dupont uitgebreid met brood (soms met afgetrokken granen) en een reeks kazen (waaronder een die aangenaam met fijngehakte hop is gekruid), verkrijgbaar in de ernaast gelegen hoeve Moinette.
De bieren van Dupont zitten vol leven en zijn bekend voor hun hoppig karakter, met East Kent Goldings op het voorplan. Ze hebben een dik, rotsachtig, romig schuim, een scherpe, stevige, verfrissende prik, een ingetoomde fruitigheid en een lange, bijna tastbaar droge afdronk. Het zijn mooi uitgebalanceerde, complexe voorbeelden van ware ambachtelijke brouwkunst. De familie heeft duidelijk

een zeer robuuste gist in handen en ze weet hoe er mee om te gaan. Het best gekende onder deze bieren is de Saison Dupont, ondertiteld "Vieille Réserve". Het wordt gemaakt met een densiteit van 13-13,5 Plato (1052-54), uitsluitend met Pilsener-mout; het wordt tweemaal gehopt met Goldings en een beetje Stiermark, gegist met de sterk verfijnende huisgist, gefilterd en opnieuw gegist met dezelfde cultuur. Na toevoeging van suiker wordt het bier op fles geconditioneerd gedurende zes tot acht weken bij 23-24 °C. Het resultaat heeft een alcoholgehalte van 5,2 % in gewicht en 6,5 % in volume en is gewoonlijk wat wazig bij het schenken.

De andere producten omvatten een biologische, minder assertieve versie van hetzelfde brouwsel, en zwaardere blonde en donkere bieren onder de naam Moinette ("moine" is het Franse woord voor monnik, en de grond waar het bedrijf staat zou vroeger tot een abdij hebben behoord).

Tussen de hoppige-droge Moinette Blonde en de parfumachtige, zoetere Brune zit het Bière de Beloeil, genoemd naar een nabijgelegen kasteel. Ooit was er een brouwerij in Beloeil die een bier produceerde onder de naam Saison Roland. Brouwerij Dupont heeft ook een bier gemaakt dat 40 procent gemoute tarwe bevat, 10 hoofdkruiden (waaronder bedstro) en ten minste evenveel minder belangrijke toevoegingen. Dit complexe bier is romig en bloemig, met een vermoeden van boterbloemen en potpourri. Het wordt verkocht onder de Latijnse naam Cervesia, naar een Gallo-Romeinse vestiging in de streek.

In 1996 werd het assortiment voor Nieuwjaar uitgebreid met een sterk hoppig bier, met verwijzingen naar citroen. De brouwerij produceert alsmaar nieuwe specialiteiten. "Proef dit eens," ontweek Marc Rosier telkens als ik de geheimen van zijn bier trachtte te achterhalen. Ik vroeg hem: "Hoe zou een echte Saison volgens u moeten smaken?" "Het moet een goed, eerlijk bier zijn. Het moet karakter hebben en meer nog, het moet een ziel hebben," was zijn antwoord, met Gallische onnauwkeurigheid.

BLAUGIES

Ten zuiden van Bergen, de stad Dour en het dorpje Blaugies zelf, prijzen borden langs de weg boter en honing aan en wijzen de weg naar de lokale brouwerij, bijna aan de Franse grens.

Zo geschreven? Twee leraars... een encyclopedie veranderde hun leven.

Uiteindelijk maken een houten bord, op de een of andere manier vastgemaakt aan een haag naast een fraai tuinhek, en de begroeting van een sint-bernardshond duidelijk dat men is aangekomen bij de boomgaard annex landhuis en garagebrouwerij van Pierre-Alex Carlier en zijn vrouw Marie-Noelle Pourtois.

Hij geeft les fysiotherapie, zij gaf vroeger algemene wetenschappen, en ze raakten geïnteresseerd in het brouwen nadat ze toevallig een recept ontdekten in een huishoudencyclopedie uit 1926. "Het recept werkte niet," herinnert Marie-Noelle zich. Zij is het die zich bezighoudt met het brouwen. Andere fabrikanten van brouwuitrustingen namen hen niet ernstig, maar het Belgische Meura, dat doorgaans ketels maakt die 50 keer groter zijn, maakte met plezier een systeem voor zeven hectoliter. De ouders van het paar kwamen tussen in de zware kosten van een flessenvulinrichting.
Ik proefde de bieren bij het gezin Carlier-Pourtois thuis. Het eerste,

volgens een recept van de grootmoeder van Marie-Noelle, is een aanpassing van een laag-alcoholisch bier dat ooit werd gemaakt voor de mijnwerkers in de Borinage. Die dappere poging tot gematigdheid werd aangemoedigd door lokale volgelingen van John Darby, de Anglo-Ierse stichter van de fundamentalistische Plymouth-broeders. De herboren versie, met een uitdagende 4,6 % alcohol in gewicht en 5,8 % in volume, wordt Darbyiste genoemd en heeft een diepe gouden kleur. Er wordt wat vijgensap aan toegevoegd als bron van bijkomende vergistbare suikers. De vijgen komen niet uitgesproken naar voren in de smaak, die licht, citroenachtig en droog is.

De nieuweling in de lokale stijl is Saison D'Epeautre, dat zijn naam ontleent aan spelt, een graansoort van de tarwefamilie. Traditioneel werd dit graan soms gebruikt in Saisons. In dit geval vertegenwoordigt het 30 procent van de mout. Misschien draagt het bij tot de heel bleke kleur en het stevige mondgevoel van dit korrelige, knisperige en geurige bier (4,6 % alcohol in gewicht, 6,0% in volume). Een fijne wedergeboorte.

Een van de voorvaderen van Marie-Noelle was een dorpsbandiet, gekend als La Moneuse. Zijn naam werd gegeven aan een nootachtiger, ambeurkleurig bier van 6,4 % alcohol in gewicht, 8,0 % in volume. Voor Kerstmis wordt een sinaasappel- en rumachtige versie met Demerara-suiker gemaakt.

DU BOCQ

Deze brouwerij in Purnode in de provincie Namen maakt zijn eigen variëteit van bierstijlen. De Saison Régal heeft voor haar zwaartegraad (4,8 % in gewicht, 6,0 % in volume) een verrassend licht maar stevig mondgevoel (het is zeer goed geattenueerd) en een uitdagend evenwicht tussen fruitigheid en aromatische hoppigheid. Gelijkaardige bieren worden gemaakt onder de namen La Bergeotte, Cuvée du P'tit Lu, La Houlette en Val d"Heure. Zoals ver-

Een dorpsbrouwerij die in haar begindagen een snelle groei kende ... du Bock is verrassend productief.

scheidene van haar buren heeft de brouwerij meer etiketten dan bieren, tot grote ergernis van de puristen, maar niemand zal ontkennen dat er hier zeer smaakvolle producten worden gemaakt.

Du Bocq, gesticht in 1854, was vroeger een redelijk grote brouwerij. Haar bonkige, witgekalkte gebouwen, in vroegindustriële stijl, geven uit op een kleine tuin tegenover de dorpskerk. Dit alles staat bovenop een steile helling in een Ardense vallei. Ertegenover staat het gedeeltelijk in hout opgetrokken huis waar de eigenaarsfamilie woont. De heuvelweg kronkelt zich naar de brouwerij, kruist een andere, en dat is zowat heel Purnode.

FANTÔME

In de Belgische provincie Luxembourg werkt Dany Prignon, een bierliefhebber, voor de plaatselijke toeristische dienst. Hij vond dat zijn streek te weinig gastronomische specialiteiten bezat (hoewel de Ardennen op dat gebied in de regel zeer rijk zijn) en begon zelf een bier te brouwen in Soy (Brasserie Fantôme, 8 Rue Preal). Verder hielp hij bij het opstarten van een pubbrouwerij in het nabijgelegen Durbuy (La Ferme au Chêne, 115 Rue Comte d"Ursel) die uitkijkt op de rivier en het kasteel van Durbuy.

Beide brouwerijen produceren verschillende bieren, maar hun "huisstijl" kan men gistig, fruitig en zoetig noemen. Fantôme, genoemd naar een plaatselijke geest, maakt een Saison die wordt gedateerd en elk jaar verschilt, met variaties voor de zomer, herfst, winter en lente.

SEZOENS

Vlaanderen heeft geen tegenhanger voor het Saisons-type, maar er is wel een bier te vinden dat voor hetzelfde doel wordt gemaakt. Dit is ook terug te vinden op het etiket waar winter en zomer worden uitgebeeld. Sezoens wordt gemaakt door Martens te Bocholt, in Belgisch Limburg. Het is een bier met uitstekend karakter en individualiteit. De naam is uiteraard beschermd.

Het is een helder, goudkleurig bier van hoge gisting, met een opmerkelijk hopkarakter, vooral in zijn palet. Het heeft ook de smaak van verse hop: prachtig bloemig en dralend. Sezoens is zeer verfrissend, maar zelfs nog beter als aperitief.

Vroeger dacht ik dat de hop Northern Brewer was, uit Duitsland, en Saaz. Tijdens mijn recentste bezoek hoorde ik dat Sezoens volledig gemaakt wordt met Tettnangers uit Duitsland. De hopkeuze is echter maar een deel van het verhaal. Sezoens ondergaat een dry-hopping, niet één- maar tweemaal, en dat is zeer ongewoon. De eerste gebeurt bij het begin van de rijping, die twee tot drie maanden in beslag neemt, bij 0 °C. De tweede dosis hop wordt twee tot drie weken voor het einde van de maturatie toegevoegd. Het bier wordt ten slotte ook gefilterd. Sezoens heeft een densiteit van 12,5–13,5 Plato (1050–54) en een alcoholgehalte van 4,8 % in gewicht, 6,0 % in volume. Zeer goed geattenueerd resulteert het in een licht, zeer stevig mondgevoel, een zuiver, sec palet, een ingehouden fruitigheid en die hoppige droogheid. Er is zoveel smaak dat ik verwonderd keek toen het analyseverslag slechts 30 eenheden vermeldde. De brouwerij maakte voor het eerst een seizoengebonden bier in 1860 en men vermoedt dat het in die tijd ongefilterd was. De Sezoens evolueerde en staat nu al jaren bekend als een gefilterd brouwsel. Deze moderne versie werd recentelijk tot "Classic" verheven toen de brouwerij een versie met hergisting op fles aan het gamma toevoegde. De gefilterde Classic blinkt uit in zuiverheid en stevigheid. De in de fles hergiste versie is fruitiger, zachter en kruidiger. Hoewel ze in wezen hetzelfde brouwsel zijn, worden ze uiteindelijk twee producten met een eigen identiteit en tonen ze aan wat een verschil een hergisting op fles voor een bier kan

betekenen. In 1989 lanceerde de brouwerij een amberrode tegenhanger met de wat vreemde naam Sezoens Quattro, die op een voor de hand liggende manier naar de vier seizoenen verwijst. Het is weer een zeer typisch bier, met een wat koffieachtige start, gevolgd door een zuivere fruitigheid en een nogal intense finale, met een goed gebonden hoppige droogheid.

Dit is een bier met heel wat smaakontwikkeling. Goed gehopt in de ketel, krijgt het geen verdere hopdosis tijdens de rijping. Het is eerder een eetlust opwekkend aperitief dan een dorstlesser. Ik heb het al eens geklasseerd gezien als een Duits Altbier, maar mij doet het veeleer denken aan een Italiaans aperitief.
Ik mocht ooit genieten van een memorabele maaltijd waarbij ganzenleverpastei met Quattro werd opgediend, vervolgens schol geprepareerd en geserveerd met Martens' Pils; konijn gestoofd met Quattro en warme kaaspannenkoeken op smaak gebracht met Sezoens.

Bij de victoriabaars werd Limburgse Witte geschonken, maar de Quattro van Sezoens schitterde bij de hoofdschotel, struisvogel, als ingrediënt én als begeleiding. De originele Sezoens vervulde beide rollen bij de dessertpannenkoekjes. (Restaurant Kristoffel, Bocholt)

De ales van Antwerpen
't Pakhuis
De ales van Brabant
De ales uit Oost-Vlaanderen
De ales uit West-Vlaanderen

HOOFDSTUK XI De Ales van het Britse type

Belgische Ales

De sociaalste aller brouwsels voor een avondje onder vrienden... en het blijft niet bij één.

De meeste speciale bieren van het land zijn technisch gesproken ales, maar in België verwijst deze term naar beroemde brouwsels zoals De Koninck en Palm. De bedoeling was heldere en doorschijnende bieren te maken (koper of brons van kleur) die niet te zwaar zijn, zodat je ze de hele avond kan drinken. Ze werden soms ook Spéciales Belge genoemd. Deze bieren waren het eerste antwoord van de Belgische brouwers op het gouden lagerbier toen dit ons land bereikte uit Duitsland en Tsjechoslovakije in de jaren twintig.

Het ruimteschip. Dit is een brouwketel, geen gistkuip. Ondanks zijn futuristische uitzicht produceert hij een bier met een heel traditionele smaak.

De beste Belgische ales hebben een beperkt koolzuurgehalte (zodat ze geen opgeblazen of vol gevoel geven) en hebben genoeg smaak en droogheid om zin te geven in nog een glas. Eén is zelden genoeg. Het is de bedoeling dat je er twee of drie van drinkt, misschien met vrienden, in het ideale geval in een goed café. Het zijn de sociaalste bieren.

De Koninck en Palm zijn bijzonder goed gekend, maar ales in deze stijl worden gemaakt door veel Belgische brouwers, vooral in een centrale strook van het westen van de provincies Antwerpen en Brabant tot helemaal in het zuiden, Charleroi.

Het zijn brouwsels met een conventionele densiteit (gewoonlijk rond 12 Plato, 1048) en alcoholgehalte (zowat 4% in gewicht en 5% in volume). Ze worden uitsluitend of voornamelijk gemaakt van gerstemout (in plaats van tarwe of andere minder gebruikelijke

graansoorten), gekruid met hop (hoewel sommige ook gekruid zijn), gegist met een hoge gist en gerijpt zonder het gebruik van hout of een andere heel oude techniek. Ze worden gewoonlijk gefilterd opgediend. In het Europese kleurensysteem registreren ze tussen de 15 en 25, in bitterheid tussen 19 en 30.
Ze klinken gewoon, maar sommige onder hen zijn uitstekende brouwsels die geen enkele bierliefhebber zou willen missen.
Brons- of koperkleurige ales van conventionele densiteit worden op grote schaal gemaakt in verschillende delen van de wereld en elke streek heeft een andere klemtoon in zijn stijl. In de Verenigde Staten (en vooral aan de westkust) neigen dergelijke ales naar een assertief hoparoma en bitterheid, de "Pale" Ale of "Bitter" van Engeland doet hetzelfde, maar op een zachtere manier en de Schotse ales benaderen donkere, rijkere mouten. De Belgische exemplaren daarentegen zijn gistachtig, met een kruidige smaak en zacht, en de Duitse amberkleurigen zijn volmondiger. Een typisch voorbeeld hiervan is het Düsseldorf Altbier.

De machtige Modeste Van den Bogaert... een van de eigenzinnige individualisten die de Belgische brouwkunst haar gezicht hebben gegeven.

DE ALES VAN ANTWERPEN

DE KONINCK

Een Belgische klassieker. De Koninck is de naam van de brouwerij en ook van haar voornaamste product. Het is de plaatselijke drank in Antwerpen en wordt er veelvuldig gedronken als een bier voor elke dag. Geen enkele stad in België heeft zo'n familiaire verhouding met een bier dat ergens anders als een specialiteit zou worden beschouwd.
In een Antwerps hotel – we schrijven midden jaren zeventig – vroeg ik eens naar het dichtstbijzijnde café met De Koninck van het vat. Het is een zeldzaamheid dat hotels in hun bars een plaatselijk bier promoten. (Meestal verkiezen ze een minder karaktervol internationaal bier te verkopen waarvoor de gast zich niet had hoeven te verplaatsen.) Hier was het niet anders, maar de dame aan de recep-

Een deel van de oude koperen brouwzaal overleeft. Ooit was dit een hopvijzel, waarin de bloesems werden gezeefd.

tie was duidelijk opgetogen over mijn vraag. "Ons beroemd Antwerps bier... zelfs de Engelsen kennen het!", straalde ze.

Het café waar ze me naartoe stuurde – een kleine zaak met een pannendak op de hoek van de straat – schonk zo'n frisse De Koninck dat ik er een dag bleef hangen. Ik heb het nooit meer kunnen terugvinden. De bezoeker die over wat meer karakter beschikt, kan zijn verse De Koninck best gaan drinken tussen de studenten, de spiegels en de marmeren tafels in café Den Engel, op de Grote Markt. Of in het rustiger comfort van het oudste café in de stad, de Quinten Matsijs, in de Moriaanstraat 17 (hoek met de Hoofdkerkstraat). Dit café dateert van 1565 en ziet er soms wat te netjes uit. Je kan er ook een tonspel spelen, met schijven die men in gaten moet werpen. Het houten materiaal is meer dan 300 jaar oud. Als je een beetje honger krijgt van de De Koninck, dan is er gezoden worst (de plaatselijke varkensworst) en beuling, witte of zwarte pens. De verleiding loert vanuit elke hoek. Het café biedt zelfs een kaart aan waarop de glazen De Koninck worden bijgehouden. Na het tiende glas krijg je het volgende gratis. Tien? Het loopt gevaarlijk zoet naar binnen.

Ik vroeg eens aan de mensen van brouwerij De Koninck waarom ze zich zo hadden vastgeklampt aan hun ale terwijl heel wat van hun rivalen op Pilsener-biertypes waren overgeschakeld. "Ik weet het niet. Misschien konden we het ons toen niet permitteren," mijmerde Modeste Van den Bogaert, een imposante figuur die met zijn familieleden de brouwerij leidt. In een recente officiële verklaring van de brouwerij wordt toegegeven dat, mochten zij naar Pilsener-bier zijn overgeschakeld, zij zouden zijn overspoeld door grotere bedrijven.

Dit bedrijf draagt de naam van Joseph Henricus De Koninck, die een bierhuis uitbaatte, met een eigen brouwerij vanaf 1833. De Koninck was toen nog aan de rand van de stad gevestigd, nabij de buurt waar boeven werden opgehangen en waar een tolhuisje stond langs de weg naar Berchem en zo naar Mechelen. Het tolhuisje had een bord met daarop een opgestoken hand, vandaag het logo van de brouwerij. De eerste eigenaars geraakten met de Van den Bogaerts verwant in 1919.

De klassieke gevel aan de Mechelsesteenweg ziet eruit als verschool zich hier een bankkantoor, maar gestileerde gerstaren op de deur wijzen op andere soort liquide middelen. Achter de gevel vindt men een decoratief betegelde hal waarin een moderne brouwinstallatie (uit 1996) is ondergebracht. Kortstondig doet de inrichting denken aan een ruimteraket (hoewel er per slot van rekening toch nog een kruiwagen aan te pas komt).
Achteraan staat de oude brouwzaal rustig tussen witgekalkte stenen gebouwen die rond een binnenhof staan. Eén ervan, met het uitzicht van een traditionele mouterijschuur, vormt de gevel aan de kant van de Boomgaardstraat.

De Koninck wordt enkel met mout gemaakt, zonder toevoeging van maïs of andere brouwsuikers. De mout is een versnijding van Vienna- en Pilsener-types. De hop is hoofdzakelijk van het Saaz-type. De densiteit is 11,8 Plato (1047). De hop wordt driemaal toegevoegd.

In 1981 vroeg ik de heer Van den Bogaert hoelang de brouwerij dezelfde gist had gebruikt. "Ongeveer 15 jaar," zei hij. Ik had mijn notities moeten doornemen alvorens ik de brouwerij opnieuw bezocht in 1990, maar goed. Ik stelde dezelfde vraag ... en kreeg hetzelfde antwoord.

"Was de gist een eencellige zuivere cultuur?", vroeg ik. "Ik zou er niet op durven zweren,' was het raadselachtige antwoord. Ik geloof dat het inderdaad een zuivere cultuur is, hoewel het zeker veel karakter heeft. Veel brouwerijen blijven dezelfde gist gebruiken, langer dan ze zich soms kunnen herinneren. Alle culturen passen zich aan hun milieu aan en elke brouwersgist ontwikkelt zowat zijn eigen karakter. Slechts de laatste jaren beginnen de brouwers zich te realiseren hoe belangrijk hun gist is voor de achtergrond-

Het beroemde Bolleke heeft voor een nageslacht gezorgd, maar hij blijft duidelijk het hoofd van het gezin. Hoofd en schouders, zelfs.

smaak van hun bieren. Ik zou zeggen dat de gist van De Koninck inderdaad zeer belangrijk is. Hij heeft een zeer onderscheiden en delicieus karakter. Misschien wil de heer Modeste daar niet te analytisch over doen: het is hetzelfde als een goede mop te moeten uitleggen, of hoe het komt dat twee mensen op elkaar verliefd zijn. Het De Koninck-bier brengt ongeveer zeven tot acht dagen door in de eerste gisting (bij een temperatuur tot 25 °C), wordt dan afgekoeld en krijgt vervolgens twee weken lagering. Al het bier wordt gefilterd, maar alleen het gebottelde bier wordt gepasteuriseerd. Het afgewerkte product heeft een alcoholgehalte van 4% in gewicht en 5% in volume.

De Koninck heeft een dichte, rotsachtige schuimkraag die een waar kantwerk achterlaat bij elke slok. Het is een subtiele, zachte, nogal droge ale, met een mooie balans. Het begint met moutigheid, een beetje geroosterd, dan komt het gistachtige fruit en de specerij (een proever dacht aan kaneel) en op het einde proef je het meest delicate Saaz-hopkarakter in de afdronk.

Heel wat bieren zijn op hun best van de tap. Dit is volgens mij en volgens hele horden fanaten zeer zeker het geval voor De Koninck. Voor de liefhebber die de moeite wil doen, is de beste plaats café De Pelgrim (dat op zondag mogelijk gesloten is), tegenover de brouwerij, in de Boomgaardstraat nr. 8. Dit is een zeer traditioneel café met lambrizering in donker hout en tentoongestelde sportbekers.

Zolang men het zich kan herinneren, voorziet de brouwerij het café van emmers met overtollige gist uit de gistkuipen. Het wordt er in kleine jeneverglaasjes opgediend. Sommige oudere mensen dringen het graag puur, als een opkikkertje, andere gieten het in hun bier. Het ziet eruit als koffie met veel melk en geeft een wat bittere, espressoachtige smaak. Er zijn al verschillende cafés die dit gebruik hebben overgenomen. Omdat de gist van De Koninck zo'n speciale bijdrage levert, hangt er iets feestelijks over dit ritueel.
Andere bieren hebben hun eigen glazen – zoals bijna elk bier in België zijn eigen glas heeft – maar bij het schenken van een De Koninck komt er ook nog een speciaal ritueel te pas. Door de jaren heen is het in verschillende glazen gepresenteerd geweest, maar de twee meest verspreide glazen zijn het fluitje en het bolglas. Elk glas heeft zijn eigen traditie.

Het fluitglas van 25 centiliter wordt alleen geschikt geacht voor vrouwen. In Vlaanderen besteld men het als een 'fluitje', een woord dat fallus-connotaties heeft. Een vrouw die te kennen geeft dat ze een fluitje wil, wordt waarschijnlijk vrolijk begroet.

Begin met Begyn: Brouwer Bernard Van den Bogaert schenkt een glas van het nieuwe bier uit voor zijn collega Hugo Smets.

Het bolglas staat bekend als een 'bolleke', wat een verkleinwoord is voor 'bol' of 'bal'. Voor de Engelsman doet de uitspraak wel erg denken aan 'bollock' (testikel). De Antwerpenaar hebben daar geen moeite mee en weten dat deze kreet – althans in hun stad – een stevig glas De Koninck oplevert. Toen ik in het chique Londense restaurant The Bank vroeg of het waar was dat ze De Koninck serveerden, antwoordde de ober zwijgend door met een Bolleke aan te draven.
Na jaren bekendheid als brouwerij die maar één product maakt, lanceerde De Koninck in 1993 een tweede product naar aanleiding van Antwerpen Culturele Hoofdstad van Europa: een sterkere ale, 6% alcohol in gewicht, 7,5 % in volume, die Cuvée Antwerpen 93 gedoopt werd.

Omdat het om een speciale editie gaat, is dit bier gepresenteerd in een beschilderde fles en opgediend in een nieuw kleiner 'bolleke' dat men een 'prinske' noemt. Het bier was al snel zo populair dat het nu permanent gecommercialiseerd wordt. Cuvée d'Anvers is een beetje donkerder en roder dan de gewone De Koninck en heeft een merkbaar rond karakter, met een voorzichtige suggestie van zoethout. Het verenigt een krachtige tegenstelling van zoetheid en hoppige bitterheid en heeft een verwarmende vleug alcohol in de afdronk. Het bier is gefilterd en gepasteuriseerd, maar nodigt uit tot speculatie over hoe het zou smaken met een tweede gisting in de fles.

Na deze stap lijkt de brouwerij haar vrijheid echt te smaken. Ondertussen is er nog een gouden tegenhanger op het toneel verschenen, de Antoon Blond: met een fris, hoppig, gistig aroma, een stevige, zachte body, een vanilleachtige moutigheid en een fruitigheid die verwijst naar kruisbessen. Dit bier werd gelanceerd ter gelegenheid van de 400e verjaardag van Antoon Van Dyck. Nog recenter is een ale van 5,2 % alcohol in gewicht en 6,5 % in volume, donker gekleurd en verzacht met rietsuiker "uit de Spaanse koloniën" en gehopt met bloesems. Het kreeg de naam "begyn", naar een begijnhof in Hoogstraten ten noorden van Antwerpen.

De trotse vader Stan Sterkens toont de brouwzaal van het Pakhuis.

'T PAKHUIS

't Pakhuis is een brouwerscafé van de nieuwe generatie dat de deuren opende in 1996. Zoals de naam suggereert, is het een gewezen pakhuis, in wat vroeger een kadegebied was en vandaag uitgroeit tot een centrum voor bars en restaurants. Het ligt aan de Vlaamse Kaai nr. 76.
Met zijn bakstenen interieur, betonnen pijlers, stoelen in vlechtwerk, de open bar en de duidelijk zichtbare brouwketel is 't Pakhuis duidelijk geïnspireerd door vergelijkbare etablissementen in de Verenigde Staten. Het bieraanbod omvat een zoetig, geparfumeerd blond bier, het moutige, toastige, roodachtige Antwerps bruin (4,4 % alcohol in gewicht, 5,5 % in volume), dat min of meer tot de lokale stijl behoort, en een heel romige, krachtige (7,6 % alcohol in gewicht, 9,5% in volume) gouden ale, goed gehopt met Saaz, Nen Bangelijke genoemd, een populaire uitdrukking onder de Antwerpse jeugd. Een van de specials was een donker, kleverig en kruidig Foorkensbier voor de Antwerpse Pinksterfoor. Het Pakhuis serveert ook met bier bereide gerechten. Vennoot in 't Pakhuis en adviseur van The Old Bailey is Stan Sterkens, die

een familiebrouwerij heeft in Meer, een dorp op het platteland in het noorden van de provincie Antwerpen, vlakbij de Nederlandse grens.
De archieven van de familie Sterkens in Meer gaan terug tot in 1654 en er zijn bewijzen van een brouwerij – op dezelfde plaats – sedert 1731. Op de brouwerij werden mij de dagboeken getoond van de overgrootvader van de huidige eigenaar. Op een pagina uit 1868 kon ik lezen: "De schuttersgilde dronk zes en driekwart vaten en acht halve liters. Prijs: 100 Belgische franken en 98 centiemen." Een andere boeking vermeldde: "... de dokter kocht een kwart vat." Een maand later dezelfde boeking, vier weken later nog eens. Het leek erop dat de dokter elke maand goed was voor een kwart van een vat, zowat een liter per dag, wat niet overdreven lijkt. De pastoor kocht echter halve vaten, hoewel van een lichter bier, en kwam er geen maand mee toe. Hij betaalde op het einde van het jaar.
Recenter maakte de brouwerij gedurende een aantal jaren een koperkleurige, lichtjes fruitige en moutige Ster Ale. Inmiddels is het van de markt, maar men vindt hetzelfde karakter terug in de helder amberkleurige, hoppigere St-Paul Special (4,0 gew., 5,0 vol.).

GODEFROY

Enkele kilometers verder westwaarts staat de Moortgat-brouwerij, in Breendonk. Deze brouwerij is het best bekend voor haar Duvel (zie Sterke blonde bieren) en Maredsous (zie Abdijbieren), maar ze heeft ook een ale, Godefroy genaamd. Dit bier heeft een rotsachtig schuim dat zeer vast is. Het smaakt zeer zacht en heeft ook wat zacht fruit in zijn palet. Een vleugje abrikoos misschien? Het is zeer complexe ale met een goed hopkarakter en rijping in de fles.

Patriarch Alfred Van Roy: "Mijn oom was ons te snel af."

DE ALES VAN BRABANT

PALM

De grootste onafhankelijke familiebrouwerij in België kent haar oorsprong in 1597, als een boerenhoeve, De Hoorn, in Steenhuffel. Het is zo goed als zeker dat er in deze hoeve aan de oude weg tussen hopstad Aalst en Mechelen bier werd gemaakt, ook al wordt ze pas als brouwerij geregistreerd in 1747. Een afstammeling van de toenmalige eigenaars, de 84-jarige Alfred Van Roy, is voorzitter van de raad. Hij verplaatst zich door de brouwerij in een golfwagentje.

De Hoorn, dat na de Eerste Wereldoorlog voor een groot deel werd heropgebouwd, maakte een donker, laagalcoholisch biertje van hoge gisting tot in de late jaren twintig toen de Pilsener-stijl populair werd. De brouwerij kon zich niet veroorloven haar uitrusting aan te passen om lager te brouwen en dus werd besloten om een blekere ale te produceren met dezelfde sterkte als Pilsener.

De familie had graag haar naam gewijzigd om een merknaam te creëren. "Royale klonk goed, maar de brouwerij van mijn oom was ons te snel af," vertelde meneer Van Roy me, nog altijd met een verzuchtende toon in zijn stem.

Het is een algemeen verspreide opvatting dat de naam Speciale Palm een hulde is aan de overwinning in de Eerste Wereldoorlog, maar meneer van Roy legde me uit dat de naam werd gesuggereerd door een priester uit de familie. "De rest van de familie was niet helemaal overtuigd maar de Palm is een christelijk symbool en het is hetzelfde woord in het Vlaams en in het Frans". In 1975 werd de brouwerij zelf herdoopt tot Palm.

De brouwerij is nog altijd omgeven door een boerderij, met een stal voor Brabantse trekpaarden. Het aangrenzende kasteel van Diepensteyn, dat dateert uit de 15e eeuw en dat ooit toebehoorde aan de Hertog van Brabant, werd in het begin van de jaren negentig in zijn oorspronkelijke staat hersteld en doet nu dienst als gastencentrum. Het kasteel is omgeven door grachten en siervijvers. De eigen bronnen van Palm leveren brouwwater met een hoog calciumgehalte. Er wordt gebruik gemaakt van pale ale-mout, met bijzondere aandacht voor het parfum en de rijkdom die worden voortgebracht bij het delicate eesten (deze chemische verandering staat bij de voedingsspecialisten bekend als de Maillard-reactie, naar de wetenschapper die het systeem als eerste beschreef). De mout wordt vóór gebruik geproefd

Volgens deze klassieke affiche krijg je als je Palm drinkt krullen en rechte tanden. 'Hoge gisting' wordt benadrukt in twee talen.

Het symbool van Palm is een Brabants trekpaard en de brouwerij fokt mooie exemplaren in haar kasteel van Diepensteyn. Brouwer en paardenfokker Jan Toye neemt hier, samen met zijn vrouw Carine, deel aan de Palm Challenge Cup.

en kan worden afgekeurd zelfs als hij voldoet aan de wetenschappelijke specificatie. De belangrijkste hopsoorten zijn Kent Goldings en Fuggles. In een van de koperen brouwzalen die nog in gebruik zijn, staat nog een koepel uit de jaren 1890 op een ketel uit de jaren 1930. Daarnaast is er een brouwzaal uit de jaren negentig, ook in traditionele stijl, maar in roestvrij staal.

De brouwerij beschikt over een heel gespecialiseerde uitrusting voor de verspreiding en de behandeling van haar drie culturen Palmgist, die een distinctieve sinaas-droogheid verleent (13,2 Plato, 1053, 4,1 % alcohol in gewicht 5,2 in volume. Een lichtjes zwaardere versie, Dobbel Palm (13,9, 1056, 4,4 % in gewicht, 5,5 in volume) wordt voor de kerstperiode gebrouwen en aan dezelfde prijs verkocht.

OP-ALE

De Brabantse stad Opwijk geeft een stukje van haar naam aan deze ale van de plaatselijke brouwerij. Er zit ook een woordspeling in de naam: 'Op' verwijst in het Nederlands immers naar 'drink op'.

Op-Ale (4,0 gew., 5,0 vol.) heeft een dichte schuimkraag en fijne parels die op het glas net Brussels kant vormen. Het heeft een zeer zacht mondgevoel, een licht, zuiver droog palet tegen een goede moutachtige achtergrond. Het vloeit over in fruitigheid en oranjeschil-hoppigheid (Stiermark-Saaz, twee gulle dosissen), en in een zuivere hopbitterheid in de afdronk.

Een glas na het werk, 'na de uren', maar de verborgen camera betrapt Vervloet die het bouquet proeft.

De brouwerij bestaat zeker sedert 1579. Ze wordt al meer dan anderhalve eeuw, sinds 1832, geleid door de familie De Smedt. Op een bepaald ogenblik hadden 18 kleinkinderen van De Smedt aandelen in handen, dé formule voor onenigheid in om het even welke familie. Gelukkig was een van hen een bisschop, die met grote autoriteit zijn staf zwaaide om de brouwerij op het rechte pad te houden. Naast haar ales maakt de brouwerij ook bier voor de abdij van Affligem en enkele jaren geleden heeft ze haar naam veranderd van De Smedt in Affligem.Een van haar troeven is de gist die de brouwsels een distinctieve fruitigheid meegeeft. Deze cultuur werd na de Tweede Wereldoorlog uit Schotland meegebracht door de grootvader van de huidige directeur, Theo Vervloet. Meneer Vervloet is een zeer bedreven brouwer die de brouwerij bestuurt in een partnerschap met Heineken.

GINDER ALE

Niets te maken met ginger ale. De naam is afgeleid van Van Ginderachter, de familienaam van de brouwer die het bier creëerde in het Brabantse Merchtem. Het bier wordt nog altijd gemaakt in de provincie Brabant, zij het nu in Leuven door Interbrew. De brouwerij beweert dat er nog altijd een groot onderscheid is tussen de specificaties van dit bier, zijn kruidiger neefje Horse Ale en Vieux Temps (zie verder), maar de karakters lijken toch in elkaars richting te zijn opgeschoven.
Voor dit bier werd aanvankelijk een aparte vorm

van pale ale-mout gemaakt en werden de hopvariëteiten Lublin en Stiermark gebruikt, naast de originele Ginder-gist (die het bier een knisperende, wrange fruitigheid verleende).

Ginder Ale had traditioneel een volle geelbruine kleur en een uitzonderlijk fris, assertief fruitig aroma (van sinaasappelschil en zure appels). De fruitigheid, vooral appel, kwam ook naar voren in het palet en de overheersende indruk was er een van droogheid, ondanks de compenserende nootachtige zoetheid van de mout. Het alcoholgehalte was een fractie hoger dan dat van de andere Interbrew-ales, net iets meer dan 4% in gewicht en 5% in volume.

VIEUX TEMPS

Een andere Brabantse ale die nu in Leuven wordt gemaakt door Interbrew, maar die zuidelijker is van afkomst. Een Brabançonne dus. Oorspronkelijk gebrouwen ten zuiden van Leuven, in Mont-St-Guibert, in Waals-Brabant. De brouwerij daar, gesticht in 1858, was ooit bekend voor een ale met hergisting op de fles. Toen ze het complexe karakter ervan in 1935 probeerden te repliceren in een gefilterde versie, wilde ze de zin voor traditie ondersteunen met de merknaam Vieux Temps ('Oude Tijd").

Misschien toevallig beschikte de brouwerij over een gist die aan het bier heel assertieve, speciale eigenschappen verleende. De Vieux Temps-gist verspreidt een vleugje fenol – een heel lichte, geurige rokerigheid – en een zweem sorbet- en pruimengeur. Hoewel de brouwerij van Mont-St-Guibert inmiddels is verdwenen, wordt haar gist nog altijd gebruikt. Met een dosis aromatische mout erbij ontstaat aldus een lichtjes siroopachtige, complexe, licht-amberkleurige ale van 4% in gewicht en 5% in volume.

DE ALES UIT OOST-VLAANDEREN

Een goed voorbeeld van een Belgische ale, maar met hergisting in de fles, is de wat vreemd genoemde Ever van Van Steenberge uit het Oost-Vlaamse Ertvelde. Dit bier is voor deze stijl wat aan de bleke kant, maar heeft een uitgesproken romige, fruitige (abrikozen?) smaak. Ook uit Oost-Vlaanderen komt een zachte en zoete amberkleurige ale (4,1 gew., 5,2 vol.) met de naam Artevelde en een zeer moutige, noot- en chocoladeachtige Grand Cru-versie (5,7 gew., 7,2 vol.) met hergisting in de fles. De merknaam Artevelde behoorde toe aan een reeds lang verdwenen brouwerij en werd recentelijk weer opgevist. Jacob van Artevelde was een boer, brouwer en handelaar uit Gent die een centrale rol speelde in de 14e-eeuwse twisten tussen Vlaanderen, Frankrijk en

Brittannië over handelszaken (voornamelijk textiel) en politieke macht. Zijn beeld domineert de Gentse Vrijdagmarkt. Deze bieren worden nu gemaakt door Huyghe in Melle bij Gent. Er zou op die plaats zeker al een brouwerij zijn geweest sinds 1654 en vier generaties van de familie Huyghe zouden er hebben gewerkt. De bieren worden gemaakt in een fraaie, goed onderhouden brouwzaal uit de jaren dertig. Jarenlang was de brouwerij enkel gekend voor haar Pilsener-bier, onder de vreemde naam Golden Kenia (dit was een tarwevariëteit die echter al lang verdwenen is). In 1985 nam een nieuwe generatie de leiding over en begon de brouwerij een ruim gamma speciale bieren te ontwikkelen.

Het dorpje Gavere, ten zuidwesten van Gent, is gekend voor zijn koekjes en flessenwater. Achter wat eruit ziet als garagepoorten staat een perfect bewaard gebleven brouwerij, met beslagkuipen die worden aangedreven door katrollen en een ketel in de oude, ingemetselde stijl van Vlaanderen. Hier produceert de familie Contreras een zuivere, delicate, licht moutige Pils en een heerlijke ale, met de naam Tonneke. De ale wordt gemaakt met drie soorten mout: Pilsener, Caramunich en aromatische mout.
Hij wordt gehopt met Hallertau, Styrians en Goldings, in bloesemvorm. Hoewel het een ale is, rijpt hij gedurende twee maanden op 20-22 °C. Tonneke heeft een oranjeachtige amberkleur en een zuiver, moutig palet. Hij is zoet in de aanhef, maar ontwikkelt een moutig-fruitig karakter in de afdronk. Het Maarts Bier, met 4,4 % in gewicht (5 % in volume) heeft een gelijkaardige stijl, maar is een beetje zuur. Volgens de traditie wordt het 'Maarts Bier' gerijpt in de zomer en verkocht in september/oktober.

DE ALES UIT WEST-VLAANDEREN

Toen het Vlaamse amusements- en consumentenmagazine UIT een wedstrijd blindproeven van ales organiseerde, ging de prijs naar de weinig gekende Speciale Stop van De Brabandere uit het West-Vlaamse Bavikhove. Dit bier werd geprezen om zijn mooie pareling, fruitigheid, voorbeeldige bitterheid en lengte.

Afgezien van dit succes werd het bier misschien gehinderd door zijn merkwaardige negatieve naam. (Zo had ook Guinness ooit een ale met de fatale naam Time). Het niet echt tot de verbeelding sprekende Stop, dat däárvoor de beweeglijkere naam Swing droeg, stelt het nu met Petrus Speciale. Hopelijk blijft het daarbij.

Petrus Speciale (4,4 gew., 5,5 vol.) wordt gemaakt met 'biscuit' en Weense moutvariëteiten en wordt gekruid met koriander. Het heeft een grote, rotsachtige en vaste schuimkraag, een lichte amberkleur, een fruitig-romig aroma, een gestructureerde, droge moutachtergrond en een pittige, schorsachtige, bittere afdronk.
Brouwerij Facon uit Bellegem heeft een aparte ale met de naam Satchell (4,4 gew., 5,5 vol.). De naam verwijst naar een persoon die een kanaalaak voorttrekt. De ale is bronskleurig met een romig mondgevoel en een lichtjes medicinaal hopkarakter in de droge afdronk. De gebruikte hopsoorten zijn East Kent Goldings en Saaz. Brouwerij Strubbe uit Ichtegem heeft een robuuste ale, Dikke

Mathilde (4,8 gew., 6,0 vol.), met een volle, heldere amberkleur, een korrelige, stroperige achtergrond (er worden vier mouten gebruikt) en een balancerende droogheid die peperachtig lijkt met een vermoeden van zure sinaas. In deze ale zit koriander, maar geen sinaasappelschil. Brouwerij Verhaege uit Vichte heeft een frisse, romige, nootachtige, grasachtige ale die de naam Cambrinus kreeg (4,0 gew., 5,0 vol.). De grote broer van dit brouwsel heet Ezel (naar het met zelfspot beladen symbool van het nabijgelegen Kuurne). Ezel heeft een alcoholgehalte van 5,6 gew., 7,0 vol., is zacht en moutig met een flinke hoppige bitterheid.

Na 90 jaar op de Belgische markt kleefde John Martin een feestelijk halsetiket op de flesjes van zijn ale. Blijkbaar kon hij geen tien jaar meer wachten.

DE ALES VAN HET BRITSE TYPE

De Belgen zijn de meest ruimdenkende en kosmopolitische bierliefhebbers. Ondanks het feit dat ze zelf al over een zo verbluffende selectie eigen brouwsels beschikken, hebben de Belgen toch nog een plaats gevonden voor producten uit buurlanden.
Tijdens de twee wereldoorlogen verwierven de Engelse en Schotse ales en ook de Ierse Stout grote bekendheid in België. Ze waren een tijd erg in de mode en men vindt ze nog steeds op de markt. Sommige worden geïmporteerd, sommige worden onder licentie gemaakt. Enkele andere worden door Belgische brouwers gebrouwen, maar met Brits klinkende namen.

De beroemdste invoerder was John Martin, een Engelsman die zich in 1909 in België vestigde. Hij voerde onder andere Pale Ales van Bass en later van Courage in. Vanaf 1949 brouwde Courage een ale die Bulldog heette voor de Britse markt. Bulldog, een fruitige (warm geconditioneerde), sterke pale ale van ongeveer 4,8 % alcohol in gewicht en 6,0 % in volume, werd speciaal voor John Martin in België gecreëerd. In België stond hij bekend als John Martin's Pale Ale.

GORDON
HIGHLAND
SCOTCH ALE
ESTD
1909
BREWED IN SCOTLAND
IMPORTED BY JOHN MARTIN
33cl e
FINEST GOLD
BLOND
TRADE
MARK
GORDON
FINEST GOLD
ALC 10% VOL
GORDON
FINEST GOLD

John Martin's Pale Ale wordt nu in België door Palm gebrouwen, met iets meer dan 4,6 % alcohol in gewicht en 5,8 % in volume. Hij draagt niet langer het bijschrift Pale Ale, maar gewoon Speciale.

Dit bier krijgt een stevige schuimkraag bij het inschenken en heeft een bijna ongeëvenaard Stiermarks hoparoma. Het heeft een zachte, lichte, nootachtige mout-achtergrond met een vleugje zoete sinaasappel en een uitgesproken bitterheid. Het bier wordt sterk drooggehopt, met bloesems, en warm geconditioneerd in een circulatiesysteem.

De gemiddelde densiteit van het bier ligt hoger in België dan in Groot-Brittannië, en sommige Engelse en Schotse producten hebben meer alcohol in hun geëxporteerde versie dan in hun thuisland. In sommige gevallen maakt de Britse brouwer onder zijn eigen merknaam een zwaardere ale speciaal voor de Belgische markt.
De Belgen zijn speciaal verlekkerd op het meest traditionele type van Scotch Ale: sterk, donker en zeer moutig. Extra zware uitvoeringen van deze ales worden ook op de markt gebracht in de kerstperiode als 'Christmas Specials' (hoewel de Schotten zelf traditioneel liever en uitbundiger nieuwjaar vieren).

John Martin importeert uit de brouwerij Scottish Courage in Edinburgh een lichtjes moutige ale onder het McEwan-label, met 5,8 % alcohol in gewicht, 7,2 % in volume. Deze brouwer en importeur is echter bekend voor zijn meer afgeronde, voller smakende en drogere Gordon's Highland Scotch Ale. Edinburgh mag dan al in de Lowlands liggen, Gordon is een echte Highland-naam. Daarnaast wordt ook een sterkere versie (7,0 % in gewicht, 8,8 % in volume) aangeboden onder de naam Gordon's Xmas. Een zusterproduct zonder duidelijke Schotse oorsprong, Gordon's Finest Gold, is een tamelijk ale-achtige, sterke lager (8,0 % in gewicht, 10,0 % in volume).

Het Gordon-gamma wordt in Frankrijk verhandeld onder de naam Douglas. De Highland en Xmas zijn niet gemakkelijk te verkrijgen in Schotland. Blijkbaar vinden de producenten dat deze bieren te sterk zijn voor de Schotten.

HOOFDSTUK XII

Monniken en alcohol
De Trappisten

Kloosterbieren

Nieuwe brouwerijen, gewijde en seculiere, in de Belgische abdijen.

Toen in 1999 een nieuwe trappistenbrouwerij in gebruik werd genomen, betekende dit groot nieuws in de bierwereld. Het betekende ook dat elk van de zes trappistenkloosters van het land nu een brouwerij heeft. Niet lang daarna werd de enige trappistenbrouwerij buiten België – Schaapskooi, in Nederland – verkocht. Ze is nog altijd actief, maar nu in privé-handen.

De trappisten hebben hard gewerkt om te benadrukken dat zij in België de enige Orde zijn die brouwerijen bezit. Hun taak werd er niet gemakkelijker op toen een brouwerij werd geopend in de cisterciënzerabdij van Val Dieu, hoewel de bierliefhebbers zeer opgezet waren met dit nieuws. De brouwerij in kwestie is niet in handen van de monniken, maar de bieren worden opgediend in het restaurant in de abdij. Nog een nieuwe brouwerij werd geopend op de plaats waar de ruïnes van de Abbaye D'Aulne staan.

OPEN
Trappist
Achel

Deze brouwerijen zijn veel kleiner dan elk van de brouwerijen die een regeling hebben getroffen met abdijen van andere ordes om voor hen te brouwen. Of de brouwerijen die gewoon een bier noemen naar een abdij die al lang van het toneel is verdwenen.
Ongeacht of de brouwerij in de abdij staat, eigendom is van de monniken of de orde financieel ten goede komt, de som van deze formules betekent dat er in België een veel sterkere band is tussen monniken en brouwerijen dan in om het even welk ander land.

MONNIKEN EN ALCOHOL

Vooral in protestantse landen zijn mensen vaak verbaasd wanneer ik het over bier heb dat door monniken wordt gemaakt. Zou het kloosterleven met zijn zelfonthouding wel kunnen samengaan met bier? Als ik die vraag hoor, ben ik toch altijd verrast. Niemand heeft er moeite mee dat kartuizermonniken de grootse likeur Chartreuse maken of dat de benedictijnen het recept zouden hebben geleverd voor de kleinere, naar hen genoemde likeur. Een benedictijnermonnik, Dom Pérignon, wordt bestempeld als de uitvinder van de champagne, maar dat is twijfelachtig. Sommige zeer bekende wijngaarden zijn eigendom van monniken, andere zijn dat geweest. En in het killige Groot-Brittannië maken de benedictijnen van Buckfast een pittige wijn. Waarom zouden monniken dan in hemelsnaam geen bier hebben?

De opening van de trappistenbrouwerij van Achel in 1998 was een historisch moment. De abt kijkt trots; brouwer Broeder Thomas heft het glas.

Er zijn veel verbanden tussen monniken en alcoholische dranken. In de tijd dat de enige reizigers pelgrims (of kruisvaarders) waren, waren de abdijen de enige hotels. Uiteraard moesten de gasten drinken bij hun eten. In een Zuid-Europese abdij zou de drank dan wijn zijn, vermoedelijk door de monniken zelf gemaakt, in het noorden zou het bier geweest zijn. In om het even welke grote nederzetting was een brouwerij even belangrijk als een bakkerij of keuken. Het water was vaak niet te betrouwen, maar niemand werd vergiftigd door bier (ook vandaag niet). Hoewel men het zich in die tijd niet realiseerde, was het bier veilig omdat het brouwwater gekookt werd.
Toen er nog geen algemeen onderwijs was, stond voornamelijk de kerk daarvoor in, en de abdijen waren werkelijk thuishavens voor de studie. Uit hen werden de grote universiteiten geboren. Niet alleen de oudste colleges van Oxford, maar ook de plaatselijke brouwerij zijn van monastieke oorsprong. Niet zo lang geleden was ik eens aan het proeven met een jonge novice in een trappistenklooster. Hij excuseerde zich voor een tweede glas, want hij moest nog een essay over Schopenhauer afmaken.

Vroeger waren de zoektocht naar medicijnen, het cultiveren van kruiden, de studie van de gisting en distillatie monnikenactiviteiten. Verscheiden monniken hebben in belangrijke mate tot de brouwwetenschap bijgedragen. De laatste jaren is het duidelijk geworden dat de bierproductie heel belangrijk is voor de abdijen om in hun behoeften te voorzien. Er zijn befaamde abdijen die kaas, wijn, brood of zoetigheden zoals noga produceren.

Reeds in de tijd dat de eerste heiligen zich terugtrokken in grotten, of heremijten, geïnspireerd door Christus' bezinning in de woestijn, heeft het voorzien in eigen levensbehoeften steeds centraal gestaan in de roeping.
Het moderne kloosterleven begon met Sint-Benedictus (480-547), en zijn regel "leef van het werk van uw handen" is een van de grondslagen van elke abdij. Sint-Benedictus' eigen gemeenschap, in Monte Cassino in Zuid-Italië, serveerde zonder twijfel wijn aan gasten, maar met de verspreiding van het kloosterleven begonnen de abdijen die zich in het noorden vestigden met het brouwen van bier.

De missionaris-monnik Sint-Columba heeft het over bier in zijn geloofsregels die in het begin van de 7e eeuw werden opgesteld. In de 9e eeuw waren er niet minder dan drie brouwzalen in de belangrijke abdij van Sankt-Gallen, in de buurt van Zürich. Volgens het plan dat bewaard is gebleven, was er een brouwzaal bestemd voor de kloostergemeenschap, een andere voor de gasten en een derde voor de pelgrims. Vandaag heeft Sankt-Gallen meer brouwerijen dan om het even welk ander kanton in Zwitserland. Oostenrijk bezit nog steeds twee abdijbrouwerijen. De ene wordt gerund door norbertijnen (vroeger gekend als premonstratenzers), de andere is eigendom van benedictijnermonniken (hoewel ze, verwarrend genoeg, de augustijnerbrouwerij wordt genoemd).

In de Duitssprekende wereld wordt een abdij een "Stift" genoemd (wat seminarie of klooster wil zeggen), of een "Kloster". Als men één van deze woorden op een etiket ziet, kan dit aanduiden dat het bier nog steeds in een abdij wordt gemaakt of dat dit het geval was in het verleden. De abdijbrouwerijen in het Duitstalig gebied hebben vaak als specialiteit een zwaar, donker bier. Van een echte aparte familie van abdijbieren, zoals die bestaat in de Lage Landen, is er echter geen sprake.

In Duitsland zelf, maar beperkt tot de katholieke Beierse staat, vindt men nog een twaalftal abdijbrouwerijen, die nog steeds door augustijner-, benedictijner- of franciscanermonniken uitgebaat worden (of, in twee gevallen, door nonnen). Ook in Beieren treft men nog verscheidene vroegere abdijbrouwerijen aan die niet langer uitgebaat worden door religieuze orden.

Rochefort dateert van ten minste 1230, maar was oorspronkelijk een klooster. Hier werd zeker al gebrouwen in de 16de eeuw, maar de Belgische trappistengemeenschappen werden pas opgericht na Napoleon. In 1880 namen de trappisten hun intrek in Rochefort.

Brouwerijen met namen als Augustiner, Spaten-Franziskaner en Paulaner, alle in München, getuigen nog van hun oorsprong. De naam München zelf stamt uiteraard af van het Duitse woord voor "monnik". De abdijengeschiedenis van deze stad en haar groei als brouwcentrum zijn met elkaar verstrengeld. Een voormalig benedictijnerklooster in Weihenstephan is de lokatie van de oudste brouwerij ter wereld en de bekendste universiteitsfaculteit voor brouwers. Abdis Hildegarde van Bingen was de persoon die zonder enige twijfel bevestigde dat hop werd gebruikt in bier. De Duitse jezuïtische brouwer Benno Scharl, geboren in 1741, publiceerde een standaardhandboek over brouwen niet langer geleden dan in 1814. Gelijkaardige verhalen vindt men over heel Europa, van Pilsen in de Tsjechische Republiek tot Hoegaarden in België, Faversham en Burton in Engeland, Belhaven in Scotland en Kilkenny in Ierland.
In België werd Orval gesticht als benedictijnerabdij; ze werd eerst gerestaureerd door de cisterciënzers en later door de trappisten. Hier werd in de vroegste tijden wellicht bier gebrouwen, in elk geval in de 18e eeuw, nog vóór de Franse Revolutie. Sommige ordes in België – onder meer de norbertijnen – brouwden vroeger bier, en één of twee ordes gingen daarmee door tot aan de Eerste Wereldoorlog.
Door de eeuwen heen zouden er in Europa vijf- tot zeshonderd abdijbrouwerijen zijn geweest. Vandaag zijn dat er nog nauwelijks meer dan een dozijn. Zes daarvan worden beheerd door de trappisten van de Lage Landen; andere Belgische ordes geven evenwel hun naam in licentie aan commerciële brouwers.

DE TRAPPISTEN

In 1997 voerden de zes Belgische trappistenkloosters die bier brouwen een zegel van authenticiteit in voor hun etiketten. Ze wilden duidelijk maken dat hun orde de enige is in België die nog haar eigen brouwerijen heeft. Ze zijn gevestigd in Achel, Chimay, Orval, Rochefort, Westmalle en Westvleteren. Er zijn ook trappistinenkloosters, waar eieren, brood en andere producten worden verkocht.
Drie of vier onder hen beschouw ik als wereldklassiekers. Zonder enige twijfel zou ik deze benaming voorbehouden aan Orval, Chimay Grande Réserve en Westmalle Tripel. Over de andere kan men van mening verschillen. Orval heeft slechts één bier, al is het wel in hoge mate uitzonderlijk. De andere hebben elk een gamma van twee of

drie bieren, hier en daar nog op alternatieve wijze gebotteld. Als men deze laatste speciale series meetelt, bezitten de zes trappistenkloosters samen wel twaalf tot twintig verschillende bieren.
Sommige trappisten zijn "sec", zoals de Orval en één bier van het Chimay-gamma, de meeste echter zijn relatief zoet. De meeste zijn ook donker, en één of twee hebben een gouden kleur, zoals de Westmalle Tripel. Ondanks al hun verschillen, hebben ze toch enkele gemeenschappelijke trekken. Het zijn allemaal zware bieren van verschillende graden; het zijn bieren van hoge gisting; alle exemplaren op fles hebben een tweede, soms een derde gisting in de fles en ze zijn allemaal fruitig van smaak. Verschillende trappisten gebruiken een proportie donkere kandijsuiker in de brouwketel, wat een distinctieve, rumachtige smaak geeft. Sommige bieren zijn gekruid, hoewel de monniken hierover minder prijsgeven dan andere brouwers. De meeste trappistenbieren hebben hun complexe smaak te danken aan een gisting op hoge temperaturen en verdragen een hoog alcoholgehalte. Ze verschillen aanzienlijk van de sterke gerstewijnen in de Angelsaksische landen.

Ondanks haar eigen terughoudendheid krijgt de brouwerij van Rochefort een hele aanhang onder de bierkenners. Chimay en Westmalle genieten een veel ruimere bekendheid.

De trappisten hebben nu een logo. (rechts)

In theorie zou men elk bier dat in een van deze zes kloosters wordt gebrouwen een trappistenbier kunnen noemen. In feite hebben de trappisten, indien niet een aparte stijl, toch een herkenbare familie van bieren gemaakt. Het is een van de belangrijkste bijdragen tot het wereldpantheon van bierstijlen, maar de trappisten aarzelen om deze eer op te strijken. Ze zijn bezorgd dat, indien hun trappistenbier als een bierstijl werd beschouwd, iedereen vrijelijk deze term zou gaan gebruiken ("Dit is onze pils, dit is ons aletype, dit is ons trappistenbier, ..."). Sommigen in de V.S. hebben al geploeterd in deze heilige wateren. Bierliefhebbers vrezen dat de monniken zichzelf de das zouden omdoen door een "Lichte Trappist" te lanceren. Voorlopig wenden ze zich liever tot het gerecht om hun identiteit te beschermen.

Misschien komt het door het feit dat zij de strengste orde zijn, en dus de meest gesloten, dat de trappisten zo effectief hun brouwtradities in stand hebben kunnen houden. Ze zijn tegelijkertijd ook de strengste aanhangers van de regel om enkel te leven van eigen land en hulpbronnen, wat ongetwijfeld hun brouwerijen in stand heeft gehouden, in tegenstelling tot andere orden die deze kunst hebben laten verloren gaan. In sommige gevallen werden de brouwerijen opgericht om de bouw en het onderhoud van de abdij te kunnen bekostigen, om plaatselijk werkgelegenheid te scheppen of om elders trappistengemeenschappen te helpen oprichten (er zijn er ongeveer 100, verspreid over 40 landen). Men ging er niet automatisch van uit dat de monniken zelf in de brouwerijen zouden werken. Toen Orval heropgebouwd werd, werkten er geen monniken in de brouwerij; later was dat wel het geval. Sommige kloosters waren meer zelfvoorzienend in hun arbeidskrachten. Door de groei van de brouwerijen in België moesten de kloosters efficiënter worden om concurrentieel te blijven. Dat betekent dat de monniken zich tijdens de laatste jaren verplicht hebben gezien om niet-religieus personeel in dienst te nemen. Door de diensten, gebeden en andere religieuze verplichtingen, en door de verplichte studie, kunnen monniken minder goed een brouwerij beheren volgens moderne werkschema's. Zij kunnen niet langer het bierbrouwen "erbij nemen", alsof het ging om tussendoor confituur maken. In alle gevallen is nog steeds een monnik eindverantwoordelijke voor de brouwerij. In sommige abdijen is de hoofdbrouwer nog steeds een monnik. In andere zijn sommige monniken of novices nog parttime tewerkgesteld. Sommige trappistenabdijen hebben een lichter bier, soms "Enkel" genoemd, zodat de monniken die dat wensen bij hun maaltijd een fles kunnen nuttigen. Op religieuze feestdagen mogen wel eens sterkere bieren gedronken worden, ook wel Double en Triple genoemd (de spelling varieert, zelfs binnen het Frans en het Nederlands).

Hoewel de trappisten tot de "zwijgende orden" behoren, hebben de monniken de toelating om te spreken wanneer hun werk dat vereist. Dat is een veel grotere beperking dan het lijkt. "Er is nooit een moment dat wij vrijelijk met elkaar kunnen praten," vertelde een monnik mij ooit, dankbaar profiterend van zijn toelating om mij als gast toe te spreken. Toen ik eens als gast voor een paar dagen in een klooster verbleef, viel zelfs het geluid van de kapstokken mij op, wanneer ik 's avonds mijn kleren ophing. Het was alsof ik de rust van de kloostergemeenschap verstoorde.

Nu zou een buitenstaander kunnen denken dat zulk een strengheid de rekrutering van novicen niet bepaald bevordert. Sommige kloosters nemen echter het tegenovergestelde standpunt in. Zij gaan ervan uit dat kandidaat-novicen rust zoeken, en dat een commercieel imago – abdijbrouwerijen en "aangeschoten" monniken – hen kan afschrikken. Toch wordt dit imago – hoewel de trappisten zelf het vermijden – gepromoot door sommige seculiere brouwers die met andere ordes overeenkomsten hebben gesloten om "abdij"-ales te brouwen.

Achel
Chimay
Orval
Rochefort
Westmalle
Westvleteren

HOOFDSTUK XIII

Trappistenbieren

Na een avondwandeling, voor het avondmaal, bij de kaas? Kies uw klooster.

ACHEL

De nieuwste trappistenbrouwerij, die haar deuren opende in 1998. Het is ook het enige monastieke brouwcafé ter wereld, dat aanvankelijk alleen bier in vaten maakte voor haar eigen café. Terwijl de andere trappistenabdijen een herberg hebben in de buurt, maakt het café in Achel deel uit van de hoofdgebouwen.
Het eerste wat mijn opviel, was een treffend contrast. De felverlichte toog binnen zou niet uit de toon vallen in een luchthavenhotel. Buiten was het binnenplein van de abdij omgetoverd in een terras waarop gezinnen een glas bier zaten te drinken. Ik had het gevoel dat de abdij het centrum was van haar dorpsgemeenschap, zoals in de middeleeuwen wellicht het geval was.

Om de zoveel minuten waren er wel klanten die de bron wilden bewonderen en naar binnen slenterden om hun neus tegen de glazen wand van de brouwzaal te drukken: verliefde paartjes, hand in hand, een tiener in een Nike-shirt, drie peuters die bleven plakken, schijnbaar gehypnotiseerd door de glimmende roestvrij stalen ketels.

De dichtstbij gelegen grote stad is Eindhoven in Nederland. Van hieruit is het zo'n 20 kilometer zuidwaarts, om het stadje Valkenswaard heen, tot de nauwelijks merkbare grens met België. Het domein van de abdij ligt op de grens, in het dorpje Achel, deelgemeente van Hamont. Eindhoven, met haar grote industrieën zoals Philips Electronics, heeft de hele streek een voorstedelijk tintje gegeven. Ooit was het verlaten heideland op de weg van Antwerpen naar Keulen. Cisterciënzermonniken spanden zich in om het gebied te bebouwen in de 12e eeuw.

De abdij is gewijd aan Sint-Benedictus, de vader van het kloosterwezen, maar heeft altijd tot de orde van de trappisten behoord. Het klooster werd opgericht in 1845 en had zijn eigen brouwerij tot de Eerste Wereldoorlog. De Duitsers haalden de ketels weg tijdens de Eerste Wereldoorlog om het koper te gebruiken voor hun wapens en sindsdien verdienden de monniken hun brood door een boerderij te runnen, met groenten, varkens en melkvee.

Naarmate de monnikengemeenschap ouder werd en nog maar moeilijk jongere broeders kon aantrekken (hoewel ze haar pogingen nooit heeft gestaakt), werd het leiden van de boerderij een last. De gemeenschap begon zich af te vragen of het geen tijd werd om opnieuw te gaan brouwen. Een van de monniken, broeder Titus, merkte op dat heel wat kant-en-klare pilsbieren "niet beter waren dan een glas water". Hij voegde er nog aan toe: "Het kloosterleven staat voor eenvoud, kwaliteit en kracht. Bier is dan ook het meest geschikte product voor een abdij."

De gloednieuwe brouwzaal werd geïnstalleerd in een ruimte waar eerder de melkerij was ondergebracht. De technische adviseur was broeder Thomas, die jarenlang hoofdbrouwer was geweest in de trappistenabdij van Westmalle in de buurt van Antwerpen en bekend stond om zijn eigenzinnigheid. Na zijn vertrek uit Westmalle vond hij onderdak in de buurt van Luik – in een nonnenklooster. Hij verzekerde mij dat zijn vertrekken goed gescheiden waren van die van de kloosterzusters. Maar waarom aan de andere kant van België? "Na 42 jaar als brouwer kon ik niet zomaar met pensioen gaan en om de hoek gaan wonen". Op "brouwdagen" had hij nu een rit van zo'n 110 kilometer naar Achel voor de boeg, maar hij sprak zorgeloos over snelheden van meer dan 160 kilometer per uur.

De glanzende roestvrij stalen brouwzaal in Achel trekt de aandacht van de bezoekers. Vier van de andere abdijen hebben een herberg in de buurt. Achel schenkt als enige zijn bier in de abdij zelf. Het is het enige trappistenbrouwerij-café ter wereld.

Het belangrijkste bier draagt de naam Achels Blond 4. Het nummer verwijst naar het percentage alcohol in volume. Het alcoholgehalte is dus veel lager dan dat van andere trappistenbieren die gewoon in de handel verkrijgbaar zijn, maar Broeder Thomas legde uit dat het bedoeld was "voor fietsers en wandelaars". Het is een gouden ale: met een fraai delicaat hopkarakter, van zijn kruidige aroma via lichtjes opkomende, florale smaken tot de zuivere droogte in de afdronk. Het wordt gebrouwen met Pilsener-mout alleen. De hopsoorten zijn Kent Golding, Hallertau-Hersbrucker en Saaz; ze worden in vijf keer toegevoegd tot een respectabele 33-37 eenheden bitterheid. Broeder Thomas zei dat hij "zuiverheid en subtiliteit" zocht en voegde eraan toe: "Het is voor drinkers, niet voor proevers." Hij deed vervolgens het onder brouwers populaire argument uit de doeken dat de drinker "enkele glazen" moet kunnen drinken, wat moeilijk is als de mout, de hop, de kruiden en de gist het bier te complex maken.
Ik zei hem dat ik niet akkoord ging met deze stelling (naar mijn mening smaken complexe bieren altijd naar meer), en vroeg hem of

die "enkele glazen" tot dronkenschap zouden kunnen leiden, wat de monniken zou storen in hun gebeden. "Van dit bier word je niet dronken!", antwoordde hij en hij sloeg op tafel.
Een sterker Achels Blond, met 6,0 procent alcohol, is beduidend romiger, met een vleugje vanille in zijn moutigheid, pompelmoes in het hopkarakter en een vermoeden van fruitige bananen. Dit bier was bedoeld "voor proevers" volgens de broeder.

De ware voor proevers? De goedaardig uitziende broeder Thomas ... eigenzinnig en duidelijk wanneer het over bier gaat.

De 5,0 procent zware Achelse Bruine, met een vleugje karamel, was lichtjes zacht en toastig toen ik hem proefde. Broeder Thomas legde uit dat hij nog geen donkere mout gevonden had die het karakter zou geven dat hij zocht.

Niet lang daarna moest de energieke Broeder Thomas een periode van ziekte doormaken. Zijn taken werden overgenomen door Broeder Antoine, die ondertussen met pensioen was gegaan in Rochefort. Ik kon bij hem terecht voor wat bier in vaten voor een etentje in Philadelphia en vroeg me af of Achel een bottellijn zou installeren. Ze zouden dan bieren kunnen produceren met de extra complexiteit van de rijping op fles, zoals de andere trappistenkloosters. Ik twijfel er niet aan dat de bierliefhebbers zo'n evolutie op prijs zouden stellen. Het abdijcafé is gesloten op maandag. Op weekdagen is het open van 11.00 uur tot 18.00 uur. In de weekends blijft het een uurtje langer open. (Tel.: 011-80.07.69).

CHIMAY

De bekendste en best verkopende trappistenbieren worden geproduceerd in de Onze-Lieve-Vrouwabdij. Ze staat op een heuvelrug, genaamd Scourmont, nabij het gehucht Forges, dichtbij de stad Chimay, in de provincie Henegouwen. De abdij met haar landerijen is gelegen in een bosrijk landschap, op loopafstand van de Franse grens. De officiële naam van het klooster is Abbaye de Scourmont, maar de bieren dragen simpelweg de naam "Chimay" en men vindt ze terug op heel wat markten. Chimay verkocht zijn bieren van in het prille begin en was ook de eerste Belgische trappistenabdij die dit deed. Chimay gebruikte ook voor het eerst de benaming "trappistenbier", tussen de twee wereldoorlogen.

De stad Chimay stond ooit bekend voor haar glasblazerij, nu is het een toeristisch centrum in dit deel van de Ardennen. Er wonen ongeveer 3.500 mensen en de kloosterbrouwerij, de coöperatieve melkerij en boerderij verschaffen heel wat werk aan de plaatselijke bevolking. De brouwerij maakt drie bieren, die soms wel in verschillende flessen

op de markt gebracht zijn, en men zou kunnen zeggen dat die verschillende flessen het karakter van het bier beïnvloeden. Een van de flessen is een standaardformaat met kroonkurk. Een andere is een wijnfles met kurken stop en draad. Het sterkste bier is ook al verkocht in een magnum. Zijn dat nu drie bieren of zeven? Omdat dit bier gebotteld wordt met suiker en levende gist, kent het een voortdurende ontwikkeling. Heel wat factoren beïnvloeden de smaak van het bier: de hoeveelheden suiker, gist en bier in de fles, de overblijvende lucht in de flessenhals, het schudden van de inhoud bij het transport en zelfs de poreusheid van de kurk. Men zou kunnen aanvoeren dat dit minder geldt in de kleinere standaardfles. Een tegenargument is dat CO_2 in het bier elke ongewenste zuurstof kan verwijderen juist door de poreusheid van de kurk. In ieder geval zijn er subtiele ver-

Het klooster van Chimay. De monniken zijn vastberaden hun rust en privacy te beschermen, ondanks het commerciële succes en de internationale reputatie van hun brouwerij.

schillen in de ontwikkeling van het bier. Het is niet wetenschappelijk bewezen – en we zijn allemaal gevoelig voor esthetische invloed – maar ik geloof toch dat het bier in de grote flessen een zachter, "donziger" karakter heeft. Deze verschillen komen nog het best tot uiting in de zwaarste bieren die de brouwerij produceert. Een brouwer die ik ken – een monnik van een andere abdij – gelooft dat alle bieren met een kurk moeten worden geopend vijf tot tien minuten vóór ze worden gedronken, zodat de CO_2 die met de kurk in contact is geweest, kan wegtrekken. Dit mag dan een overdreven verfijning lijken, maar de Belgen nemen hun bieren au sérieux. Zo zal een bier dat zo levendig is als de Chimay-producten zeker nog vol leven zijn na tien minuten in het glas.

"Sterk bier" was de enige reclameslogan op dit bord dat nu de muur van de proefkamer in de brouwerij siert. Het bier is nog altijd sterk, maar deze kwaliteit wordt niet langer aangehaald als verkoopsargument.

De stijl die men onmiddellijk verbindt met trappistenbrouwerijen is een gistig-fruitige, zoetige, zware ale, zacht, vol en diep in de mond, met een donkerbruine kleur en misschien een rood tintje. Twee van de Chimay-bieren beantwoorden perfect aan deze beschrijving en zijn er de bekendste producten van. Beide hebben zeer nadrukkelijk het "huiskarakter" van Chimay: een gekruidheid die sommige proevers aan nootmuskaat doet denken, andere aan jeneverbes en tijm. Ik geloof dat deze aromatische krachttoer het resultaat is van een zeer onderscheiden en uiterst robuuste gist, die ongelooflijk hoge gistingstemperaturen toelaat, zelfs tot 30 °C.
Eén van de twee bieren met dit "huiskarakter" is de zeer fruitige (zwarte bessen, muskaatnoot, vanille?) rode Chimay. De kleuren verwijzen naar de kroonkurk op de standaardfles of de "muilkorf" op het grotere type. Dit bier heeft een densiteit van 15,5 Plato (1063) en een alcoholgehalte van 5,5 % in gewicht, 7% in volume. Deze versie in een grotere fles noemt men ook de Chimay La Première. Ondanks de aanzienlijke densiteit is dit bier toch het minst sterke van de drie. Het heeft geen liggende bewaring nodig, maar volgens mij heeft het zo'n zes tot negen maanden nodig om verder te ontwikkelen en uit te ronden.

Sinds de brouwerij begin jaren '90 gemoderniseerd werd en de open gistkuipen vervangen werden door een gesloten systeem, is het bier "zuiverder" maar duidelijk ook minder complex geworden. Het zal complexer worden naargelang het verder rijpt in de fles.

In het midden van de reeks komt een bier met een heel andere stijl, de Chimay met witte kroonkurk. Dit bier werd ontwikkeld in de late jaren '60, als antwoord op klanten die op zoek waren naar drogere sterke ales. De Chimay met de witte kroonkurk is aangenaam geurig, veel droger en hoppiger, met een steviger mondgevoel, dunner door zijn alcoholgehalte, en met een dorstlessende zurigheid. Het is ook bleker van kleur, meer amberrood dan bruin. De densiteit is 17,35 (1071), met een alcoholgehalte van 6,3 % in gewicht en 8 % in volume. Dit bier werd eerst enkel in een grote fles gebotteld om de 500ste verjaardag van de stad Chimay te vieren, en droeg het etiket "Cinq Cents". Ook deze hoeft niet liggend bewaard te worden en bereikt het beste "sec"-karakter na een jaar.

De brouwketel als straatmeubel... Chimay was een pionier van wat stilaan een Belgische gewoonte wordt.

De Chimay met blauwe capsule is dan weer een terugkeer naar het meer typische trappistenbier, met 19,62 Plato (1081), 7,1 % gewicht en 9 % volume. In de grote fles komt het op de markt als Chimay Grande Réserve. Bij deze densiteit en zwaarte heeft het bier veel karakter, voornamelijk in zijn kruidigheid (een vleugje peper en sandelhout ook?), maar dit is iets verminderd in laatste jaren. Het is het antwoord van de bierwereld op een Zinfandel of een port. Dit bier ontwikkelt zich uitgesproken in de fles. De abdij schrijft twee jaar voor als voldoende, maar voor mij mag het nog ouder zijn. Het bier wordt het best bij 15-18 °C bewaard. Volgens mij dient men het ook het best op bij deze temperatuur. Alle drie zijn het zeer interessante bieren. De "witte" lijkt het meest geschikt als aperitief en om de typische, rijkelijk met azijn besproeide forelschotel "escavèche" te begeleiden, een gerecht dat in de streek reeds populair is sinds de Spaanse Nederlanden. De

abdij produceert ook een trappistenkaas, die het best smaakt bij de Grande Réserve. Maar bij dit bier wil ik ook altijd wel een Roquefort of een Stilton uitspelen.
Toen ik dit bier voor het eerst vergeleek met port, zag ik heel wat gefronste wenkbrauwen. Later werden er tests uitgevoerd om de ontwikkeling van Chimay in de fles over verschillende jaren te sturen. Na vijf jaar ontwikkelden er zich aldehyden die men ook in de port terugvindt. In het klooster heb ik eens een vijfentwintig jaar oude fles geproefd die uitgesproken "brut" was.
God moet de monniken van Chimay hebben toegelachen toen ze de vestigingsplaats voor hun abdij uitkozen in 1850. Toen ze twaalf jaar later besloten om er een brouwerij te bouwen, ontdekten ze dat het water onder hun land hiervoor uitermate geschikt was. Het water is opmerkelijk arm aan opgeloste bestanddelen van gelijk welke soort en dit heeft zeker een invloed op de zachtheid van de bieren. Men

gebruikt zesrijige wintergerst, meer bepaald de Plaisant-variëteit, vooral voor de schilachtige textuur die hij aan het bier geeft. De gerst komt uit de champagnestreek en uit Gembloux, en wordt in België gemout tot een specificatie met hoge enzymen. Men gebruikt ook Cara-München-mout en tarwe. De hopsoorten zijn overwegend Duits, en een Amerikaanse variëteit zorgt voor bitterheid, en dat sinds de jaren '60; in recente jaren is overgeschakeld op Galena. De temperaturen bij de primaire gisting zijn zeer hoog, tot 30 °C.
De bieren van Chimay in hun huidige vorm zijn veel verschuldigd aan

de grote Belgische brouwgeleerde Jean De Clerck. Na de moeilijkheden tijdens de Tweede Wereldoorlog kwam hij als raadgever naar de abdij om er de monniken te helpen bij de wederopbouw van hun brouwerij. Zijn raad was van onschatbare waarde voor pater Théodore, die de job van brouwmeester had gekregen. Toen De Clerck in 1978 overleed, werd hij begraven in de abdij. Het is moeilijk te zeggen wie hierdoor de meeste eer werd betoond, De Clerck of de brouwerij.

Ik ontmoette pater Théodore voor het eerst midden de jaren zeventig toen ik opzoekingen deed voor de eerste versie van mijn boek "The World Guide to Beer". Ik vroeg nogal zenuwachtig of mijn collega-fotograaf foto's van hem mocht nemen, terwijl hij voor zijn blinkende koperende ketels stond (die nu vervangen zijn door een moderne, maar minder attractieve brouwzaal). Met grote aarzeling ging Pater Théodore akkoord. De fotograaf nam één foto en de pater trok zich al terug, blij dat de vuurproef voorbij was. De fotograaf was verontrust, want hij had graag ten minste drie foto's genomen. Gelukkig deed die ene foto het heel goed en was hij ook voor ruime publicatie vatbaar. Toen ik in het begin van de jaren tachtig met een andere fotograaf kwam, was Pater Théodore wat minder schuw. Ik had toen de opdracht een artikel te schrijven over het monnikenleven voor het magazine "Sphere". Pater Théodore leidde ons rond door de abdij-

boerderij en landerijen en sprong nonchalant over een boomstronk, daarbij niet gehinderd door zijn wapperend habijt. Ik moest eraan denken dat hij toch in de zeventig was. Ik bleef enkele dagen in het gastenkwartier van de abdij en op een avond liet pater Théodore me enkele van zijn fijne "jaren" proeven. Toen hij me bloednuchter naar mijn vertrekken terugleidde, was ik me er opeens van bewust dat ik niet meer stevig op mijn benen stond en tegen de muren bonkte... Ik realiseerde me ook dat ik hem laat had doen opblijven en dat hij terug zou moeten opstaan voor de ochtendwake op een of ander onaards uur.

Zo herinnerde ik het mij, tenminste, maar achteraf bleek dat ik misschien wel meer had gedronken dan goed was voor mijn geheugen. Ik vermeldde het incident in mijn artikel, en enkele jaren later wees pater Théodore mij erop dat ik het bij het verkeerde eind had. "Ik heb u helemaal niet teruggebracht naar uw vertrekken. Het was pater Robert," verzekerde hij me.

Broeder Thomas, rondbuikig, met blozende wangen en joviaal, beantwoordde perfect aan het beeld van de vrolijke monnik. Hij leidde de brouwerij tot zijn overlijden in 2000 en wordt sterk gemist.

Enkele jaren later hoorde ik dat pater Théodore niet meer in zo'n goede gezondheid verkeerde. Toen ik er in 1989 aankwam om er een film te maken over de trappisten voor mijn tv-reeks "The Beer Hunter", was ik bezorgd over de toestand waarin ik hem zou terugzien. Tot mijn opluchting bleek hij even kwiek als altijd en speelde hij op het orgel in de abdijkerk. "Het doet me plezier u in goede gezondheid terug te zien," merkte ik op. "Dat komt door het Chimay-bier," grapte hij. Ik interviewde hem voor de film en vroeg hem naar de begindagen toen hij lange uren werkte aan het isoleren van de juiste gist voor de Chimay-bieren. Hij herinnerde zich "gewerkt te hebben met een benedictijnengeduld...".

ORVAL

De naam is afgeleid van de "Gouden Vallei". De legende wil dat een mooie gravin uit Toscane eens een gouden ring verloor in een meer in de vallei. Ze beloofde dat indien God haar de ring zou terugbezorgen, ze als dank een klooster zou bouwen. Toen een forel uit het meer opdook met de ring in zijn bek, moest de gravin haar belofte wel nakomen.

De abdij van Orval werd gesticht in 1070 door benedictijnen uit Calabrië en herbouwd in de 12e eeuw door vroege cisterciënzers uit de champagnestreek. Ze werd verschillende keren beschadigd door brand en oorlog en uiteindelijk geplunderd tijdens de Franse Revolutie. Louis XVI zou gearresteerd zijn toen hij op weg was naar Orval om er bescherming te zoeken. Naast de nieuwe trappistenabdij – die gebouwd werd tussen 1929 en 1936 – zijn nog steeds de ruïnes van het oude Orval te bezichtigen. De abdij werd gebouwd door de beste vaklui van die tijd en moest het honderdjarige bestaan van het moderne Koninkrijk België bekronen.
De huidige abdij, met haar Romaanse en Bourgondische invloeden, heeft verbazend zuivere lijnen. De visuele impact van de gebouwen vindt elke bierliefhebber terug in de krachtige smaak van een Orval. Beide worden verenigd in het elegante glas dat ontworpen werd door de architect van de abdij, Henry Vaes.

De volledige naam van de abdij luidt Notre-Dame d'Orval, hoewel die zelden wordt gebruikt. Ze staat alleen in haar vallei in de Ardennen, bij een bocht op de oude route van Trier naar Reims, niet ver van het stadje Florenville in de Belgische provincie Luxemburg. Het adres is Villers-devant-Orval, maar het gehuchtje omvat niet veel meer dan de ruïnes, de huidige abdij, het kasteel van een baron, een klein hotel, een herberg en een postkantoor. De belangrijkste gebouwen van de abdij kijken neer op een kunstmatig meer dat heel decoratief schittert tussen grasvelden en mooi gesnoeide struiken. Soms wandelt er een mediterende figuur langs, een monnik in pij. In zijn lange geschiedenis is Orval beroemd geweest voor zijn geleerden, vooral in de farmacie en chirurgie, maar zelfs voor zijn ijzersmeedkunst. (Ardens hout werd ooit omgezet in houtskool om er ijzer en glas mee te smelten). Een van de kleinere gebouwen van de kapel – het lijkt wel op een kapel – blijkt de brouwzaal te zijn. Er hangt een hypnotische rust over deze plaats, met zijn oeroude mozaïektrappen en beige betegelde muren, de koperstukken uit de jaren vijftig die ingezet zijn in de decoratieve mosterd-en-rode bakstenen tegels.
Bij elke oogst specificeert Jean-Marie Rock, de lekenbrouwer, de gerstvariëteiten die de mouterij moet gebruiken. Hij laat stalen mouten, kauwt op het graan om te proeven en neemt dan zijn beslis-

sing. Hij houdt zeer veel van Prisma, uit Beneden-Frankenland, maar de uiteindelijke keuze hangt elk jaar opnieuw van de kwaliteit af. De gerst wordt gekocht in verschillende landen en gemout in België. Een bijzondere specificatie van kristalmout is mee verantwoordelijk voor de oranjeachtige, zonnige kleur van het uiteindelijke bier (21–22 EBC). "De bleke mout mag voor mij niet te zacht zijn," zegt brouwer Rock, "de zachtheid moet van de kristalmout komen. De samenwerking van de twee geeft mij het bier dat ik wil maken. De kristal mag niet te rood zijn. Ik wil precies de juiste kleur, en daarvoor moet ik de mouters ernstig onder druk zetten".
Orval is een van de bijzonderste bieren ter wereld en het moutkarakter is een belangrijk element in die onvergetelijke persoonlijkheid. "Hier, proef wat mout," biedt Rock mij aan. Ik eet ervan terwijl we in de brouwerij rondkijken. De bleke variëteit is erg stevig en heeft een droge smaak, de kristal is zoeter, knerpend en nootachtig. Dan geeft hij me wat kandijsuiker, die nog steeds bereid wordt volgens de traditionele methode, namelijk kristallisering op draden. Het lijkt wat op versplinterd ijs.

Het water, uit de eigen put van de abdij, heeft een zeer hoog gehalte aan calciumcarbonaat. Dat is zeer zeker bevorderlijk voor de stevigheid en de bitterheid van het bier, hoewel die de laatste jaren een beetje is afgenomen. Het bier komt uit de ketel met een dichtheid van 13,4-13,7 Plato. Het brouwsel ondergaat een conventionele eerste gisting, bij 14-21 °C, in prachtig onderhouden, open vierkante kuipen in roestvrij staal. De primaire gist is vlokkig, een eencellige kolonie, zeer laag in esters, en hij wordt met de hand weggeschept. Dan is er een tweede gisting, bij ongeveer 15 °C, in horizontale cilindrische

De elegantste abdij is die van Orval. De huidige gebouwen werden ontworpen en gebouwd in de jaren 1920 en 1930.

tanks van roestvrij staal. De gist die hier gebruikt wordt, is een symbiose van wel tien kolonies die samen één cultuur vormen. Eén van die kolonies zijn de Brettanomyces. Zij doen er maanden over om de Orval tot rijpheid te brengen. Ze geven het bier niet alleen zijn typische "jutezak"- en "vers leder"-aroma, maar verbruiken ook suikers die gewone gist niet kan omzetten, wat het bier een licht, stevig mondgevoel geeft en het alcoholgehalte doet stijgen.

Het gebruik van Brettanomyces is niet typisch voor dit deel van België of voor trappistenbieren. Mogelijk werd het in de beginjaren van Orval geïntroduceerd door een brouwer uit Oost-Vlaanderen. Hij trok naar Orval toen zijn eigen brouwerij gesloten werd. De eerste officiële brouwer in Orval was een Duitser en het is onwaarschijnlijk dat die een dergelijke methode zou hebben ingevoerd.

De tweede gisting, die minstens drie weken duurt, gaat samen met het drooghoppen. Dit is noch typisch Duits, noch typisch Belgisch (hoewel de techniek populair is in Groot-Brittannië). Ook het drooghoppen bepaalt in belangrijke mate het karakter van het bier, vooral dan het aroma. De gebruikte hopvariëteit is veranderd in de loop der jaren. Rock heeft een voorliefde voor de Stiermarkse Goldings: "Die smaak! Ik ben er gek op! Die frisheid... droge frisheid." Ik herinner mij zijn voorganger, Roger Schoonjans, die zich enthousiast uitliet over de Kent Goldings "Die ondefinieerbare speciale smaak... die finishing touch."

Het bier wordt dan gebotteld zonder het te centrifugeren of te filteren, met een dosis hoofdgist en een beetje witte kandijsuiker. Het ondergaat dan een derde gisting in de fles, in de brouwerij, gedurende vijf tot negen weken. Op dat moment bereikt het bier een alcoholgehalte van 4,1 % in gewicht, 5,2 % in volume. Een jaar later kan dit gestegen zijn tot 5,7 gew., 7,2 vol. De complexe aard van het gistingsproces van dit bier en het potentieel om nog meer alcohol te ontwikkelen, hebben er ooit voor gezorgd dat de brouwerij zelf de sterkte van haar bier onderschatte.

Goed uitgerust maar traditioneel... Orval gebruikt nog altijd open gistkuipen.

Op het etiket wordt nu een gemiddeld alcoholgehalte van 6,2 % in volume afgedrukt. Wanneer het bier nog niet lang uit de brouwerij is, lijken het aroma en de smaak van de hop bijzonder peperachtig en verfrissend. Op een leeftijd van vier of vijf maanden krijgt het bij het uitschenken een enorme kraag. Na zes maanden beginnen de gistcombinaties meer wilde kenmerken aan het bier te verlenen, met duidelijke verwijzing naar de Brettanomyces en een lactische, citroenschilachtige zurigheid.

De huidige brouwer vindt zijn bier het best na zes maanden. Zijn voorganger vond één jaar beter: op die leeftijd is het volgens mij zeer droog en geparfumeerd, met een opmerkelijk romige kraag. Sommige drinkers wachten tot drie jaar. Na vijf jaar, ook de houdbaarheidsdatum die op het etiket staat om de bureaucratie te behagen, is het nog steeds een goed bier, maar heeft het heel wat verloren, vooral wat het hopkarakter betreft. Het moet rechtop bewaard worden op een goede keldertemperatuur van ongeveer 12 °C en zeer

Als een koffiefilter? Warm water stroomt door een bed van gemout graan – maar dan door een reeks afvoerbuizen. Deze zijn rond het vat geschikt, zodat de brouwer zeker is dat de stroom gelijk wordt verdeeld over het graanbed.

voorzichtig worden geschonken, om het bezinksel in de fles te houden. Het mag niet in de koelkast bewaard worden.

"De mensen willen niet dat ons bier elke keer precies hetzelfde smaakt," merkte Roger Schoonjans eens op. "Ze willen natuurlijk de "goût d'Orval", dat is zeker, maar ze willen ook over ons bier kunnen praten: ik denk dat deze wat hoppiger is, die van gisteren was afgeronder... In dat opzicht gaat het zoals met wijn." Ik denk zelf helemaal hetzelfde over bier dat hergist is in de fles, maar ik hoor het een brouwer niet zo vaak zeggen. De "goût d'Orval" is een term die Belgische bierliefhebbers vaak in de mond nemen. "Goût" kan men vertalen door smaak, maar dat woord lijkt me ongepast. Het heeft zeker evenveel met aroma als met smaak te maken. Sommige gastronomen ontdekken er salie in, maar in Orval zitten geen kruiden of specerijen. Komt het dan uiteindelijk van de hop, de mout of de gist? Alle drie zijn ze noodzakelijk om dit bier te maken, maar die onstuimige, aardachtige kenmerken van de gist lijken mij fundamenteel. Het is een bier met een zeer toegewijde aanhang. Tijdens een van mijn vorige bezoeken vertelde de toenmalige verantwoordelijke, pater Bruno, mij: "Wij zien onze verkoopcijfers graag stijgen, maar voelen geen enkele verplichting om boven onze huidige capaciteit uit te groeien. Wij leven in eenvoud. Het klooster is aantrekkelijk en mooi, maar dat komt gewoon door de stijl van die tijd."
Terwijl we over de binnenplaats van de brouwerij wandelden, was

men een vrachtwagen aan het laden met behulp van een vorklift. Pater Bruno stelde mij voor aan de chauffeur van de vorklift: "Dit is broeder Dominic." Hij droeg duidelijk een habijt onder zijn overall. Hij lachte naar me en gaf me een hand.

Pater Bruno werd opgevolgd door een wereldlijke directeur, Jacques Petre, een econoom. Hij vertelde me dat de mogelijkheden tot uitbreiding zeer beperkt zijn. "Voor de paters moet Orval in de eerste plaats een abdij zijn, geen brouwerij."

Als een theebuiltje? Een kruidentuiltje is misschien een toepasselijkere vergelijking. De hop is al toegevoegd in de brouwketel en nu volgt een extra dosis. Deze zak in neteldoek, gevuld met hop, wordt in de rijpingsvaten gehangen. Zo wordt het laatste vleugje hoparoma en smaak verkregen.

Toen ik met hem door de abdij liep, ontmoetten we de jonge, dynamische abt Dom Eric Dion, die in deze functie werd verkozen op de dag van zijn priesterwijding. Voor hij monnik werd, was hij jurist. Bij een van zijn bezoekjes aan de brouwerij merkte hij eens op: "Maakt u de mensen gelukkig, ik zal ze heilig maken." In weekends in de zomer komen de mensen van heinde en ver om 's middags vleeswaren te eten in de herberg A l'Ange Gardien" (tel. 061–31.18.86), een minder passend gebouw uit de dertiger jaren, aan de zijkant van de landerijen voor de abdij. Ze kunnen wandelen aan de vijver en in de abdijwinkel de producten kopen die door de monniken gemaakt zijn: bier, kaas, brood en honingsnoepjes, die nu door pater Dominic worden vervaardigd. Devote mensen kunnen er religieuze boeken kopen, en wie goed zoekt, vindt er ook wel eens een boek over bier.

Het is niet altijd gemakkelijk om tradities, zij het van kloosterorden of niet, te verzoenen met de moderne tijd van nu. Jaren geleden ontving ik eens een promotiefolder van Orval, die de abdij en haar bier beschreef. De tekst vermeldde dat het bier niet kon worden geëxporteerd omwille van de levende gist die het product onvoldoende stabiel maakte. Een jaar of twee later kreeg ik dezelfde folder, maar deze paragraaf was eruit geschrapt. De waarheid is dat bieren met hergisting op de fles wel kunnen worden uitgevoerd, maar men moet ze wel met meer zorg behandelen. Ondertussen is de productie van Orval aanzienlijk toegenomen. Het bier is iets toegankelijker en iets minder sober geworden, maar het blijft een van de meest aparte brouwsels ter wereld.

ROCHEFORT

Misschien de minst bekende van de trappistenbrouwerijen is Notre-Dame de Saint-Rémy, dicht bij de kleine stad Rochefort, in de Ardennen, in de provincie Namen. Alle trappistenbieren zijn er in de donkere, zoetige stijl en ze zijn zeer typisch. Ik heb ze altijd hoog ingeschat en de

Rochefort: hier stond al een klooster in 1230, de oudste gebouwen dateren van de 17e eeuw, en de trappisten namen hier hun intrek in de jaren 1880.

laatste jaren zijn ze zelfs nog beter geworden. Ze hebben vooral een zeer goede smaakontwikkeling van de aanhef tot de afdronk.

Tijdens mijn vele reizen heb ik alle trappistenbrouwerijen minstens éénmaal bezocht alvorens eindelijk de Rochefort-abdij te zien. Onder deze naam staat ze het meest bekend. Het probleem was niet de geografische bereikbaarheid.
Vanuit Brussel is het een gemakkelijke rit, zelfs langs de schilderachtige route door de gerst- en-moutstad Gembloux, vanwaar men afdaalt naar de rotsachtige bedding van de Maas in Namen en Dinant. Vandaar naar het oosten, waar de Maasvallei klimt naar het midden van de Ardennen. Als de wegen in de heuvels kronkelen, ziet men in elke bocht een bord dat naar boerderijproducten verwijst: "oeufs frais, fromage de chèvre, lapin, foie gras, ...".

Zoals in de meeste steden in de Ardennen vindt men in Rochefort talloze "charcutiers", bakkers en "chocolatiers". Enkele mijlen naar boven langs een landweg, met wouden aan de ene kant en een vergezicht met rollende heuvels aan de andere, typisch voor de Ardennen, staat het klooster. Sommige trappistenkloosters weten dat bezoekers van de streek hun bier willen proeven en zorgen daarom voor de aanwezigheid van hun bieren in een nabije herberg, maar Rochefort heeft zo geen herberg.

Alle kloosters zijn terughoudend om bezoekers binnen hun muren te ontvangen. Elke abdij heeft wel eens de reputatie gehad om de meest geslotene te zijn. Met de aanwijzing van een nieuwe abt kan deze reputatie veranderen in de een of andere richting. Rochefort is sinds vele jaren bekend voor zijn afzondering, maar voert de voorbije jaren een veel opener politiek, althans wat haar brouwactiviteiten betreft.
Toen ik eindelijk arriveerde, werd ik onthaald door een grijsgebaarde monnik die niet op de hoogte leek van mijn bezoek. Hij haalde broeder Antoine erbij, die voor het werk een zwarte trui en donkerblauwe katoenen broek droeg. Broeder Antoine vertelde me dat Saint-Rémy dateerde van voor 1230, toen het nog een gewoon klooster was. In 1464 werd het een monnikenabdij en in 1595 werd er voor het eerst gebrouwen. In die tijd werd er gerst en hop op de gronden geteeld. De oudste delen van de huidige abdij dateren van de 17e eeuw. Na de Napoleontische periode werd de abdij gerestaureerd in 1887, de brouwerij in 1899. Een plaat met Sint-Arnoldus, met een roerstok, overschouwt de brouwzaal die dateert uit 1960. Deze is traditioneel ontworpen, uit koper, gezet in een beige tegel. Er zijn glasramen en potplanten dragen een decoratief steentje bij.

Broeder Antoine (hierboven) ging met pensioen ...
en verhuisde naar Achel om daar een handje toe te steken. Zijn opvolger in Rochefort, pater Pierre, geeft toe dat hij "een vleugje koriander" gebruikt.

De bieren worden gebrouwen uit twee Pilsener-mouten en een Münchener-type op basis van gerst helemaal uit Australië, Portugal en Polen, met donkere kandijsuiker in de ketel. De hopsoorten zijn Duitse Hallertaus en Stiermarkse Goldings, die tweemaal toegevoegd worden. Twee gistculturen worden gebruikt. Dezelfde twee culturen worden in de primaire en de secundaire gisting gebruikt. Witte kristalsuiker wordt dan bij het bottelen toegevoegd. "Twee van de bleke mouten, twee suikers, twee hopvariëteiten, twee gistculturen, ...twee van dit en twee van dat ... We houden het graag simpel," lachte broeder Antoine. Sommige fijne bieren lijken op een gecompliceerde manier gemaakt en andere dan weer op een heel simpele. Dit is zonder twijfel zo, maar men kan dit niet analytisch uitleggen. Brouwen is zoals koken: er bestaat geen "beste" manier. De brouwers die het op hun eigen manier doen, doen het op de beste manier. Kennis is essentieel, welke benadering er ook is, maar een gevoel voor bier en een respect voor bier zorgen uiteindelijk voor de beste brouwers.

Broeder Antoine toen hij nog wat jonger was, controleert de wortstroom. In het vat zitten draaiende harken die het graanbed omroeren om verstoppingen te vermijden. Soms zijn er problemen: brouwers hebben het dan over een "geblokkeerd beslag".

Zoals vele Belgische brouwers, en niet alleen in abdijen, had broeder Antoine een kruisbeeld dat over zijn ketels waakte en een ander exemplaar in zijn bureau. Ik kon er moeilijk naast kijken dat de rekken in zijn kantoor zowat 400 bierglazen, stenen bierkroezen en flessen uitstalden. Hij stelde dat de Rochefort-bieren het best worden geproefd bij 12–14 °C. Elk bier verschilt door zijn gewicht volgens het oude gradensysteem, dat nu wat in onbruik aan het geraken is. Zo worden de bieren nu gewoonweg "zes", "acht" en "tien" genoemd. "Dat is handig," merkte broeder Antoine op, want ze zijn klaar voor consumptie op zes, acht en tien weken." De brouwerij laat de bieren hergisten in de fles zodat ze de consument in optimale conditie kunnen bereiken. Sommige toegewijden laten het zwaarste bier nog twee maanden liggen...

Rochefort 6 (6 % alcohol in gewicht en 7,5 % in volume) heeft een roodachtige kleur van herfstbladeren, een zacht gevoel in de mond en een aardachtig, kruidig palet (mogelijk een verwijzing naar Darjeeling-thee?). Het bier evolueert naar een diepe fruitigheid. Rochefort 8 (7,3 % in gewicht, 9,2 % in vol.) heeft een meer geelbruine kleur, een assertiever palet ook, met nog meer fruit in de smaak (iets van vijgen?) en een tikkeltje extra cake-achtig, demi-sec karakter om de afdronk nog meer te balanceren. Rochefort 10 (9,0 % in gewicht, 11,3 % in volume) heeft een diepe roodbruine kleur en een dichte kraag. Het smaakt wat stroperig in de mond en heeft een uitgesproken fruitig palet (peren, bananen, duidelijk grondachtige smaken), met een zweem van bittere chocolade in de lange, warme afdronk.
Als de smaakbeschrijvingen van deze bieren u in de oren klinken als deze van een maaltijd, dan komt dat goed uit, want het is ook wel van

toepassing. De stelregel dat bier "vloeibaar brood" was, kende niet alleen opgang tijdens de vasten, herinnerde broeder Antoine zich. Het was absoluut noodzakelijk om het dieet in evenwicht te houden. "Zonder het bier zouden de trappisten doodgegaan zijn." Traditioneel aten de trappisten zelfs geen kaas of vis. Die regels zijn in de loop der tijden wel versoepeld, maar de trappisten geven de cisterciënzen toch nog steeds de bijnaam "vleeseters". Vandaag drinken de broeders in Rochefort hun bier nog enkel op hoogdagen en op vrije dagen, hoewel broeder Antoine het had over een bepaald lid van de gemeenschap dat graag een glas nam om 10 uur in de ochtend. Dergelijke onthouding verloste hem van de taak een lichter "tafelbier" te brouwen, zoals men in sommige abdijen vindt. Broeder Antoine zei dit wel niet zo, maar ik heb het gevoel dat hij blij is dat hij zo'n tafelbier niet hoeft te maken. Ik denk niet dat hij dat als een volwaardig bier zou beschouwen.

Hij vertelde me dat er 25 monniken in de abdij waren, en dat vier van hen in de brouwerij werkten, samen met 5 lekenarbeiders. De monniken hebben de belangrijke taak om elke morgen een nieuw brouwsel op te starten. Brouwers beginnen vroeg, monniken nog vroeger. In Rochefort staan ze om kwart over drie op en het brouwsel is al aardig op weg als ze om zeven uur in de ochtend naar de hoogmis gaan.

WESTMALLE

De gouden Tripel van Westmalle heeft in de loop der jaren talloze imitators geïnspireerd, maar weinige kunnen zijn complexiteit evenaren. De volledige naam van de abdij luidt "Onze-Lieve-Vrouw van het Heilig Hart". Ze bevindt zich achter olmen en hoge muren in een net, vlak landschap dichtbij het dorp Westmalle, ten noorden van Antwerpen. De abdij werd gesticht in 1794 en er wordt van gezegd dat de broeders hun eigen bier brouwen sinds 1836. Het bier werd echter niet verkocht voor 1870 en aanvankelijk dan nog alleen in het dorp.

De meeste gebouwen van de huidige abdij dateren van rond 1900. Tegen de jaren 1920 was het brouwen van bier een commerciële aangelegenheid geworden en het gebouw met de brouwzaal is duidelijk in een stijl van de jaren dertig. De ketels zijn van koper, gezet in platformen met een decoratief patroon van blauwe, rode en herfstkleurige tegels.

De brouwketel wordt verwarmd met rechtstreeks gasvuur in de plaats van stoom, wat gebruikelijker is. Dit "vuurbrouwen", zoals het soms wordt genoemd, produceert hete plekken in de ketel, die op hun beurt de mout zacht karameliseren. Dit veroorzaakt het vleugje toffee en aromaat in de kwaliteit van Westmalle, een traditionele eigenschap van sommige trappistenbieren.

Het aanzicht van de brouwerij veranderde niet zo drastisch bij de modernisering in 1991-1992, al werd er toch één kuip gewonnen door toevoeging van een beslagfilter ter vervanging van de filterkuip. Nu zijn er twee brouwketels, maar het systeem van directe verwarming met gas is in stand gehouden, althans voorlopig. De brouwerij denkt, en ik ben het daarmee eens, dat dit systeem bijdraagt tot het moutkarakter van haar bieren, maar maakt zich wel zorgen over slijtage aan de onderkant van de ketels. Er werden eerder ook al enkele experimenten gedaan met een stoomsysteem. De brouwerij produceert drie bieren: de "enkele", de "dubbele" en de "triple". De Enkele, nu bekend als de "Extra", heeft ook een gouden kleur en is aangenaam delicaat van karakter. Hij is zeer eetlustwekkend en voor mijn smaak wat zoutig. Het water van de brouwerij is nogal hard, wat beter past bij de blekere ales. De Extra wordt gewoonlijk gemaakt met een bescheiden densiteit, voor het eigen gebruik van de monniken. Hij werd ook in meer dan één versie gemaakt en met een hogere alcoholgraad verkocht buiten de abdij. Westmalle produceert bij gelegenheid ook experimentele bieren.

Toen de beroemde Tripel werd voorgesteld, was de gouden kleur, met misschien een bronsschaduw, nieuw in een sterk bier van hoge gisting. Hier doet de kleur het AW-logo (Abdij van Westmalle) mooi naar voor komen. Het insigne is, net als de brouwzaal zelf, in de stijl van de jaren dertig.

Bij de 150e verjaardag van de brouwerij liet de abt een herdenkingsbrochure uitgeven met enkele interessante gebruiksaanwijzingen voor het bier: "Tegen een gebrek aan eetlust, drink één glas Tripel een uur voor de maaltijd; tegen slapeloosheid, drink één Trappist." Het leukste vond ik het voorschrift tegen stress: "Twee glazen Trappist verminderen de stress met 50 %". Amper enkele jaren later is het niet meer mogelijk dit soort suggesties nog te geven. (In Amerika probeerde een brouwer een analyse van zijn bier in veertien punten te publiceren. Deze analyse bevatte percentages van "negatieve" elementen zoals natrium en "positieve" zoals proteïne en drie vitamines B; het werd hem door de wet verboden).

Alle drie de normale bieren bevatten zomermouten van verschillende origines, zoals Beneden-Frankenland en Beauce-Gatinais (de streek ten zuiden van Parijs, in de richting van Orléans). De variëteiten verschillen van jaar tot jaar, afhankelijk van de kwaliteit. Toen hij technisch directeur van de brouwerij was, had broeder Thomas een speciale voorkeur voor de Gatinais-gerstemout, vooral omwille van de zachtheid. Tijdens een discussie over mout uit een andere streek, die zeer in trek was bij andere brouwers, vroeg ik hem of hij niet dacht dat die misschien een klein beetje harder was. "Die is brutaal," antwoordde hij, met een slag op tafel. Ik ontmoette broeder Thomas voor het eerst toen hij 59 jaar oud was. Tien jaar later zag ik hem terug. Hij sloeg nog altijd op tafel en af en toe moest hij zelf lachen om zijn opwinding. Kort daarop, op de leeftijd van 70 jaar, ging hij

met pensioen en gaf zijn verantwoordelijkheden door aan leek Jan Adriaenssens, die al tien jaar lang zijn collega was. Deze overgang heeft echter niets veranderd aan de specificaties van het bier.
De Dubbel, met een densiteit van 15,7 Plato (1063), heeft ook een donkere mout en donkere kandijsuiker. Dit bier heeft een alcoholgehalte van 5,2 % in gewicht en 6,5 % in volume. Het heeft een roodachtige, diepbruine kleur, een zacht mondgevoel en een palet dat moutig en chocolade-achtig is en dat met wat banaan en passievrucht uitmondt in een droge afdronk. De Tripel heeft een densiteit van 20 Plato (1080) en wordt gemaakt met een bleke kandijsuiker. De beroemde goudkleur registreert 12-13 op de EBC-schaal. Het bier heeft een dichte, witte schuimkraag die heel wat kantwerk achterlaat in het glas. Het is zeer aromatisch en romig in de mond (bijna als zandkoekjes), met een banaan- en sinaasachtige fruitgevoel in zijn diep, complex smaakpalet. Wanneer het bier nog jong is, kan de banaan te assertief zijn. Nadat het een tijdje heeft gerijpt op fles, is het samenspel tussen mout, hop en fruit prachtig.

Over de hele lijn heeft de Tripel op de achtergrond een eetlustopwekkend hopkarakter. In een bier met zo'n overweldigende kracht drukken de 35-38 eenheden bitterheid eerder ingehoudenheid dan punch uit. De eerste keer dat ik de brouwerij bezocht, gebruikte men Engelse Fuggles, verscheidene Duitse variëteiten en Saaz uit de

De bomen schermen het klooster af en verlenen het toch nog enige privacy, ondanks het commerciële succes van de brouwerij op het domein.

Tsjechische republiek. Tijdens een volgend bezoek lag de nadruk op Stiermarkse Goldings, Duitse Tettnangers en Saaz, "samen met andere". Het zijn allemaal aromavariëteiten, maar broeder Thomas was bang zijn juiste hopformule prijs te geven. Later vermeldde hij nog drie andere variëteiten. Hij was ook fier dat de brouwerij uitsluitend hopbellen gebruikte in de plaats van pellets. De hop wordt driemaal toegevoegd, steeds in de ketel. De Tripel heeft op het einde van zijn

Broeder Benedikt en brouwer Jan Adriaensen zijn duidelijk trots op de nieuwe bottelzaal die werd geopend in 2001. Westmalle deed heel wat inspanningen en kosten om de geluidshinder te beperken.

brouwproces een alcoholgehalte van 7,2 % in gewicht, 9 % in volume. Na de eerste gisting hebben de bieren een lange, trage tweede gisting: drie weken voor de Dubbel en vijf voor de Tripel, bij 8-10 °C. Dit is een zeer belangrijk onderdeel van het productieproces. Vervolgens worden de bieren gefilterd, gesuikerd en opnieuw gegist. In beide fasen wordt dezelfde gist gebruikt. Dan volgt er een warme gisting in de fles, twee weken voor de Dubbel en drie voor de Tripel, op 21 °C.

Volgens broeder Thomas bereikt het bier zijn hoogtepunt tussen drie en zes maanden. Na twee of drie jaar wordt het meer aromatisch, en hij had ooit eens bijzonder genoten van een exemplaar dat tien jaar oud was geworden.

"Hou wat bier bij gedurende vijf of zes jaar en maak er dan een sabayon mee. Dat is gewoon het einde!" (Hierbij sloeg hij met zijn glas op tafel. Het bleek een prachtig kristallen glas, met een bloem erin gegraveerd, maar dat scheen hem niet te deren.) Ik protesteerde dat ik me waarschijnlijk niet zolang zou kunnen inhouden om het open te doen. "Goed, maar drink het dan bij asperges. Westmalle Tripel is perfect bij asperges. Welke wijn gaat er bij asperges? Moeilijk, niet?"

(Andermaal gevolgd door een dreun op tafel). Het gesprek kwam nu op gastronomie. "Het juiste voedsel in je bord krijgen, is een kunst. Gewoon de aardappelen juist koken is al een kunst." (Weer een dreun.) "Het bier juist krijgen is een kunst. Het is de brouwer die goed bier maakt, niet de installatie. Je moet een gevoel voor je bier hebben... Weten wat je ruikt, wat je proeft." (Nog een dreun.) "Het is ook een kwestie van bij je ketel te blijven."
"Een van de existentialisten zei: "Weet wat je denkt." En dat is belangrijk. In de moderne tijd van nu weten we soms zo veel dat we niet meer weten wat we denken."

WESTVLETEREN

De lancering van de Westvleteren Blond in 1999 was een antwoord op een voor de hand liggende vraag: waarom zou een beroemde brouwerij met uitzicht op hopakkers deze plant niet naar de voorgrond halen? Dit nieuwe gouden bier, met een alcoholgehalte van 4,6 % in gewicht (5,8 % in volume) heeft een krachtig aardachtig, kruidig aroma, een licht, stevig mondgevoel en een sterk de eetlust opwekkende hoppige bitterheid.

De abdij van Sint-Sixtus ligt in Westvleteren, bij Ieper en de hopstad Poperinge, in West-Vlaanderen. Het is gemakkelijker de hop naar voren te halen in een gouden bier dan in een donker. De moutsoorten die nodig zijn om donker bier te maken, hebben gewoonlijk een overheersende smaak.

De reden om de Blond te maken, was een nieuwkomer te hebben in wat de laatste jaren was uitgegroeid tot een populaire categorie. Ik vond het een prima idee, maar hoop toch dat Westvleteren zijn donkere bieren, die hun eigen aardachtig moutkarakter hebben, niet zal verwaarlozen. Een criticus bestempelde de producten van Westvleteren ooit laatdunkend als "boerenbieren". Dat is nu net hun charme: ze zijn stevig, eerlijk en gezond.

De trappistenbieren die het moeilijkst te vinden zijn, zijn die van Westvleteren. Er is geen distributie. Cafébazen en winkeliers moeten hun bier gaan halen ... en het is gerantsoeneerd.

De abdij dateert van 1831 en acht jaar later begon ze te brouwen. Ik herinner me dat ik het klooster eens bezocht op een van die dagen dat Vlaanderen erbij ligt alsof het met olieverf op linnen is geschilderd: regenboogkleurig licht over het platte land, doorspikkeld met bruine koeien en boerderijtjes met rode pannen. Vanop de oprijlaan lijkt de abdij wel de meest rustieke van alle trappistenkloosters, met dooreenlopende stijlen. Soms doet ze aan een landelijk treinstation denken, dan weer aan de Italiaanse stijl van tussen de wereldoorlogen. In schril contrast hiermee staat er een moderne kerk, die men niet onmiddellijk opmerkt. Op het onderste trapje van de brouwerij stond er een figuur in overall en groene Wellingtonlaarzen me op te wachten, enthousiast wuivend om mijn aandacht te trekken. Het was broeder Daniël, de brouwer.

"Laat me mijn gevechtskledij uittrekken," zei hij. Hij was toen 33 jaar oud, kandidaat in de filosofie en had vroeger Frans onderwezen in het toenmalige Zaïre. Daar had hij zich zowat een "vluchteling" gevoeld van de broederschap in het klooster. Tien jaar was hij in de abdij geweest, waarvan zeven als brouwer. De vorige brouwer had hem de stiel geleerd en hij was begonnen in het laboratorium. Ondanks zijn vertrouwdheid met de plaats stootte hij toch zijn hoofd tegen een buis toen hij me rondleidde. Hij was net opgehouden met me te verzekeren dat hij niets had toen ik het mijne stootte. "Dat is hier een stukje industriële archeologie", lachte hij, met een zekere trots en gevatheid. Hij vertelde me dat de brouwzaal dateerde uit 1900, maar volgens mij is het wellicht iets later. De ketels met schotelvormige deksels zaten verzonken in baksteen. Dit was een typisch

ontwerp in oude, ambachtelijke brouwerijen in België. Tijdens dit bezoek dronk ik een tafelbier van 4 graden bij de lunch. Van de monniken wordt verwacht dat ze het bij één fles van dit bier per dag houden. "Is dat niet moeilijk?" vroeg ik aan broeder Daniël. "Zeker weten!" Daarop vertelde hij me dat een studententijdschrift had geschreven dat het sterkste bier van Westvleteren een afrodisiacum was...

In 1997 bracht ik opnieuw een bezoek aan Westvleteren. Ik ontmoette er pater Paul en pater Godfried, die iets terughoudender leken. Ze lieten me een brouwerij zien in roestvrij staal, van zeven of acht jaar oud, met twee ketels.
De nieuwe brouwerij bevindt zich in de voormalige moutschuur. Ze werd volledig heropgebouwd in haar oorspronkelijke, zowat honderd

jaar oude stijl, mét trapgevel, en witgekalkt. Vanuit de boogvensters zie je uit op de landbouwgrond, en in de verte zie je een hoptuin.

De mout wordt nu opgeslagen in silo's. Er wordt alleen bleke mout gemaakt, met witte en bruine suiker. De eerste stroom uit het beslagvat gaat naar de ene ketel, om een sterk bier te bereiden, de tweede stroom naar de andere ketel, voor een bier met een lagere densiteit. Dit is een heel traditionele methode. Daarbij worden Northern Brewer-hopsoorten gebruikt en gist van Westmalle.

Het bier wordt niet gecentrifugeerd of gefilterd. Tijdens de rijping laat men de eiwitten en de gist bezinken. Het bier wordt dan hergist op fles. De brouwerij heeft zich altijd verzet tegen "verfijningen" als etiketten en vermeldt de zwaarte van de bieren alleen op de kroonkurk. Door de toenemende reglementering op verpakkingen zal deze minimalistische aanpak in de nabije toekomst niet meer mogelijk zijn. Het bier van 8°, met een blauwe kroonkurk, heeft een grote, stevige schuimkraag en een bourgognerode kleur. Het is fruitig en zoet, met een vleugje pruimenbrandewijn en chocolade (6,4 % alcohol in gewicht, 8,0 % in volume). Het 12°-bier, met gele kroonkurk, heeft een romig aroma en een rijk, rozijnachtig, karamelachtig en moutig smaakpalet, met een lange afdronk en een mahoniebruine kleur. Het heeft een alcoholgehalte van 8,8 % in gewicht, 11,0 % in volume of meer. Ik heb analyses gezien die varieerden van 10,5 % in volume tot 11,5 %, maar dat gebeurt wel vaker met bieren die nog verder uitgisten in de fles.

Westvleteren is de kleinste trappistenbrouwerij en brouwt traditioneel “maar zoveel als we nodig hebben om van te leven”. Het bier wordt niet verdeeld. Winkeliers, café-eigenaars en particulieren kunnen het komen kopen aan een loket in de abdij. Wie naar de abdij belt (057-40.10.57) krijgt via een opgenomen boodschap te horen welk bier op dat ogenblik verkrijgbaar is. Is het de 12°, dan staan de auto's al lang vóór het openingsuur (10 uur) aan te schuiven. Elke wagen mag maximum tien kratten meenemen. Toch is er ooit iemand in geslaagd voldoende bier te vergaren om naar de Verenigde Staten te verschepen, zijn eigen etiketten erop te kleven met de naam van de brouwerij (correct, maar zonder toelating) en in de handel te brengen.Tegenover de abdij ligt “De Vrede”, oorspronkelijk een café maar nu een “ontmoetingscentrum”. Het bier wordt er uiteraard per glas geschonken.

Affligem
Corsendonk
Grimbergen
Leffe
Maredsous
St Feuillien
Val-Dieu
Tongerlo

HOOFDSTUK XV Andere abdijbieren, met proefnotities

Abdijbieren

Hef een kelk in de refter of in de ruïnes. Of drink op uw beschermheilige.

Dat de trappisten over hun eigen brouwerijen beschikken, mag hen er dan al toe aanzetten om de meest aparte bieren van België te brouwen, maar betekent nog niet dat het ook allemaal grote bieren zijn. Terwijl de trappisten hun eigen beslagvaten en ketels koesteren, doen ordes als de benedictijnen en de norbertijnen voor hun bieren een beroep op seculiere brouwers. Deze ordes hadden in het verleden hun eigen brouwerijen, wellicht tot aan de Franse Revolutie of uiterlijk tot aan de Eerste Wereldoorlog. Ze zien hun bieren als middel om hun onderhoud en hun werk te financieren. Sommige abdijen hebben vlakbij een taveerne waar het abdijbier geserveerd wordt.

De abdijbieren zijn typische sterke ales met hoge gisting: moutig, fruitig en zeer rond. Soms wordt bij de bereiding kandijsuiker gebruikt. Vaak omvat het gamma een donkere "Dubbel", een blond bier en een sterke goud- of bronskleurige "Triple". Sommige bieren – meestal de Triple –hergisten op fles. De Blond- en de Triple-bieren zijn het voorbije decennium aanzienlijk populairder geworden.

Er zijn in België minstens 70 abdijen, kloosters en begijnhoven, waarvan min of meer de helft nog bewoond is. De overige hebben andere bestemmingen gekregen, terwijl sommige enkel nog ruïnes zijn. Niet alle abdijbieren zijn opgedragen aan nog bestaande gemeenschappen. Heel wat bieren zijn genoemd naar geseculariseerde abdijen of ruïnes (sommige daarvan zijn plaatselijke toeristische attracties). Andere zijn gewoon opgedragen aan lokale kerken, gedenkplaatsen of heiligen.

AFFLIGEM

Deze benedictijnerabdij, gesticht in 1074, speelde een belangrijke rol in de religieuze, politieke en culturele geschiedenis van Vlaanderen, maar ook in de hophandel. Er zijn nog ruïnes te zien van 1085, een gezandstraalde boerderij uit 1665 rond een binnenhof met dikke keien en 17e-eeuwse gravures die hop en biertonnen voorstellen.

De abdij bezat ooit hopvelden in Kent, waar de hopindustrie door de Vlamingen op gang werd gebracht. Ik bezocht Affligem in het midden van de jaren tachtig en fotografeerde de abdij vanuit een hopveld. Ze ligt in de Aalsterse hopstreek, tussen Brussel en Gent. Jammer genoeg is de hopteelt in die streek de laatste jaren sterk achteruitgegaan.

De huidige abdij is een mengeling van renaissance en neogotiek. De voornaamste gebouwen dateren slechts van 1928, hoewel ze zeer goed de benedictijnse traditie uitstralen. Broeder Stefaan nam me mee naar de 400 jaar oude kelders om er zijn kriekenwijn te proeven. Hij vertelde me dat hij zijn krieken op veilingen kocht in Brabant. Per jaar maakte hij zo'n 10.000 liter wijn, die hij dan in portpijpen liet rijpen. Hij zei ook dat het alcoholgehalte van de wijn wel 15 % in volume bedroeg.

De wijn werd me aangeboden in een bourgogneglas. Hij had een diepe, kersrode kleur, bijna het aroma van zwarte bessen. Hij smaakte zacht, fluwelig in de mond, had een goede balans in zoetheid-alcohol en een beetje scherpte in de afdronk. Toen ik opmerkte dat hij misschien wat portkarakter had, van het hout, ging broeder Stefaan niet akkoord. Om dat te bewijzen, liet hij me een glas echte port proeven. Ooit, in een andere Belgische abdij waarvan ik de naam niet ga vernoemen, bood een pater me een brandewijn aan die hij in zijn installaties had gemaakt, hoewel hij er geen vergunning voor had. Affligem brouwde bier tot aan de Eerste Wereldoorlog. De laatste jaren worden de Affligem-bieren gemaakt door de vlakbij gelegen brouwerij De Smedt, in Opwijk. Deze bieren zijn de voorbije jaren opmerkelijk verfijnd geworden qua smaak. Ze hebben een helder, fruitig aroma, met sappige toetsen van sultanarozijn, sinaasappel en citroen, een zacht, droog moutkarakter en een knisperende, geparfumeerde afdronk.

De Blonde (5,2-5,6 % in gewicht; 6,5-7,0 % in volume) is citroenachtig, hoppig en bijna talkachtig. De Dobbel (5,6 % in gewicht, 7 % in volume) heeft een roodachtige, getaande kleur, een kruidig aroma en palet, met toetsen van sinaasappel en peer, en een zuiver, diep en donker moutkarakter. Dit bier wordt subtiel gekruid met karwij, anijs en zoete sinaasappel. De Tripel (6,8 % in gewicht, 8,5 % in volume) wordt alleen gekruid met zoete sinaasappel. Dit bier krijgt een dichte, kussenachtige kraag, heeft een geurig aroma, een stroperige fruitigheid van sultana, aardbei en peper en een whiskyachtige afdronk. Een mooi afgeronde combinatie van sterk uitgesproken smaken.

CORSENDONK

Op het einde van de 14de eeuw maakte Maria, de dochter van de hertog van Brabant, haar landgoed in Corsendonk, in de buurt van Turnhout, over aan de augustijnenorde. Dit goed werd de priorij van Corsendonk. Het verwierf een internationale reputatie voor zijn scriptorium en bibliotheek. Erasmus verbleef er om de enige Griekse bijbel te lezen die in de lage landen te vinden was. Tientallen jaren later werden de gebouwen leeggeplunderd tijdens godsdienstoorlogen en politieke onrust.

De priorij van Corsendonk werd gerestaureerd in de 17e eeuw. In deze periode bezat ze ook een brouwerij. Ze ging dicht in 1784, maar de gebouwen werden opnieuw opgebouwd tussen 1969 en 1975. Vandaag worden ze gebruikt voor conferenties van staatshoofden en topmanagers.

In de refterzaal, met originele schilderijen van de leerlingen van Rubens en wandtapijten uit de 16e en 17e eeuw, proefde ik twee bieren, in 1982 gecreëerd, die de naam van Corsendonk onder licentie mogen gebruiken. Corsendonk Pater Noster (voor de Engelstalige markt betiteld als "Monk"s Dark") heeft een bourgognebruine kleur, een gistachtig, fruitig, lichtgerookt bouquet en wat verwijzingen naar rozijnen en fondantchocolade in het palet. Het heeft een alcoholgehalte van 5,6 % in gewicht, 7 % in volume. Dit bier wordt gebrouwen door brouwerij Bios in Ertvelde, Oost-Vlaanderen. De Pater Noster kan men van het vat krijgen in de verbluffend kitscherige afspanning, Corsendonks Hof, aan het einde

van de laan die naar de priorij leidt. Beide bieren zijn overigens met her-gisting op fles. Corsendonk Agnus Dei – de naam betekent "Lam Gods" – deed bij sommigen de wenkbrauwen fronsen, ook in België. In de Angelsaksische wereld is dit bier bekend onder de naam "Monk's Pale". Het gaat om een bier van het Tripel-type. Het heeft een zuiver, gistachtig bouquet, een verrassend lichte, getextureerde body en een grote finesse. Beginnend met fruitigheid ontwikkelt het zich tot een delicate, kruidige, geparfumeerde, hoppige

Jef Keersmaekers geniet van een Corsendonk Pater, na afloop van een degustatie van bruine abdijbieren, georganiseerd door Bier Passie Magazine, in het restaurant "Vrouwenhuis", vlakbij de priorij.

afdronk. Het alcoholgehalte is 6,5 % in gewicht, 8 % in volume. Dit bier wordt gemaakt door brouwerij Du Bocq.

De Corsendonk-bieren zijn een creatie van Jef Keersmaekers, lid van een voorname brouwersfamilie. Tot in 1953 had zijn grootvader een brouwerij die een donker bier in abdijstijl maakte in het noorden van Vlaanderen, en verwante families zijn de laatste jaren betrokken geweest bij drie brouwerijen, waaronder Bios. De heer Keersmaekers, een onvermoeibare promotor van zijn producten, staat erop te vermelden dat het bier wordt geproduceerd met een beslag van 100 % mout en dat dit in Duitsland is gecertificeerd als conform het "Reinheitsgebot" – hoewel bij de tweede gisting suiker wordt toegevoegd.

GRIMBERGEN

Sint-Norbertus (1080–1134) stichtte zijn orde in Prémontré, in de buurt van Reims, juist ten noorden van de huidige champagnestreek. Hij stichtte ook de abdij die boven de kriekenbomen uitsteekt in het dorp Grimbergen, een voorstad in het noorden van Brussel. Grimbergen is dus een van de weinige abdijen in Europa die door de stichters van hun orde zelf werd opgericht. De abdij werd viermaal verwoest, maar elke keer terug opgebouwd. Haar embleem is de feniks, die men ook terugvindt op de bieretiketten.
In norbertijnse traditie heeft de abdij een prachtige, Vlaams-barokke kerk, waarvan het grootste deel dateert uit de 17e eeuw. Tijdens mijn twee bezoeken vond ik het interieur van de kerk zo groots, zo overweldigend, met zo ongelooflijk veel gegraveerde eik, dat de schrik me bijna om het lijf sloeg. Geen wonder dat de norbertijnen tot geloof aanzetten. Ik vond mijn evenwicht terug toen ik opmerkte dat het houtsnijwerk in de koorstoelen voornamelijk afbeeldin-

gen van hop, druiven en krieken bevatte. Het huidige klooster werd weer opgebouwd na de Franse Revolutie en gerestaureerd in de jaren twintig. Zijn daken en gewelven zijn nog steeds indrukwekkend, maar alles wordt wat getemperd door vensters die uitzien op een tulpentuin. Vlakbij is er het café met de naam "Fenikshof".

Zelfs voor abdijbieren zijn die met de Grimbergse feniks op hun etiket nog aan de zoete, likeurachtige kant. Die zoetheid is vooral sterk aanwezig bij de afdronk.

Grimbergen Blond (5,6 % alcohol in gewicht, 7,0 % in volume) heeft een kleur van bladgoud, is zeer licht fruitig met een zweem van dessertappels in het bouquet en het aroma. Grimbergen Tripel (7,2 % in gewicht, 9 % in volume) is tussen goud en brons, heeft een iets intenser aroma met een sinaas- en wijnachtige fruitigheid en een verwarmende afdronk. Grimbergen Dubbel (5,2 % in gewicht, 6,5 % in volume), die een bourgognekleur heeft, is rozijn- en karamelachtig, met een afdronk die aan cognac doet denken. Deze versie heeft een gebruikelijke dosering donkere kandijsuiker in de ketel, iets wat de donkere, diepambere Optimo Bruno (8,0 % in gewicht, 10 % in volume) niet heeft. De naam herinnert aan het gebruik dat het beste bier van een abdij normaal een sterk, bruin bier was dat genuttigd werd na de vasten, op Paaszondag. De Optimo Bruno heeft een romige fruitigheid van appelcake en eveneens die verwarmende, naar alcohol smakende afdronk.

Al deze bieren worden voor het klooster gebrouwen door Alken Maes. De brouwerij Maes ligt niet ver van Grimbergen, in Waarloos, maar de bieren van hoge gisting worden gemaakt in de charmante oude brouwerij L'Union in Jumet, bij Charleroi.

Brouwerij L'Union produceert ook de abdijbieren van het Ciney-gamma, die hun eigen specificaties hebben en hun eigen gistkolonies gebruiken. Hun huiskarakter is een zoetere aanhef maar een drogere afdronk, en een lichter, iets expressiever bouquet. Ciney Blonde (6,8 % in gewicht, 8,5 % in volume) heeft een lichte, gouden kleur, een licht zoetige fruitigheid en een knapperige afdronk. Ciney Brune, een bier van dezelfde sterkte, is zacht maar wat droger, met een kelderachtig karakter. Ciney Spéciale (7,2 % in gewicht, 9,0 % in volume) heeft een donkere robijnkleur, een vrij "sappig", licht eikachtig bouquet en een rijk palet van kruidentoetsen waaronder anijs, koriander, kaneel, zelfs wat kruidnagel. Ik heb dit bier ooit eens gedronken in een surrealistische combinatie met zwezeriken en courgettes. Deze bieren van Ciney zijn genoemd naar een klein stadje dat bekend staat voor zijn landbouw en veeteelt, in de provincie Namen. Het etiket beeldt de kerk van Ciney af. Er bestaat geen verband met een abdij. De merknaam is eigendom van een bierhandelaar.

LEFFE

Een goed voorbeeld van een gemeenschap die is blijven voortbestaan, is Notre-Dame de Leffe. De abdij ligt dicht bij de samenvloeiing van de Maas en de kleinere Leffe-rivier, in de stad Dinant. Deze stad met een groot verleden en toeristische bezienswaardigheden ligt op zowat dertig kilometer van Namen en zeventig van Brussel. Het oudste gedeelte van de abdij is de tuin, uit 1152, afgeboord met jaarplanten rond een fontein. De meeste gebouwen dateren van het midden van de 18e eeuw. De vallei van de rivier de Leffe staat bekend om zijn kruidachtige planten, en de norbertijnerbroeders trekken er nog steeds thee van.

Leffe...tuinieren is nog steeds een belangrijk onderdeel van het abdijleven.

Er wordt aangenomen dat deze abdij over een brouwerij beschikte van de 13e eeuw tot de Napoleontische periode, maar in het begin van deze eeuw werd ze wel heropgebouwd zonder brouwerij. In het begin van de jaren vijftig knoopte de abt gesprekken aan met de lokale brouwer en vertelde hem over de financiële moeilijkheden van de abdij. De brouwerij suggereerde om een bier voor de abdij te brouwen en het onder haar naam te verkopen, onder een gemeenschappelijk commercieel akkoord. Op dat ogenblik waren er al commerciële brouwerijen in België die bieren produceerden met kerkelijk klinkende namen, maar toch gelooft men dat Leffe het eerste formele licentieakkoord is geweest. De lokale brouwerij werd later overgenomen door een andere maatschappij, die op haar beurt werd overgenomen door een groter concern. Het akkoord is blijven bestaan en met veel succes, want vandaag de dag maakt het Leffe-gamma deel uit van de bekendste abdijbieren.
In 1989 werd ik in de abdij door een van de paters rondgeleid. Deze abdij is ouder, met kleinere, donkerdere vertrekken dan de andere

die ik in België al gezien heb. Er zijn ook prachtige en zeer interessante antiquiteiten en kunstwerken. De norbertijnen hebben zich altijd vastgehouden aan de traditie om de beroemdste kunstenaars van het tijdperk in dienst te nemen en hen schitterende werken te laten maken, die de ijver voor het religieuze zouden inspireren. De paters volgen de regel van Augustinus. Het is geen gesloten orde, maar een die predikt en pastoraal werk doet.

Na mijn rondleiding mocht ik plaatsnemen aan een oude eiken tafel om de Leffebieren te proeven. In het algemeen zijn dit zeer ronde bieren, met een aromatisch moutkarakter en een uitgesproken fruitige smaak.

Leffe Blonde (5,5 % alcohol in gewicht, 6,6 % in volume) heeft een zonnige kleur, een geurig, licht kruidnagelachtig aroma, een ingehouden sinaasachtige fruitigheid in het palet en is cederachtig droog in de afdronk.

Leffe Bruin heeft een diepe herfstbruine kleur. Het heeft een zweem van dessertappels in het aroma, een suggestie van bruine suiker in het palet, met nog een droogheid van eik en hars op het einde (5,2 % alcohol in gewicht, 6,5 % in volume).

Beide bieren heb ik ooit gekoeld geproefd en ze kwamen me toen wat dun over. In de Abdij van Leffe werden ze uit de kelder gehaald en dan gaven ze al hun smaken vrij. Leffe heeft ook nog twee zwaardere versies. Leffe Triple is het meest delicate en complexe bier in het gamma. Het heeft een rijke gouden kleur, een zuiver, limoenachtig, licht, cederachtig en eetlustopwekkend aroma, medium tot vol in de mond, een wijn- en eikachtig palet, en rozenwater in de afdronk. Het is een heerlijk, fris aperitiefbier. Alcohol: 6,7 % in gewicht, 8,4 % in volume.

De Leffe-bieren werden jarenlang gemaakt in Mont-St-Guibert op basis van Vieux Temps-gist. Deze brouwerij beschikte echter niet over de infrastructuur voor hergisting op fles; het enige bier dat op die manier behandeld werd, de Triple, is dan ook altijd elders gebrouwen.

Het wordt gefabriceerd in Hoegaarden; daarbij wordt de Vieux Temps-gist gebruikt bij de primaire gisting en de Hoegaarden-kolonie bij de hergisting op fles. De andere Leffe-bieren worden nu gebrouwen in Leuven.
Leffe Radieuse (de naam verwijst naar de stralenkrans rond het hoofd van een heilige) is een extra zwaar, donker (in feite wijnkleurig) abdijbier. Dit bier heeft een aardeachtig aroma, een licht siroopachtige body en een hele reeks smaken: fruitigheid als van kersen, chocolade, geroosterde trekjes, een evenwicht brengende bitterheid. Het is een zeer compleet bier, een ideaal slaapmutsje. Alcohol: 6,8 % alcohol in gewicht, 8,5 % in volume.

MAREDSOUS

In deze benedictijnerabdij in Denée, ten zuiden van Namen, verbleef aanvankelijk een gemeenschap van monniken uit Beieren, die het land gekregen had van een Belgische drukker van kerkboeken. In 1878 werd het een abdij. De gebouwen zijn een goed voorbeeld van de neogotische bouwstijl die in die periode bloeide in België en Frankrijk.

Deze bieren zijn lang favorieten van mij geweest, en ik was dan ook verrukt toen ze het uitstekend deden in een geblinddoekte proeverij georganiseerd door het tijdschrift Bier Passie in 1999. Ze hebben in het algemeen een delicaat, geparfumeerd, bloemig-fruitig karakter en een zeer fijne, champagneachtige pareling. Hun namen volgen de nummering in het Belgische gradensysteem. Maredsous 6 heeft een knisperende fruitigheid in het aroma, een goed, zacht en zuiver moutkarakter en een lichtjes droge, geparfumeerde afdronk (4,8 % in gewicht, 6 % in

volume). Er is geen Maredsous 7. Het volgende bier in het gamma is de Maredsous 8, met een diepe, getaande kleur, een mondgevoel dat zeer licht is voor een bier van deze sterkte (iets boven de 6,4 % in gewicht, 8 % in volume), een zoeter bouquet en verwijzingen naar chocolade en koffie in de afdronk. Er is ook ooit een Maredsous 9 geweest, maar die is uit het gamma genomen. Maredsous 10 is amberkleurig en heeft een zacht, romig, goed afgerond mondgevoel, een prachtig evenwicht tussen mout en fruit en een lange verwarmende afdronk (net boven 7,6 % in gewicht, 9,5 % in volume). Dit laatste is een bijzonder lekker bier. Deze bieren worden gemaakt door brouwerij Moortgat in Breendonk, in de provincie Antwerpen. De brouwerij is voornamelijk bekend om haar Duvel (zie Sterke blonde bieren).

De familiebrouwerij St. Feuillien... nieuw leven ingeblazen door Dominique en haar broer Benoit Friart.

ST FEUILLIEN

De naam is afgeleid van de Ierse missionaris St Faelan of Foillan (ca. 655 n. Chr.), volgens de overlevering de stichter van de nederzetting die nu het stadje Le Roeulx is. Het stadje had een abdij tot aan de Franse Revolutie.

De familie Friart richte in 1860 een brouwerij op in het dorpje. In 1890 kochten ze een brouwerij in de buurt, waar ze brouwden tot in 1980. Ook hier bleef de familie na de sluiting in de business door een drankenhandel te beheren. Hun bier lieten ze onder contract maken door brouwerij Du Bocq.

In 1988 opende een nieuwe generatie opnieuw de eigen Friart-brouwerij van de familie. "Toen ik vijf of zes jaar oud was, moest ik tijdens de schoolvakanties in de brouwerij helpen, en toen de brouwerij gesloten werd, miste ik ze echt," vertrouwde Benoît Friart me ooit toe. "Het was de brouwerij van onze familie en ik wilde dat wij hier bier maakten. Ik legde het voor aan mijn zuster Dominique en zij stemde in. Toen ik Dominique vroeg of zijn nu ook in de brouwerij werkte, antwoordde ze: "Zeker! Misschien niet zo hard ... maar ik werk er. Ik had het in mij. Ik wist het niet zeker ... maar het was aanwezig."

Achter de mooie ijzeren poort, in felblauw geschilderd, staat in het midden van het binnenplein van de brouwerij een magnoliaboom. De vroegere mouterij en brouwerij zijn gedrongen gebouwen in rode baksteen. Hun lijn wordt verzacht door mooi geschilderd houtwerk, hopranken (louter decoratief) en geraniums op de vensterbanken. Het is een torenbrouwerij die nog altijd haar originele, met hout beklede beslagkuip gebruikt, waarvan het deksel wordt opgeheven met kettingen en katrollen. Het bier van St Feuillien met een alcoholgehalte van 7,5 % in gewicht wordt gemaakt door Du Bocq en dat van 8,5 % in gewicht door brouwerij Friart. Beide maken een bleke en een donkere (blonde en bruine) versie. Friart heeft ook een versie van 9 % alcohol (Cuvée de Noël) voor Kerstmis.

De Blonde van Friart is zeer aromatisch, met een fris, fruitig, perzikachtig aroma, een zachte kraag, een roze-bronsachtige kleur, een romig, sterk sinaasachtig palet, zeer hoppig en droog, met een vleugje jeneverbes in de lange afdronk. Het is een bijna gin-achtig aperitief. De Brune heeft een kraag als een Café Liègeoise, een aantrekkelijke, diep roodbruine kleur, een veel zachter, glijdender, toffeeachtig mondgevoel en een doordringend, bitter bouquet van pure chocolade. Dit is dan weer een uitstekend dessertbier of digestief. De rol van digestief kan misschien nog beter worden vervuld door de Cuvée de Nöel, de kerstversie, die smaakte als een rijke Weense koffie met een scheutje Italiaanse Sambuca.

De versies van Friart zitten in flessen met kurk, niet alleen van 75 centiliter maar ook Magnums (1,5 liter), Jeroboams (4,5), Methusalems (6), Salmanazars (9) en bij gelegenheid ook

In deze streek groeit de hop in het wild, maar de klimranken die het brouwerijgebouw sieren, werden aangeplant. Veel brouwers doen dit, als een symbolische hulde aan de magische bloesem.

Balthazars (12) en Nabuchodonors (15). Eén directe klant in Virginia koopt de grootste fles en brengt ze persoonlijk twee keer per jaar terug om ze opnieuw te laten vullen.

VAL-DIEU

Naast de zes trappistenkloosters is dit de enige abdij in België die onderdak verleent aan een actieve brouwerij. De cisterciënzerabdij van Val-Dieu is gelegen in de buurt van het dorpje Aubel in een streek die gekend is voor haar Herve-kaase, tussen Luik, de Nederlandse stad Maastricht en de Duitse stad Aken (Aachen of Aix-la-Chapelle). In 1993 bouwde de abdij haar stallen om tot een taverne die de naam Casse-croûte kreeg. Hier serveerde ze uiensoep, lokale kazen en charcuterie en een hele waaier bieren met de naam Val-Dieu. De bieren werden gemaakt in de familiebrouwerij in Aubel die niet lang daarvoor nieuw leven ingeblazen werd. Helaas kwam de heropende brouwerij al snel in moeilijkheden.
Het idee om het bier te maken in de abdij zelf, kwam van buitenstaanders: Alain Pinekaers, een groothandelaar in drank uit de

streek en brouwer Benoît Humblet, die daarvoor bij Kronenbourg werkte en net was teruggekeerd van een baan in het buitenland. Brasserie de l'abbaye du Val-Dieu werd opgericht eind 1996.

Zoals de meeste kloosters is Val-Dieu een enigszins verborgen, rustige plek. Het staat langs een kronkelende, met eiken omzoomde landweg, in de steile vallei van een riviertje. De abdij werd opgericht in de 13e eeuw en gerestaureerd eind 18e en medio 19e eeuw. In een ver verleden had ze een brouwerij, waarschijnlijk tot de Franse Revolutie, en op het domein groeit nog altijd hop in het wild.
De eerste keer dat ik de abdij bezocht, werd ik enthousiast rondgeleid door pater Joseph: "Die cisterciënzer kapittels dateren uit 1260, die deur is een mooi voorbeeld van de Luikse barok, daar ziet u de gastvertrekken waar de Keizerin van Oostenrijk verbleef, ...".

Bij een recenter bezoek kon de brouwerij worden bezocht, in de boerderijgebouwen met hier en daar een fraai voorbeeld van de renaissancearchitectuur van de Moezel. Eén gebouw is gedecoreerd met een met hop begroeid lattenwerk. Het bier wordt gemaakt met Belgische mout, het zachte bronwater van de dorpsvoorraad in het nabijgelegen Charneux, Duitse en Tsjechische hop (van de variëteiten Hallertau-Hersbrucker en Saaz) en gist van Louvain-la-Neuve. Het wordt hergist in de fles.
Ik proefde de bieren in de Casse-croûte, met zijn geplaveide vloeren, tafels bedekt met een wasdoek met rustiek dessin en blootliggende balken. Abbaye du Val-Dieu Blonde, met een alcoholgehalte van 4,8 % in gewicht (6 % in volume), was fris en zuiver, met een samenspel van notige mout, hoppige bitterheid en aardachtige, gistachtige (licht citroenachtige) zuurheid. Een Triple, met 7,2 % alcohol in gewicht (9 % in volume),

De abdij van Tongerlo steekt uit boven het vlakke heideland van de Kempen, de streek die grenst aan Nederland. Deze ooit invloedrijke abdij bezit nog steeds tal van waardevolle kunstvoorwerpen.

had de kleur van goude pruimen, nog meer nootachtig moutkarakter en een droge afdronk. Een Brune met 6,4 % alcohol in gewicht (8 % in volume), was granaatrood van kleur, met de aroma's en smaken van bittere chocolade, noga en rozijnen. Het enige bier dat gekruid wordt, is een Kerstbrouwsel, waarvan ik een zeven maanden oud exemplaar heb geproefd. Het diep amberkleurige brouwsel was olieachtig, zeer kruidig en droog. Benoît vroeg me of ik het kruid kon thuisbrengen. Jeneverbes misschien? Dat lijkt onwaarschijnlijk, want de brouwerij heeft al een bier met dit kruid dat wordt geproduceerd voor de stokerij Rademacher in Raeren. Het kerstkruid zal dus geheim blijven.

TONGERLO

De Dubbel Bruin (5,6 % in gewicht, 7,0 % in volume) is donker, roodbruin en stroperig zacht, met een bouquet van toffee en zoethout, met een wortelachtige droogheid in de afdronk. De Dubbel Blond (4,8 % in gewicht, 6,0 % in volume) heeft eveneens een toffee-bouquet en citroen- en sorbettoetsen en is mooi uitgebalanceerd. De Tripel (6,4 % in gewicht, 8,0 % in volume) heeft een aanhef van suikermeloen

De brouwketel op het grasperk is stellig een teken van de passie voor het bier. Jean-Pierre Eloir en zijn vrouw begon te brouwen voor de markt in 1979. Omstreeks die tijd werd deze foto genomen.

en een kruidige, peperachtige afdronk. De norbertijnerabdij van Tongerlo, ergens halverwege tussen Antwerpen en Hasselt, dateert uit de jaren 1130. De abdij had oorspronkelijk een brouwerij en kweekte haar eigen gerst en tarwe. Vandaag wordt er brood en kruidig gebak bereid. Daarnaast wordt in brouwerij Haacht in Boortmeerbeek, bij Mechelen, een uitgesproken kruidige gist gebruikt om het bier te fermenteren.

ANDERE ABDIJBIEREN MET PROEFNOTITIES

Abbaye des Rocs: Een brouwerij van de nieuwe generatie, genoemd naar een boerderij die ooit een klooster was, in de buurt van Montignies-sur-Roc in Henegouwen. Haar voornaamste product is een bier van het abdijtype dat gewoon de naam van de brouwerij draagt. Dit bier heeft een zacht, fruitig, kruidig karakter met een alcoholgehalte van 7,2 % in gewicht en 9 % in volume. De brouwerij werd opgericht als een kleine weekendbrouwerij door een bierminnende ambtenaar in zijn garage. Toen ik hem vroeg of hij geen problemen ondervonden had met wettelijke vereisten, accijnzen enz., toen hij het bier op de markt wou brengen, antwoordde hij me: "Daar weet ik alles van, het is mijn dagelijkse job".

Augustijn: Opgedragen aan de gelijknamige orde, maar geen afzonderlijke abdij. De volle goudkleurige Augustijn (6,4 % in gewicht, 8,0 % in volume) is hoppiger – zowel in zijn kruidige, aardachtige, grassige, vanilleachtige aroma als in zijn droge smaakpalet – dan de meeste andere abdijbieren. Het bier heeft ook een lekkere, romige, moutige achtergrond.

Speciaal aan dit bier is dat het ook verkrijgbaar is met hergisting in het vaatje. Augustijn Grand Cru is iets sterker (7,2 % in gewicht, 9 % in volume), bleker en droger. Deze bieren worden geproduceerd door brouwerij Van Steenberge in Ertvelde, Oost-Vlaanderen.

Bornem: Ook van Van Steenberge, een granaatkleurige Dubbel met toetsen van appel, kaneel en koffie. Genoemd naar een voormalige dominicanenabdij.

Brunehaut: Een interessantie herleving. Nadat de plaatselijke brouwerij de deuren had gesloten, kwamen de koperen kappen in het bezit van een bevriend echtpaar van afgestudeerde brouwers die in het buitenland werkten. Toen ze terugkamen, gebruikten ze de kappen in een fraaie, nieuwe, speciaal gebouwde brouwerij. De stijlvolle structuur valt uit de toon in dit niemandsland aan de Franse grens, Rogny, ten zuiden van Doornik, in de provincie Henegouwen.

Brunehaut Villages Blonde, met een alcoholgehalte van 5,2 % in gewicht (6,5 % in volume) is helder goud met een parfumachtig (bijna talkpoeder) aroma, een licht, stevig bouquet, een fruitig (zoete limoen?) palet en een korrelige, droge afdronk. Brunehaut Tradition Ambrée, een even zwaar bier, heeft een aantrekkelijke roodachtige kleur, een licht fruitig aroma, een vleugje zoete, zoethoutachtige moutigheid in het palet en een wortelachtige, droge afdronk. Bière du Mont Saint-Aubert (6,4 % in gewicht, 8 % in volume) wordt gemaakt met de gist van de oude brouwerij en heeft een zeer romig, vanilleachtig karakter. Abbaye de St Amand (5,6 % in gewicht, 7 % in volume) heeft een florale smaak met een vleugje jeneverachtige jeneverbes.

Dendermonde Tripel: Een lichtjes hoppig, droog, knisperend bier met 6,4 % in gewicht en 8 % in volume. Het werd genoemd naar een karmelietenabdij uit vroegere tijden. Het bier komt van De Block in Peizegem, bij Merchtem, in Vlaams-Brabant. De familie De Block zit al sinds de jaren 1500 in het brouwersvak. Hun bedrijf, met een ketel op kolen, heeft iets weg van een vroeg-industrieel brouwerijmuseum.

Ename: Goed gemaakte, smakelijke bieren die opgedragen zijn aan de (in 1603 gestichte) benedictijnerabdij Sint-Salvator. De ruïnes van de abdij zijn vandaag nog steeds te bezoeken in Ename bij Oudenaarde. Het biergamma omvat een eikige, granaatbruine Dubbel met chocolade-, munt- en bladtoetsen (5,2 % in gewicht, 6,5 % in volume), een lichtjes fruitige, vanilleachtige Blonde met dezelfde sterkte en een stevige Tripel (7,2 % in gewicht, 9,0 % in volume) met een uitgesproken, droogachtige fruitigheid (sinaasappelconfituur, ananas, banaan?).

Floreffe: De Double (5,2 % in gewicht; 6,5 % in volume) laat bij het ontkurken een mooi ploffend geluid horen. Het aroma verwijst naar steranijs en de smaak is citroenachtig, zoetig, maar levendig. De Blonde heeft dezelfde densiteit en is romig, wrang en kruidna-

gelachtig. De Triple (6,0 % in gewicht, 7,5 % in volume) is bitterzoet, citroen- en cederachtig. La Meilleure ("de beste") is een mahoniekleurige drank met een zeer rijk moutkarakter, cederachtig, aromatisch en zacht (6,4 % in gewicht, 8 % in volume). Deze bieren, die gebrouwen worden door Lefèbvre in Quenast, helpen het seminarie van Floreffe, tussen Namen en Philippeville, bekostigen. Het seminarie vindt zijn oorsprong in de norbertijnerabdij van Floreffe, dat van bij zijn stichting in 1121 bier brouwde. Lefèbvre brouwt ook bier voor het seminarie van Bonne Espérance in Vellereille-les-Brayeux, bij Binche in Henegouwen. Ook dit was een norbertijnerabdij waar begin deze eeuw bier werd gebrouwen.

Pater Lieven: Het blonde bier (5,2 % in gewicht, 6,5 % in volume) heeft een fris, romig aroma, een stevig, knisperend palet en een droog, lichtjes zoutig en heel smakelijk palet. Het bruine bier, dat even sterk is, is heel donker en tegelijk romiger, met een heerlijk moutkarakter en een rijk, lang smaakpalet. Deze bieren zijn genoemd naar hun dorp van afkomst, Sint-Lievens-Esse, tussen Ninove en Oudenaarde in de "Vlaamse Ardennen". Ze worden gemaakt in brouwerij Van den Bossche, een familie waar nu al in de derde generatie gebrouwen wordt. Het begon allemaal in een hoevebrouwerij in 1897, vlakbij het dorpsplein en de kerk van de patroonheilige, Sint-Livinius. De gevel van de brouwerij roept iets van Art Nouveau op, maar binnen gaat het er volgens traditioneler landbouwtermen aan toe: de mout wordt nog steeds geleverd in zakken en de kruiden worden gemalen in een molen die eruitziet als een gehaktmolen. Ignace Van den Bossche gaf een demonstratie ten beste: hij maalde koriander in een recipiënt die op een sauskom leek. "Ik gebruik zo één volle kom per brouwsel," vertelde hij

me. "Hoeveel weegt zoiets?" vroeg ik hem. "Ik weet het niet," antwoordde hij. Volgens het brouwerijlogboek werden koriander en curaçao de voorbije 30 jaar rijkelijk gebruikt in de bieren. De brouwerij heeft ook een kruidige, geneeskrachtige donkere ale, Buffalo genaamd, die zowat het midden houdt tussen een bruine Oudenaarde en een zoete stout. Een eenzame brouwer zou dit bier per ongeluk hebben bedacht door het beslag te laten uitdrogen terwijl de rest van het personeel een dagje vrij had om naar het circus Buffalo Bill te gaan – we schrijven 1907. Een heel fruitige (bloedappelen?), noot- en gemberachtige Tripel (6,4 % in gewicht, 8 % in volume), met een bronzen kleur, werd Lamoral gedoopt, naar een patriottische graaf die tijdens de Spaanse overheersing onthoofd werd. Dit bier diende ook als basis voor de nieuwe "Tripel" in het Pater-Lieven-gamma.

Petrus: Het enige bier in abdijstijl in dit gamma van Bavik. Het is een heerlijke Triple, 6 % in gewicht en 7,5 % in volume. De Petrus heeft een kruidig aroma, een moutig en romig palet en toetsen van verse appel, citroen en koriander. Het is een variant met hergisting op de fles van een ouder bier, Cuvée de St.-Amand.

St.-Arnoldus: Een Triple van 6,0 % in gewicht en7,5 % in volume, met een heel fris hoparoma, een lichtjes nootachtig moutkarakter en een elegant afgeronde droge afdronk. Opgedragen aan de patroonheilige van de brouwers en gebrouwen door Riva.

St.-Bernardus: Een seculiere brouwerij die vroeger connecties had met de trappisten.
De brouwerij ligt in Watou in West-Vlaanderen en bevindt zich in een indrukwekkende voormalige kaasmakerij, omgeven met lindebomen. In de witgekalkte brouwerij staan mooie koperen vaten, die tweedehands gekocht werden in 1946. Een kastanjeboomgaard leidt naar een kantoor met een biljarttafel en oosterse antiek, verzameld door vennoot Guy Claus. Er zijn vier St.-Bernardus-bieren. Pater 6 (5,4 % in gewicht, 6,7 % in volume) is kastanjekleurig en heel fruitig, met toetsen van meloen en verse banaan. Prior 8 (6,4 % in gewicht, 8,0 % in volume) is robijnpaars en heeft een rijke, bijna olieachtige textuur en een mout-fruitcomplex dat aan een kokosnoot doet denken. Abt 12 (8,0 % in gewicht, 10 % in volume of meer) is bijna ebbenhoutkleurig, nog sterker en assertiever en doet denken aan een verwarmende brandewijn van kokosnoot. De lichtere, bloemigere Tripel (6,0 % in gewicht, 7,5 % in volume) heeft een bleke amberkleur, het aroma van rozenwater en het

sinaasachtige-grasachtige palet van Stiermarkse hop. Alle bieren worden hergist op fles, maar voor de Tripel wordt een aparte andere gist gebruikt.

St Hermes: Een romig (witte chocolade?), fruitig (citroenschil?) bier in abdijstijl uit brouwerij Clarysse in Oudenaarde. Hermes is de parochieheilige van de nabijgelegen stad Ronse. "Mijn man hield ook veel van deze naam," vertelde Novella Clarysse me. "Hij had een goede vriend die Hermes heette, een man vol levenslust."

St Idesbald: Omvat een heel aromatische Dubbel (5,4 % in gewicht, 6,7 % in volume) met een smaakpalet dat doet denken aan pruimen in roomijs, en een bladachtige, droge afdronk (een goed dessertbier), een donzige, sorbetachtige, limoenachtige Blonde (5,2 % in gewicht, 6,5 % in volume) en een zoete, framboosachtige, geparfumeerde (groene munt?) Tripel (7,2 % in gewicht, 9 % in volume). Opgedragen aan een lang vergane cisterciënzerabdij. Wordt gebrouwen door Huyghe in Melle bij Gent.

Ter Dolen Abdijbier: Dit zuivere, zoete, nootachtige blonde bier (4,9 % in gewicht, 6,1 % in volume) was het eerste product van een nieuw brouwerijcafé in Helchteren, ten noorden van Hasselt, Limburg. De brouwerij is gevestigd in de stallen van het kasteel "De Dool" uit 1107 en het café bevindt zich in de boerderij. De huidige gebouwen dateren uit 1634 en werden eertijds gebruikt als toevluchtsoord voor de monniken van Sint-Truiden.(Eikendreef, Helchteren, tel. 011-52.29.99, fax 52.13.18). De brouwerij wordt gerund door de twee zussen De Splenter, Mieke en Inge, nichten van Yvan De Splenter (Riva)

Villers-la-Ville: Een cisterciënzerabdij die bij haar stichting in 1215 bier brouwde. De overblijfselen van de abdij lliggen een 40-tal kilometer ten zuidoosten van Brussel, voorbij Waterloo en Genappe. Villers Triple (6,8 % in gewicht, 8,5 % in volume) heeft een vage, goudbronzen kleur en bevat romige maar droge vleugjes peper en abrikoos. Gemaakt door Huyghe.

Witkap: De naam verwijst duidelijk naar de witte hoofdbedekking van de cisterciënzers, maar slaat niet op een bestaande abdij. De op individualistische wijze vervaardigde Witkap-bieren worden geproduceerd door brouwerij Slaghmuylder uit Ninove, Oost-Vlaanderen. Een van hen, de Stimulo, is een goudkleurig bier met een sterk gistbezinksel, een talkachtig aroma, een dikke, kussenachtige kraag, is sorbetachtig op de tong en heeft een bouquet dat evolueert van fruitigheid van perziken naar citroenachtige, zoutige, hoppige droogheid (4,8 % in gewicht, 6 % in volume). Aan de andere kant van het gamma vindt men de Witkap Triple, een assertiever bier (6,1 % in gewicht, 7,6 % in volume) met verwijzingen naar fruit, honing en wijn. Deze bieren zijn een erfenis van de reeds lang verdwenen brouwerij van Brasschaat in de provincie Antwerpen, en ik geloof dat dit de eerste goudkleurige triple was, voor die stijl werd overgenomen door Westmalle.

DE TERM TRIPEL

In de tijd toen de mensen nog niet konden lezen, markeerden de brouwers hun vaten met kruisen, ruitvormen, driehoeken of andere eenvoudige merktekens om de verschillende sterktes, kleuren en rijpingstijden van elkaar te onderscheiden. Bieren die bijvoorbeeld gemarkeerd waren met een "x", "xx" en "xxx", hadden waarschijnlijk een opgaand verschil in alcoholgehalte. Ik ben er niet zeker van dat het aantal x-en overeenstemde met een vermenigvuldigingsfactor, maar ik heb al wel horen vertellen dat de termen "Enkel", "Dubbel" en "Tripel" in België 3, 6 en 9 graden betekenden. Dit waren de oude Belgische dichtheidsgraden, maar de cijfers in alcoholvolume zouden ongeveer dezelfde geweest zijn, misschien een klein beetje minder. Vandaag wordt de term "Enkel" nog zelden gebruikt, maar "Dubbel" en "Tripel" zijn nog populaire benamingen in België. Een Dubbel is meestal een donker brouwsel van ongeveer 6 of meer procent alcohol in volume, en een Triple is vaak (maar zeker niet altijd) een bleek bier van 7 tot 9 procent en meer. Dit is zeker het geval bij de abdijbieren, waar de benamingen meestal geïnspireerd zijn op het succes van de bieren van Westmalle. In andere gamma's duidt de term Tripel vaak de top van het gamma aan.

Vanuit historisch oogpunt lijkt de term Tripel vooral veel gebruikt door de vele brouwers die vroeger de streek van Brugge bevolkten. Deze traditie is sterk in ere gehouden door de brouwerij 't Hamerken, nu bekend als "De Gouden Boom".

Op een plaats die vroeger aan de rand van de stad lag, maar nu vrijwel in het centrum, staat dit gebouw al sinds de 16e eeuw. Door de eeuwen heen is het afwisselend een herberg, een brouwerij en een stokerij geweest. Sinds 1870 is het eigendom van de Brugse brouwersfamilie Vanneste. In 1983 kwam het voortbestaan van de brouwerij in gevaar toen een tak van de familie niet meer wenste door te gaan, en op dat moment werd ze heropgericht als De Gouden Boom. De naam "Gouden Boom" is een allusie op een trofee die normaal bij de Brugse steekspelen wordt uitgereikt. Nu wordt de brouwerij beheerd door Paul Vanneste, die zich heeft geassocieerd met onder meer Rodenbach. In haar tweede leven is brouwerij De Gouden Boom het beste bekend geraakt als specialist in witbieren, maar ze is ook nog steeds zeer trots op haar abdijbieren, waaronder een tripel. Voor de abdij van Steenbrugge, waaraan ook de naam van Sint-Arnoldus verbonden is, brouwt zij twee bieren. De

amberbruine Steenbrugge Dubbel (5,2 % in gewicht, 6,5 % in volume) heeft een zeer volle smaak, een uitstekend moutkarakter en een droge fruitigheid in de afdronk (alsof je in een "toffee-appel" bijt). De zeer bleke, groenig gouden "Steenbrugge Triple" (6,8 % in gewicht, 8,5 % in volume) heeft een fruitkarakter dat meer aan perziken op brandewijn doet denken. Het biertje is prachtig citrusachtig aangekleed met hop uit Stiermarken. De eigen Brugse Triple is voller in zijn gouden kleur en heeft een romig moutkarakter, met verwarmende alcohol, een geparfumeerd hopkarakter en een honingachtige complexiteit aan smaken (7,2 % in gewicht, 9,0

% in volume). Achter een gevel met tegels uit de 16e eeuw, onder een boog waarvan de hoeksteen een beeld van de maagd Maria draagt, heeft De Gouden Boom nog steeds haar mouttoren uit 1902, hoewel die sinds 1976 niet meer werkt en de bovenste tien meter (de eesttoren) eraf waaide tijdens een storm in 1986. De blokvormige brouwzaal uit 1964, die wel wat wordt ingekleed door het wapen van de familie Vanneste en een eiken houtsneden van de madonna met kind, was de eerste in zijn soort in België. In de tegels zit een tekening die Sint-Arnoldus voorstelt.

De langste brouwer van België, Paul Vanneste, bukt zich om de filtering van het beslag te controleren.
Zijn familie zit al minstens sinds 1870 in de brouwerswereld.

Telkens als ik de brouwerij bezoek, word ik eraan herinnerd dat de huidige, 58e abt van het vroegere klooster van Oudenburg en het huidige van Steenbrugge eigenlijk de levende opvolger is van Sint-Arnoldus, de patroonheilige van de brouwers. De Gouden Boom (Langestraat 47) heeft ook een zeer mooi museum van vroegere en hedendaagse Brugse brouwerijen. Het museum is open in de zomer van donderdag tot zondag, of na afspraak (tel. 050–33.06.99; fax 050–33.46.44).

De Ryck
De Halve Maan/Straffe Hendrik
Louwaege/Flandrien
Malheur
Sterke blonde bieren, Duvel

HOOFDSTUK XV Andere "goddeloze" bieren met proefnotities

Golden ales

Terughoudend maar stijlvol... prachtige brouwsels voor een rustig moment of als aperitief.

Tussen de assertievere, stevigere of kleurrijkere brouwsels die deel uitmaken van de regenboogcoalitie van bierland België, wordt een gouden ale van vrij conventionele sterkte (4,0 % alcohol in gewicht, 6,5 % in volume) al snel uit het oog verloren. Hoewel de beschrijving 'gouden ale' in België niet algemeen wordt gebruikt, zijn er toch steeds meer bieren waar deze naam bij zou passen. Aanvankelijk lijken ze misschien bescheiden, maar veel van deze bieren kunnen bogen op een prachtig samenspel van een moutige achtergrond, een hoparoma en een ingehouden fruitigheid. Het zijn ongedwongen stijlvolle bieren.

Het gebruik van typisch Belgische aromatische mouten, soms kandijsuiker, esterachtige gisten en hogere gistings- en rijpingstemperaturen onderscheidt deze bieren van een aantal andere stijlen van gouden ales, zoals bijvoorbeeld het beroemde maar fijnere Duitse Kölschbier uit Keulen. Ook hebben ze vaak een vollere body dan de traditionele gouden ales van Canada en het noordoosten van de Verenigde Staten.

DE RYCK

De zeer bewonderde brouwer Anne De Ryck maakt een van deze bieren, waarvan zij beweert dat het al een 'gouden ale' was in de tijd van haar grootoom. Mevrouw De Ryck beheert de brouwerij van haar familie in de witlofstreek nabij de hopstad Aalst in Oost-Vlaanderen.

Haar overgrootvader begon met een hoevebrouwerij in 1886 en de oorspronkelijke gebouwen staan er nog steeds, met een paar uitbreidingen uit de jaren dertig en veertig. Hij trok naar Duitsland om het brouwersvak te leren en Anne deed hetzelfde voor zij in de late jaren zeventig de familiebrouwerij geleidelijk aan overnam.

Brouwster De Ryck... "altijd kijken en luisteren".

De Ryck gaat op een zeer uitzonderlijke manier te werk, omdat zij volledig trouw blijft aan het Duitse Reinheitsgebot en geen suiker gebruikt, nochtans een ingrediënt van menig Belgisch bier. De De Ryck Special (op de Engelse wijze gespeld nadat Annes vader een tijd in een brouwerij in Newcastle had doorgebracht) heeft een gouden kleur met een schijn van brons, een zacht, merkbaar zuiver, licht zoetig moutaccent en een zeer delicaat hopkarakter. Het wordt gebrouwen met Pilsener- en aromatische mout, met drie toevoegingen van Belgische Hallertau- en Saaz-hop en nog eens een toevoeging van Stiermarkse hop tijdens de vier weken durende rijping (3,4 % in gewicht en 4,2 % in volume). De brouwerij heeft ook een sterkere (4,3 % in gewicht, 5,4 % in volume), kersrode, fruitig-moutige ale, Rochus genaamd, naar de patroonheilige van de parochie, en nog een zeer aromatische Christmas Pale Ale.

Tegenover een 12e-eeuwse kasteelruïne, achter een houten boog, is de brouwerij gebouwd rond een binnenplaats met kasseien. Nadat de Duitsers de brouwkuipen in beslag namen tijdens beide wereldoorlogen, werd er in 1949 tweedehandsmateriaal geïnstalleerd. De brouwzaal, een antiquiteit op zich, is mooi in het gebouw ingepast en onberispelijk schoon en netjes. Ik vroeg Anne of ze wekelijks een vaste schoonmaakdag had, en ze antwoordde me met een verwijtende blik dat de brouwerij telkens na het brouwen werd gepoetst: "Brouwen en poetsen ... brouwen en poetsen...".

Annes vader installeerde een moutsilo en een agger (avegaar), zodat ze de 80 kilo zware zakken niet hoeft op te tillen, maar men heeft haar toch al wel de 1.800 kilo draf uit de beslagkuip zien scheppen. Aan de overkant van het binnenplaatsje verkoopt zij haar bieren in een winkeltje. De bieren kunnen als geschenk verpakt in korfjes of in cellofaan verkregen worden. De gebottelde versies zijn ongefilterd. Anne, haar man Omer en de kinderen leven in het brouwerijgebouw. "Een brouwerij kan je nooit alleen laten," vertelde ze me, "je moet altijd uitkijken en luisteren."

Ik kan me eigenlijk nauwelijks voorstellen dat deze pure, zuivere bieren iemand hoofdpijn kunnen bezorgen, maar als het ooit zou voorkomen, dan is er altijd een aspirientje binnen handbereik.

Annes echtgenoot is apotheker; zijn apotheek is in de vroegere stallingen van de brouwerij ondergebracht.

DE HALVE MAAN / STRAFFE HENDRIK

Het brouwerijcafé 'Halve Maan' ligt wat verborgen aan een pleintje met kasseien dicht bij het Brugse begijnhof. Het staat bij een kanaal dat de binnengrens van de Brugse haven vormde toen Brugge nog een van Europa's grootste handelshavens was.

De Halve Maan is sinds 1856 in handen van de familie Maes (niet verwant met de gelijknamige pilsbrouwers). De mannen van de familie heetten allemaal Henri of Hendrik. De vijfde Hendrik werkt nu in de brouwerij. Zijn zus Veronique is er manager. Zij trouwde met een telg van de familie Vanneste van brouwerij Goudenboom uit dezelfde stad. Veroniques zoon Xavier behoort tot de zesde generatie van brouwerij Halve Maan. Hij studeerde voor brouwer in Gent en zet zich met hart en ziel in voor het familiebedrijf.

In 1981/2 creëerde de brouwerij haar 'blonde' ale ter gelegenheid van de inwijding van een nieuw standbeeld van Sint-Arnoldus in de stad. Het was iets sterker dan het normale bier van de brouwerij, 7,5 % in volume, en werd al gauw bekend als de 'Straffe Hendrik'. Later werd het alcoholgehalte iets verlaagd tot 6,0 % in volume (4,8% in gewicht), en in die vorm werd dit bier het vlaggenschip van de brouwerij.

De Straffe Hendrik Blond heeft een aardachtig-fruitig hoparoma (East Kent Goldings), een romige, frisse aanhef en een zuivere, knisperende, zeer droge afdronk. Dit bier staat tussen de gouden ales van conventionele sterkte en de sterkere types zoals Duvel (p. 282). Het succes van de Straffe Hendrik was de aanleiding om een voller, donkerder broertje te brouwen, maar dit bier krijgt minder aandacht. De Straffe Hendrik Bruin (6,8 % in gewicht, 8,5 % in volume) heeft een rijk, diep, complex smakend moutkarakter met toetsen van rum en peren.

Het bier dat in de Halve Maan wordt gebrouwen, wordt gebotteld in brouwerij Riva in Dentergem, West-Vlaanderen. Riva brouwt bij gelegenheid ook Straffe Hendrik, vooral voor export, en is eigenaar van het handelsmerk. Liefhebbers van de Straffe Hendrik Bruin zullen zich misschien ook laten verleiden door het Riva-bier met toetsen van koriander en anijs dat werd genoemd naar de Nederlandse dichter en toneelschrijver Vondel.

LOUWAEGE / FLANDRIEN

Uit de naam blijkt al dat de brouwer trots is op zijn streek, en de Flandrien (4,0 % in gewicht, 5,0 % in volume) verdient een ruimere bekendheid. Dit bier is glad, zuiver, verfijnd en bloemrijk, met volle hopsmaken. Flandrien wordt gemaakt door de brouwerij van de

Het mooie trapgeveltje van de brouwerij kijkt fier uit op de markt van Kortemark.

familie Louwaege, in het steenbakkersdorp Kortemark, ten zuiden van Brugge. Flandrien wordt gebrouwen met Pilsener en Münchener mout, twee soorten die het bier een kleur verlenen die ergens tussen goud en brons ligt. Het wordt gehopt met Hallertau-Hersbrucker en Saaz, en gefermenteerd met een gist die naar verluidt uit Groot-Brittannië werd meegebracht door de grootvader van Jan-Baptist Louwaege, de huidige directeur. Ondertussen wordt een nieuwe generatie van de familie klaargestoomd voor het brouwersleven. De laatste keer dat ik er langsging, werd ik begroet door de kinderen van mijnheer Louwaege, Sebastian, zeven jaar oud, en Benjamin, vijf jaar oud.

De brouwerij werd opgericht in 1887 en was ooit gespecialiseerd in een Vlaams Oud Bruin. De typische gebogen, schoorsteenachtige verluchtingspijp van de oorspronkelijke mouterij staat er nog altijd, hoewel ze niet meer wordt gebruikt. Ook de orginele ketels zijn er nog, die vroeger werden gestookt boven een vuur. Een cartoon aan de muur toont ketels waaruit stoom opstijgt, 'slapende' rijpingstanks en 'lachende' vaten. De prent vult de muur achter de huidige brouwzaal die dateert van de jaren 1950. Ondertussen is het een historisch stuk, met een krachtig tegengewicht om het luik van de ketel op te heffen. De brouwerij ligt achter de oorspronkelijke gezinswoning, een mooi gebouw met een trapgevel, op het dorpsplein. (zie ook p. 288).

MALHEUR

"Hebt u er een probleem mee op het dak te klimmen? Goed! Kijk nu over de velden naar de kerktoren. Iets meer naar links zou u een verlaten brouwerij moeten zien. Wel, de grootvader van mijn grootvader heeft die opgericht." Emanuel De Landtsheer droomde weg.
"Ziet u die velden daar? Daar verbouwde mijn grootvader zijn eigen gerst, die hij ook zelf moutte." We wandelden naar de mouterij, in een gebouw dat is opgetrokken rond een soort van erf dat in de loop der jaren weinig lijkt te zijn veranderd. De mouterijvloer had nog de typische gotische bogen, maar was omgebouwd tot een informele bar voor bezoekers. Voor zover ik kon opmaken waren er drie bars voor gasten ondergebracht in verschillende delen van de brouwerij.
Nu kwam 'Manu' De Landtsheer pas goed op dreef. "Mijn grootvader heette Emmanuel. Hij was de zoon van een brouwer. Zijn vrouw was de dochter van een brouwer. Emmanuels broer was ook een brouwer, in Sint-Amands. Mijn grootvader was een fervent versnijder. Hij zei dat je de gerst en de mout altijd moest vermengen om inconsistenties uit te bannen. Hetzelfde geldt voor hop. Hij ging ervan uit dat je twee oogsten moest vermengen. Onze familie is lang hop blijven verbouwen, op dat veld daar."
De brouwerij werd gesloten net voor de Tweede Wereldoorlog, maar de familie bleef hop verbouwen tot in de jaren 1970. Manu, toen in zijn late tienerjaren, herinnert zich dat hij huiswaarts snelde op zijn fiets om te helpen bij de oogst, en denkt terug aan het aroma in de eest toen de hop werd gedroogd.
"In mijn jeugd hadden we het er vaak over dat we ooit weer zouden starten met de brouwerij. Toen mijn vader in 1991 stierf, besliste ik dat ik zijn droom waar moest maken." Terwijl hij deze herinneringen ophaalde, toonde hij mij foto's van zijn voorvaderen. In een zwartwitfoto stond een groepje streng kijkende volwassenen achter een aantal kinderen. Er was een heel jong kind bij, gekleed in een kieltje. "Dat was mijn vader." Manu's gezicht betrok toen hij dit zei. Het huis met mansardedak van de familie, waar de moeder van

Manu, Monique, nog altijd woont, samen met een van zijn zussen, Martine, is nu via een doorgang verbonden met een nieuw gebouw. Dit is opgetrokken in een gelijkaardige architecturale stijl en herbergt een beslagkuip, ketels en vergistingsvaten. De nieuwe brouwerij kreeg een typisch Belgische spottende naam: Malheur, wat 'ongeluk' betekent. Malheur begon met één bier, van 5,3 %

Manu De Landtsheer.. (rechts, met links zijn brouwmeester Luc Verhaegen. "ziet u die velden daar?"

alcohol in volume, 4,3 % in gewicht. Dit is een gouden ale, die wordt gemaakt van drie Franse gerstvariëteiten (wat zei opa ook alweer?), gemout in België. Het zijn alledrie Pilsener-mouten. Daarnaast wordt een vierde, speciale mout gebruikt. Afwisselend ging het om Caravienne, Münchener en aromatische, naargelang de brouwer experimenteerde in de ontwikkeling van zijn product. In de brouwzaal worden geen suiker of toevoegsels gebruikt.

De hop is Saaz, Stiermark en Hallertau-Hersbruck, telkens in bloesemvorm, in drie keer toegevoegd. "We hebben zelf ooit hop verbouwd, dus konden we moeilijk pellets gaan gebruiken."

De gist komt van de nabijgelegen brouwerij van Affligem. De Malheur op flessen krijgt een tweede gisting. Toen ik het bier voor het eerst proefde in deze vorm, in mijn kantoor in Londen, viel vooral het Saaz-hopaccent me op. Ik merkte ook een kruidigheid op.

Misschien kwam dit door de citrusachtige, geurige gist, hoewel de cultuur opnieuw werd gestart bij Malheur en hier een eigen karakter heeft gekregen. In de brouwerij vond ik het bier op fles heel aromatisch, roosachtig en lichtjes olieachtig. Het bier van het vat had een meer sinaasachtige smaak en een vol, fris Saaz-karakter.
Ik bevond me in België, dus mocht het niet verbazen dat ik brouwsels van verschillende jaargangen kreeg voorgeschoteld. Het twee maanden oude bier had nog een gistachtige aciditeit. Na vier maanden was het heel assertief, met een bijna steenachtig, hard, grasachtig Saaz-karakter. Op acht maanden kwamen de olie- en roosachtige kenmerken naar de voorgrond, en Manu dacht er noten en honing in te herkennen. Ik was niet zeker, maar proefde wel met stelligheid honing in de florale versie van 40 dagen oud, die in een fles van 75 centiliter met kurk zat.
Niet veel later kwam de Malheur 6 op de markt, met een alcoholgehalte van 5,8 % in volume (4,6 % in gewicht). Dit is een hoppiger, fruitiger en kruidiger bier, met een voortreffelijke zuiverende zuurheid. Toen kwam Malheur 10, dat werd gelanceerd als een Millenniumbier. Het is bedoeld als een licht bier (ondanks een alcoholgehalte van 10 % in volume), maar is ook romig, met een krachtige, fruitige bitterheid die doet denken aan kruisbessen. Ik proefde het eens toen Manu zich had voorgenomen het op fles te laten rijpen in een Champagnekelder, met remuage en degorgement, in Epernay. Op dat moment was nog niet duidelijk of het experiment zou slagen. Als het werkte, zou het een opmerkelijk nieuw speciaal bier zijn. Toen kwam Malheur 10, dat werd gelanceerd als een Millenniumbier. Het is bedoeld als een licht bier (ondanks een alcoholgehalte van 10 % in volume), maar is ook romig, met een krachtige, fruitige bitterheid die doet denken aan kruisbessen. Ik proefde het eens toen Manu zich had voorgenomen het op fles te laten rijpen in een Champagnekelder, met remuage en degorgement, in Epernay. Op dat moment was nog niet duidelijk of het experiment zou slagen. Het was de bedoeling dat het bier Malheur Brut Reserve zou worden genoemd. Als het werkte, zou het opmerkelijk nieuw speciaal bier zijn. Ik proefde ook Malheur 12, een donkere interpretatie. De kleur is donker kastanjebruin, de smaak noot- en fruitachtig en de textuur stroperig. Ik moest denken aan Belgische wafels, vruchtenbrood en Luikse appelsiroop. Het gamma werd onlangs nog uitgebreid met een bijzonder kruidige Delirium Noël, met 10 graden alcoholgehalte.

STERKE BLONDE BIEREN

Zijn deze 'goddeloze' bieren de 'witte alcohol' van de bierwereld?

Een bier dat even bleek is als een Pilsener-lager, maar twee keer zo sterk (7,5 % alcohol in gewicht, 11 % in volume), en met een fruitigheid verleend door de gist van een ale van hoge gisting? Het lijkt sterk op een trappist of een Tripel-abdijbier, maar kan nog bleker, zachter en misschien frisser en droger zijn.

Net zoals de meeste gouden abdijtripels zich lieten inspireren door het voorbeeld van Westmalle, heeft ook de Duvel tal van rivalen aangespoord om demonische brouwsels te maken. Het origineel, de Duvel, bekleedt een aparte plaats door het gebruik van suikers die het alcoholgehalte maar niet de body verhogen, en door een lange en complexe opeenvolging van warme en koude gisting en rijping.

DUVEL

Met zijn kussenachtige, witte kraag, zijn onschuldige gouden kleur, zijn fijne, langdurige pareling, zijn tenger, zijdezacht mondgevoel, zijn delicate, florale, fruitige droogheid en het parfum van de afdronk dat blijft hangen, is dit een verraderlijk elegant brouwsel: het kan bogen op een indrukwekkende 8,5 % alcohol in volume (6,8 % in gewicht). "Dat is een duivel van een bier," zou een brouwersknecht hebben opgemerkt toen het proefbrouwsel werd getest.

Vandaar dan ook de naam, een verbastering – een toepasselijk woord - van Duivel.

Duvel wordt gewoonlijk als aperitief gedronken, maar ik vind het lekker als digestief, de tegenhanger onder de bieren van een Poire Williams.

Zelfs naar Belgische normen heeft het opdienen van dit bier iets van een ritueel. Duvel wordt gedronken uit wat lijkt op een overmaats bourgogneglas. Het wordt geschonken met een enorme kraag en helder gegoten. De meeste ales van hoge gisting smaken het best op keldertemperatuur, of lichtjes gekoeld, maar Duvel wordt vaak geserveerd in een glas dat uit de koelkast komt.

Vandaar misschien dat hij doet denken aan Poire Williams: brandewijn wordt meestal warm geschonken, maar de 'witte' eaux de vie van de Elzas worden vaker koud geserveerd, soms ook in een gekoeld glas. Niet alleen in presentatie doet Duvel denken aan een Elzasser eau de vie, hij heeft ook een duidelijke verwijzing naar Poire Williams in zijn bouqet en palet.

Sommige individuele brandewijnen en wijnen zijn legendes en hetzelfde geldt ook voor een handvol bieren. Dit bier heeft een opmerkelijk verleden. Op het hoogtepunt van de mode van de Schotse Ales in België, tussen de twee wereldoorlogen, werd een fles McEwans onder de microscoop gehouden door de grote brouwgeleerde Jean De Clerck. Het is de taak van een geleerde om te bestuderen en te onderzoeken, en dat deed hij ook. Misschien was hij vooral geïnteresseerd in de smaakkarakteristieken van de McEwans' gist, die een mengeling bleek te zijn van tien tot twintig culturen. In die tijd was de McEwans' Scotch Ale hergist op de fles en het bier bevatte dan ook levende gist.

De Clerck deed dit onderzoek samen met de lokale brouwerij in Breendonk, eigendom van de familie Moortgat, ten noorden van Brussel en niet ver van Mechelen. In die tijd maakte Moortgat donkere brouwsels van hoge gisting.

Met culturen die geïsoleerd werden van de McEwans' gist introduceerde brouwerij Moortgat een nieuwe zware donkere ale. Na de Tweede Wereldoorlog begonnen de goudkleurige Pilsener-types in België terrein te veroveren. Dit zette Moortgat aan tot verdere experimenten. In 1970 kwamen ze met een goudkleurige versie van de donkere Duvel. Ook hier kwam professor De Clerck aan te pas. Zelfs al gebruikt men een mout van het Pilsener-type, toch is het moeilijk om een echte goudkleurige zware ale te maken. Het probleem is dat de densiteit van de mout om zo'n zwaar bier te maken onvermijdelijk de kleur ook voller maakt.

Waarom wilde de brouwerij dan een bleke kleur? Gedeeltelijk voor het uitzicht. Ze wensten een product te maken dat in enige mate beantwoordde aan de mode van de blekere bieren, maar toch zijn

BEL
PILS
BEL
PILS
BEL
PILS

eigenheid zou bewaren. Door een bier met een ongewoon bleke mout te maken, gaven ze het ook een bijzonder zuiver mondgevoel. Ze hadden ook in tegenovergestelde zin kunnen werken en een vollere moutigheid kunnen zoeken in het palet, wat een verrukkelijk bier in die stijl zou opleveren, maar dat was dus niet wat ze zochten.

Bel pils is een zuivere, droge en welgehopte pils. Passendale (onder) een wat zwaardere ale, hoewel lichter dan Duvel. Al deze gouden, hoppige bieren komen van bij Moortgat.

Het omzetten van gerst in een mout van een bepaalde kleur of natuurlijke smaak is zowel een kunst als een wetenschap (zoals brouwen zelf ook overigens). De ontwikkeling van de wetenschap heeft door de eeuwen heen een sterke invloed gehad op de introductie van nieuwe bierstijlen. Brouwerij Moortgat kon aanvankelijk het juiste karakter aan het bier geven omdat ze over haar eigen mouterij beschikte, binnen de brouwerij. Dit was een vloermouterij, die in de loop van de jaren tachtig werd gesloten. Op dat moment konden volgens de brouwerij andere mouterijen die van Moortgat evenaren, en het succes van de Duvel betekende nu eenmaal dat alle ruimte nodig was voor de warme rijpingskamers. Ik zou erbij durven zweren dat de eigen mouterij van Moortgat aan de Duvel een extra verfijning gaf. Dit kan men echter niet bewijzen, net zomin als we kunnen bewijzen dat Joe Louis Mohammed Ali zou hebben verslagen.

Of de brouwers het nu toegeven of niet, alle bieren evolueren door de jaren heen. Zelfs als er niets verandert, is er toch de mout die elk jaar anders is. Soms is een variëteit niet meer in voorraad en moet ze door een andere worden vervangen. Hetzelfde geldt voor de hop. Verschillende ingrediënten zullen ook variëren in hun interactie met de gist en zijn zo de oorzaak van een aanpassing.Sommige brouwers introduceren veranderingen om aan die omstandigheden te beantwoorden, anderen maken het zich gemakkelijk of maken de bieren minder uitdagend voor de consument. Door de jaren heen heeft Moortgat de gisting in de fles verfijnd zodat hij beter en compacter kan aanzetten. Brouwers van gewilde bieren moeten wel voorzichtig zijn met zulke veranderingen: toegewijden houden hen – terecht – met arendsogen in de gaten.
Tweerijige gerst wordt in Frankrijk en België gemout tot een kleur van 2,5 tot 5,5 op de E.B.C.-schaal voor de productie van Duvel. Het afgewerkte bier heeft tussen 7 en 8, zelfs 9 als een absoluut maximum. Pilsener-bieren hebben als afgewerkt product meestal tussen 5 en 7,5.

De originele densiteit is 14 Plato (1056). Een infusiebeslag wordt gebruikt en tijdens het koken wordt er driemaal hop toegevoegd. De variëteiten zijn Saaz en een bijzonder type Stiermarkse (finale E.B.U. is 29-31). Voor de eerste gisting wordt een dosis dextrose toegevoegd om alcohol en verdere attenuatie op te drijven. Het verhoogt de oorspronkelijke densiteit tot 15,5 Plato (1066). De eerste gisting gebeurt tussen 16 °C en 28 °C en het brouwsel blijft zowat vijf tot zes dagen in de gistkuipen. Vervolgens wordt het overgebracht in koude rijpingstanks, waar het een tweede gisting kent gedurende drie dagen. De temperatuur valt hierbij terug tot –1 °C. Dan wordt het brouwsel drie tot vier weken koud gerijpt, om het ten slotte tot –3 °C te brengen, om de gist te laten neerslaan en zich vast te zetten. (De buitenmuren van de lagerkelders, met inspectiedeuren, vormen een indrukwekkend patroon rond de brouwerijkoer. Moortgat is een zeer moderne brouwerij en haar installaties zijn met stijl ontworpen en samengesteld.)

Originele Meura lekbak uit 1973.

Na de koude rijping wordt het brouwsel gefilterd en gebotteld en krijgt het een dosis dextrose en een dosis van de oorspronkelijke gist. De oorspronkelijke densiteit is op dit moment gestegen naar het equivalent van 17,0 of 17,2 (1073–4).
Zulke stapsgewijze toename in de oorspronkelijke densiteit is uiteraard geen exclusiviteit voor Duvel. Hetzelfde gebeurt in de productie van heel wat andere Belgische bieren, maar ik heb het proces hier naar voren gebracht omdat dit regime van gisting en rijping een van de meest uitgewerkte is.

Het brouwsel wordt gebotteld met de dextrose en de gist en brengt dan 8 tot 14 dagen door bij 22 °C – het is de derde en laatste gisting.Dit proces heeft plaats in twee reusachtige loodsen, elk zo'n vijftig meter lang. Samen herbergen ze voortdurend zo'n 175.000 kratten. Deze 'warme kamers' hebben temperatuurregelingssystemen, zowel in de vloeren als in de plafonds. Men kan deze gebouwen zien vanop de openbare weg. Ze dragen het opschrift: "Ssst ... hier rijpt den Duvel".

Ten slotte wordt het bier gedurende twee tot drie maanden opgeslagen in een koude ruimte (4–5 °C) om te stabiliseren. Sommige klanten bewaren het bier dan nog eens drie tot vier maanden op een koele, donkere plaats. In België wordt Duvel meestal koud opgediend, bij 7-8 °C. Maar het bier geeft zijn smaken het best vrij bij een natuurlijke kamertemperatuur van 12–13 °C .
Duvel is veruit het best verkochte product van Moortgat. In 2000 bracht de brouwerij een bier op de markt dat de naam Passendale kreeg. Sommige klanten begrepen niet waarom een bier naar een tragische veldslag werd genoemd. De beoogde connotatie is echter aangenamer. Het bier is bedoeld als gezel van de Belgische kaas met dezelfde naam. Het is een sterke ale (6 % alcohol in volume), goud tot lichtamber van kleur, met een bladachtig (netels?) hoparoma, een verrassend licht mondgevoel, droog op de tong en een sprankelende aciditeit in de afdronk. Misschien ben ik beïnvloedbaar, maar het lijkt een lichte appelachtige fruitigheid en wrangheid te hebben. Deze laatste zou afkomstig kunnen zijn van het maalkoren: er wordt tarwe gebruikt, naast kristal- (in een heel beperkte hoeveelheid denk ik), pale ale- en Pilsner-mout. De hop is Saaz (wat zorgt voor de 'frisse' toets), maar er zitten geen kruiden of specerijen in. Het bier heeft een ongewoon gistingsregime. Het begint met een lagergist (voor een vollere attenuatie), maar bij een aletemperatuur (voor de appelesters). Het wordt vervolgens gerijpt op fles met een bovengist.
Moortgat maakt ook het Maredsous-assortiment (zie het hoofdstuk Abdijbieren), Godefroy (Ales) en de hoppige BelPils.

Toasten op Passendale... Michel en Philippe Moortgat maken het mooie weer bij de brouwerij die vooral beroemd is voor haar Duvel.

ANDERE "GODDELOZE" BIEREN MET PROEFNOTITIES

Brigand: Een ietwat donkerdere (brons tot koper) variatie op hetzelfde thema. Brigand heeft een uitstekend, bloemig hoparoma en een zacht mondgevoel, een levendige pareling (die heel intens kan zijn), een beetje 'gistbeet', een nootachtig, fruitig, rond palet en een aardachtige, droge afdronk. De oorspronkelijke densiteit is 20 Plato (1080). Het bier wordt gemaakt met Pilsener- en pale ale-mout, een vleugje tarwe en Saaz-hop. Ook het drooghoppen gebeurt met dezelfde variëteit. Het uiteindelijke alcoholgehalte bedraagt 7,2 % in gewicht en 9% in volume. De bottelmaand en het botteljaar worden afgedrukt in de kurk. Brigand bereikt zijn volste smaak drie tot zes maanden na het bottelen. Het moet bewaard worden op

normale keldertemperatuur en mag niet te sterk afgekoeld worden bij het opdienen.

Delirium Tremens: de oneerbiedige naam werd in de Verenigde Staten als onaanvaardbaar beschouwd en daar doopte men het bier 'Mateen', naar een van de vroegere Vlaamse brouwers in Amerika. Delirium Tremens is zeer helder, hoewel het hergist is in de fles. Het heeft een dichte kraag, een zeer fruitig bouquet (misschien reine-claude, kruisbes), een zoetig palet en een stevige scheut verwarmende alcohol in de nogal abrupte afdronk (7,2 % in gewicht, 9,0 % in volume). De hop is niet alleen Saaz, maar ook Stiermarkse, en voor de gisting zijn drie verschillende gistculturen nodig. Deze worden opeenvolgend gebruikt in een tweefasige eerste gisting en dan in een tweede gisting in de fles. In 1999 werd een donkerder broertje, Delirium Nocturnum genoemd, op de markt gebracht. Dit bier wordt gebrouwen met vijf moutensoorten en is zacht, rijk en geurig. De laatste in het gamma is een kruidige, 10 graden sterke Delirium Noël.

Deugniet: gistachtig boeket, lichte body maar met stevige textuur, bloemige aanhef die ontwikkelt in een hoppige afdronk. Van Du Bocq in Purnode, bij Namen

Hapkin: een mooi exemplaar van brouwerij Louwaege uit Kortemark, ten zuiden van Brugge. De naam van het bier is geïnspireerd op Boudewijn Hapkin, een 12e-eeuwse graafvan Vlaanderen, van wie gezegd wordt dat zijn angstaanjagend gezwaai met een bijl vrede in het land bracht. Of gebruikte hij die gewoon om bomen om te hakken? De streek tussen Brugge en Kortrijk staat bekend als het 'Houtland', maar veel bomen vind je er vandaag niet meer. In elk geval staat er een bijl op het etiket van het bier. Hapkin (6,5 % in gewicht, 8,5 % in volume) heeft een zeer goed, bloemrijk aroma van Saaz-hop, een imposante, romige kraag, een zacht moutkarakter en een sprankelende, geparfumeerde fruitigheid die opdroogt tijdens de afdronk. Het wordt gebrouwen met een afkookbeslag en er wordt liefst vier-

Delirium Tremens is een vrij agressief brouwsel. De nieuwere Nocturnum (links) is ronder. De nieuwste versie, Delirium Noël (10V) heeft een roodbruine kleur, met zowel fruitige als kruidige aroma's , die doen denken aan gedroogde sinaasappelschillen.

Aan tafel met Satan...Paul Saerens, van De Block

maal hop toegevoegd. Een eerste gisting verloopt in twee fasen. Hapkin werd gelanceerd in 1982. Onder de andere producten van Louwaege vinden we de Flandrien, die op de markt werd gebracht in 1987 (zie p. 278), en de al lang gevestigde Akila ('arend') Pilsener.

Judas: sterk, assertief en fruitig bier dat doet denken aan zoete sinaasappelen in siroop. Met aardachtige, frisse, complexe hoparoma's (6,8 % in gewicht, 8,5 % in volume). Van Alken-Maes.

Julius: geparfumeerd aroma, zeer witte kraag, stevige, korrelige structuur en een siroopachtig smaakpalet dat geleidelijk wijnachtig en vervolgens droger wordt (7,0 % in gewicht, 8,8 % in volume). Van Interbrew.

Piraat: een hoppige versie met een uitgesproken Saaz-karakter van Van Steenberge in Ertvelde, Oost-Vlaanderen. Piraat heeft een goudbronzen kleur, een kruidig hoparoma, een romig, nootachtig (amandel?) palet en een fruitige, droge, warme afdronk (8,4-8,8 % in gewicht, 10,5-11 % in volume).

Satan: een moutige, lichtjes kleverige Gold (6,4 % in gewicht, 8 % in volume), en een iets sterkere, karamelachtige Red (met Engelstalig etiket) van De Block in Peizegem (Brabant).

Sloeber: lekker en aantrekkelijk bier met bleke amberkleur. Kruidig en moutig aroma. Het zoete moutpalet wordt gecompenseerd door het drogere, pittige 'sinaasappelschil'-aroma van Steiermarkse hop. Een complex, prikkelend en smakelijk bier (6% in gewicht, 7,5% in volume). Van Roman in Oudenaarde.

Binchoise
Boelens
Bush
Caracole
De Dolle Brouwers
De Ranke
Duysters
Grottenbier
Het Anker (Gouden Carolus)
Karmeliet/Kwak
Kasteel
Kerkom/Bink
La Chouffe
De Poorter
Uitzet

HOOFDSTUK XVI

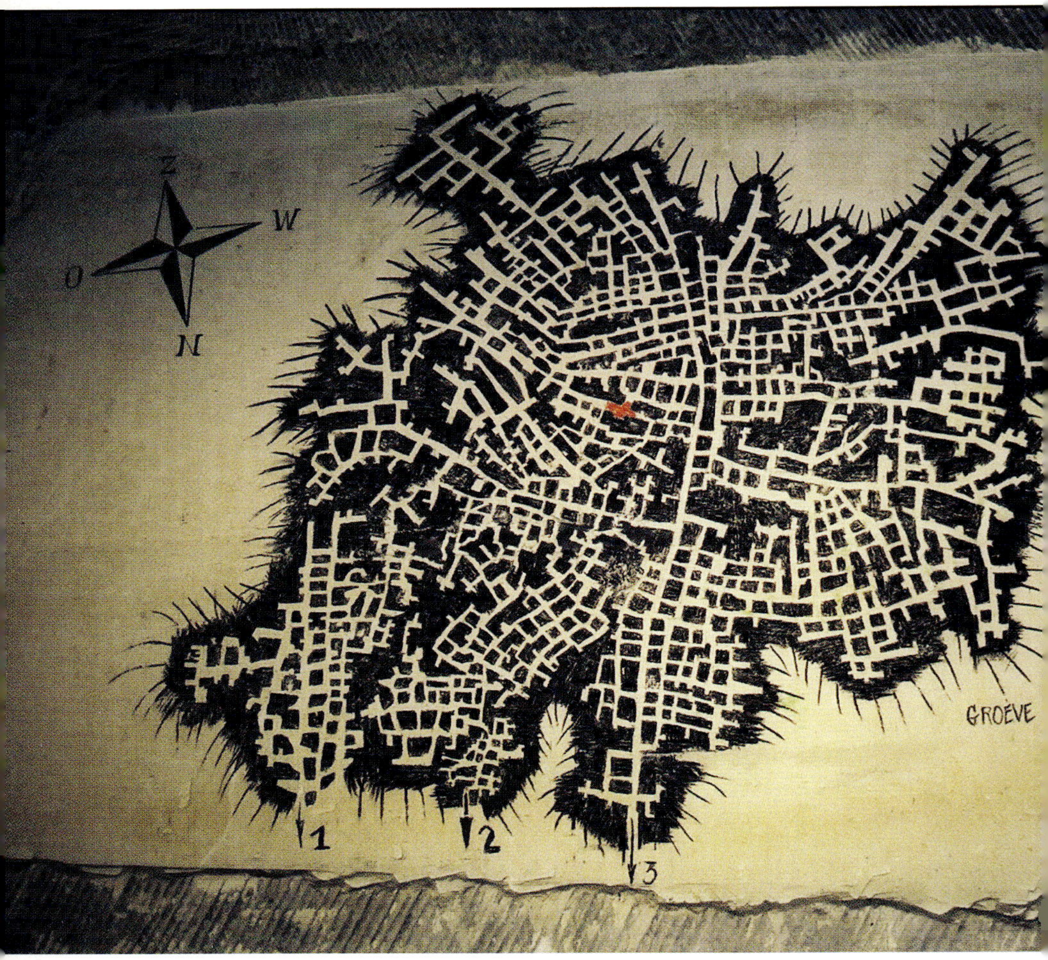

Selectie van speciale bieren

Typische bieren, streekbieren... brouwsels die in geen enkel vakje passen.

Zoals Frankrijk over een twee- tot driehonderdtal kazen beschikt, die zeer streekgebonden zijn, zo hadden alle brouwersnaties ooit talloze bieren die elk gebonden waren aan één brouwerij, dorp, stad of provincie. België heeft nog altijd een aantal bieren die je moeilijk kan onderbrengen in een categorie, maar die hun eigen integriteit hebben. Beter nog: hun aantal neemt toe nu kleine brouwerijen zich trachten te onderscheiden door hun eigen speciale bieren te ontwikkelen. Hieronder vindt u enkele voorbeelden, volgens brouwerij of bier, afhankelijk van wat het best gekend is. Sommige zijn heel traditioneel, andere dan weer niet.

BINCHOISE

Het 14-de eeuwse stadje Binche is bij kenners befaamd voor zijn Vastenavond-karnaval, zijn eigen traditionele masker dat het voor de gelegenheid opzet en zijn karnavalsmuseum. Binche ligt in een lus rond de rivier de Samme en vormde eertijds de grens tussen Frankrijk en de Lage Landen. Op de moderne kaart ligt het op gelijke afstand tussen Bergen en Charleroi. Tegenover de middeleeuwse wallen liggen een mouterij en een brouwerij die gebruik maakten van rivierwater en gedurende twee of drie eeuwen functioneerden. De brouwerij ging dicht in de jaren '20, maar de mouterij bleef draaien tot de Tweede Wereldoorlog. Eind jaren '80 werd de mouterij opnieuw omgedoopt tot een brouwerij, die overschakelde op stadswater.

André Graux... "mijn vrouw heeft voor regelmaat gezorgd"

Ik had de bieren al elders geproefd in België, en zelfs in Canada. Toch kreeg ik pas in 1997 de kans om de brouwerij te bezoeken. Tot mijn grote verbazing werd ik begroet door een ontvangstcomité van een twintigtal stadsbewoners, waaronder enkele politici en de museumdirecteur. Nu, elke stad met een goede brouwerij zou dat bezit naar waarde moeten schatten, maar zo'n indrukwekkende uiting van burgertrots had ik nog nooit gezien. Later vernam ik dat 20 plaatselijke restaurants een menu aanbieden "à la bière Binchoise".

De man achter het bier is André Graux, een fotograaf die zonder werk zat: "Mijn vader brouwde thuis, dus dacht ik: waarom zou ik er mijn beroep niet van maken? Een jaar later trouwde ik en dat is mijn geluk geweest. Ik had altijd geleefd als een kunstenaar, maar Françoise pakte de zaken professioneel aan."

Toen ik de brouwerij bezocht, werden de bieren gebrouwen in een soepketel die voordien gebruikt was in het leger. Dergelijke ketels worden vaak gebruikt door nieuwe, kleine brouwerijen, vooral in Amerika. De Binchoise-bieren zijn, net als zovele bieren uit kleine Waalse brouwerijen, moeilijk in een categorie onder te brengen. Ze worden allemaal hergist op de fles.

La Binchoise Blonde (5,2 % in gewicht, 6,5 % in volume) heeft een honingachtig bouquet, een vleugje curaçao en een peperachtige, droge, heel smakelijke afdronk. Flora, een lentebier (5,6 % in gewicht,

7 % in volume), heeft een champagneachtige pareling, een vanille-aroma en een nootachtige mouttoets. La Binchoise Brune (6,8 % in gewicht, 8,5 % in volume) is een aromatisch, rijk en verwarmend bier met een vaag kruidenkarakter (het bevat steranijs). Bière des Ours (6,8 % in gewicht, 8,5 in volume) bevat veel honing, maar is tegelijk een mooi uitgebalanceerd bier. De honing wordt toegevoegd na de eerste gisting. Spéciale Nöel (7,2 % in gewicht, 9 % in volume) ten slotte heeft een stevig moutkarakter en bevat een vleugje kaneel.

Toen ik de hele reeks had geproefd, kreeg ik van André zijn eigen karnavalsmasker als geschenk.

BOELENS

Een familieverhaal met een verrassende wending: de Duitsers haalden de koperen ketels weg in de Eerste Wereldoorlog en de allang gevestigde familiebrouwerij werd in de rol van groothandelaar gedwongen (die ze nog altijd vervult: ze verkoopt een ruime waaier van bieren, glazen en kaas). De wending: een lid van de huidige generatie, Kris Boelens, ging met vakantie in Duitsland en deed bij een plaatselijke brouwer de inspiratie op om de productie opnieuw te starten. We schrijven 1993. Het vakantieoord was Baden-Baden en de inspiratie kwam op in het nabijgelegen Karlsruhe, waar een opmerkelijk assertief assortiment lagerbieren wordt geproduceerd door Rudi Vogel, een van de meest kleurrijke eigenaars van brouwerijcafés van de nieuwe generatie die Duitsland rijk is.

De familie Boelens was blijven werken met producten die graan, water en gist vereisen: ze had zich toegelegd op het bakken van koekjes. Kris bracht haar terug bij haar oorspronkelijke roeping door vaten van koekjesbakkerij te gebruiken om een brouwzaal te bouwen.

Bier met een verrassende wending... brouwer Boelens herstelt de familietraditie.

Een van de vaten was gebruikt geweest om honing te mengen en Boelens gebruikt ditzelfde ingrediënt in een van zijn groeiende assortiment van speciale bieren. Dit brouwsel, het Bieken (genaamd naar de bij, uiteraard), is gebaseerd op een Pilsner-mout en gehopt met Stiermark (drie keer). De schillen van Curaçao-sinaasappelen verlenen een vleugje fruitigheid aan de zoete honing die op het einde van kookproces wordt toegevoegd. Met een alcoholgehalte van 6 % in gewicht (8.5 % in volume) is het Bieken bedoeld als een stevig bier, met niet meer dan een vleugje honing. Het is goud- tot bronskleurig, floraal in het midden en met een eetlust opwekkende droogheid in de afdronk.

De brouwerij is ondergebracht in wat er op het eerste uitzicht uitziet als een voorstedelijk huis, vlakbij het dorpsplein van Belsele (Kerkstraat 7, tel. 03-772.32.00; fax 03-722.09.92; gastenbar gesloten op zondag en maandag), bij Sint-Niklaas, ten westen van Antwerpen. Dit strookje platteland, tussen de Schelde en de Nederlandse grens, is bekend als het Waasland. Het gerucht gaat dat tussen de nevelsluiers af en toe een zwervende wolf te ontwaren zou zijn. Gewoonlijk gebeurt dit wanneer de media nieuws te kort hebben. Waase Wolf (5,2 % in gewicht, 6,5 % in volume) is een bier met een volle oranje kleur en een fruitig, kruidig palet. Er worden Curaçao en koriander toegevoegd, hop van de variëteit Brewer's Gold, en 20 % van de mout is tarwe.

Een rijker brouwsel herinnert aan twee mannen, Pauw en Gijsling, die in 1898 model stonden voor een beeld opgedragen aan de opstand van de Vlaamse boeren tegen hun Franse heersers. Pa-Gijs (6,0 % in gewicht, 8,5 % in volume) wordt gehopt met Stiermark en bevat wat geroosterde mout. Het heeft de donkere kleur van walnoten en een koekjes-, chocoladeachtig accent. "Na elke werkdag op de brouwerij drinken we allemaal een glas," vertelde Kris mij.

BUSH

Een millenniummoment...Hugues en Vincent Dubuisson vieren het met een magnum.

Een nieuwe naam voor het klassieke Bush Beer. De alliteratie, de bescheiden eenvoud en de vreemd genoeg Engelse spelling moesten wijken voor Bush Ambrée. Dit is overigens niet de enige wijziging die de laatste jaren werd doorgevoerd Deze brouwerij ontstond op het landgoed Domaine de Guyssegnies, maar vestigde zich later, in 1796, aan de overkant van de weg als een onafhankelijke brouwerij. De brouwerij bleef onderdeel van een boerderij, die als een van haar hoofdgewassen gerst verbouwde. Ze is al ten minste sinds 1890 in handen van dezelfde familie. De brouwerij heeft nog steeds het uitzicht van een kleine herenboerderij: in een mooi, witgekalkt gebouw, gedeeltelijk oorspronkelijk en zeer goed onderhouden, met een pannendak en groene luiken, omgeven door eiken, populieren en essen. Het is een van de twee brouwerijen in het boerendorpje Pipaix en een van de drie in de gemeente Leuze, ten noorden van Doornik en Bergen.

Een eeuw geleden maakten de Dubuissons verscheidene producten, waaronder een zeer sterke Saison. Aan het einde van de Eerste Wereldoorlog werd de brouwerij bevrijd door een bataljon Engelsen. De naam van de familie betekent 'struik' in het Nederlands, 'bush' in het Engels. Tussen de twee wereldoorlogen werd het Engelse woord gekozen, naast de Engelse spelling Beer. Toen de eigenaars in 1933 besloten om met de boerderij te stoppen en zich te concentreren op het brouwen, werd Bush Beer gelanceerd als het vlaggenschip van het gamma.
Het Engelse accent van het bier zit niet alleen in de

naam, maar ook in de stijl: het herinnert sterk aan sommige gerstewijnen. Sinds de jaren vijftig wordt het bier gefilterd, maar niet gepasteuriseerd. In 1981 besloot de brouwerij zich alleen nog op het Bush Beer toe te leggen en alle andere producten te laten vallen.

Kort daarna begon men ook een beetje uit te voeren. Een van de markten was de Verenigde Staten, thuisland van Anheuser-Busch, de grootste brouwer ter wereld. A-B heeft een bier dat Busch heet (naast Budweiser, naar verluidt 'De koning der bieren'). De vraag kwam op: zou de consument verward kunnen raken, ondanks het kleine verschil in spelling en het enorme verschil tussen de bieren? Om elk mogelijk conflict te voorkomen, werd Bush Beer op de Amerikaanse markt verkocht onder de naam Scaldis, de Latijnse naam voor de Schelde. De rivier is niet zo dichtbij, maar is even belangrijk voor België als de Rijn voor Duitsland of de Mississippi voor de Verenigde Staten.
Bush Beer wordt gebrouwen vanaf een originele dichtheid van 24,5 Plato (1098), met winterse en zomerse Pilsener-mout en kristalmout. Er wordt driemaal hop toegevoegd, tweemaal Kent Goldings en eenmaal Stiermark. Suiker wordt in de ketel toegevoegd en er is een zeer hoge verdamping.

Dubuisson heeft een zeer goed onderhouden koperen brouwzaal uit de jaren vijftig, en zelfs bij de uitbreiding van de gistkuipen komt hun traditionalisme sterk naar voren: men gebruikte voor de nieuwe roestvrijstalen kuipen exact dezelfde geometrische vormen. Na een hoge gisting op 24–25 °C , met een zeer complexe, esterachtige gist, wordt de gist met de hand afgeschept. Dan wordt het gedurende vier weken warm bewaard, tot het op het einde afgekoeld wordt. Bush Beer heeft een diepgouden amberkleur, een kussenachtige kraag, een zacht, romig aroma en een zuiver, zacht, prachtig, afgerond bouquet, om

op te kauwen, nootachtig, met een prachtig evenwicht van zuivere, droge, kruidige hoppigheid in de afdronk ((32 E.B.U.).
Bij de producten die in de jaren negentig werden toegevoegd, zit een kerstbier, Bush de Noël. Dit wordt gemaakt met minder kristalmout, krijgt iets meer hop in de ketel, maar nog een extra dosis in de rijpingstank. Het heeft een amberrode kleur, een zeer delicaat,

bladachtig, aardeachtig aroma, een lichter hopkarakter in het bouquet (27 E.B.U.) en een prachtig evenwicht tussen mout en fruit. Beide bieren hebben een alcoholgehalte van 9,6 % in gewicht en 12 % in volume. In 1996/7 was de Noël ook te koop in een hergiste versie, in een fles van 1,5 liter. Dit bier heeft een frisser, fruitiger (perzik?) aroma, een olieachtiger textuur en rozenwater-toetsen in de afdronk Het alcoholgehalte kan in de fles opklimmen tot 10,4 % in gewicht en 13 % in volume.
Eind jaren negentig kwam de Bush Blonde, met een alcoholgehalte van 8 % in gewicht (10,5 % in volume). Dit bier heeft een heldere gouden kleur, frisse, fruitige, hoparoma's, een zacht, stevig, moutig palet en droge vermoedens van vanille, citroengras en een hoppige zuurheid in de afdronk.
Voor bierliefhebbers die de Bush-producten net iets te sterk vinden, is er een lichtere versie van 6 % in gewicht en 7,5 % in volume, 7° genaamd. Waarom het oude Belgische gradenteken op het nieuwe bier? Wel, "Bush Sept" klinkt als "Bouchette", met dus een verkleinend achtervoegsel... Dit bier is bloemig (viooltjes?), citroenachtig, peperachtig en droog-kruidig. Het bevat ook een toets van koriander, en is een uitstekend aperitief. In Noord-Amerika had men de naam Bush Light kunnen verantwoorden. Het werd er echter Clovis genoemd, naar de Koning der Franken. Om de Koning der Bieren niet te beledigen?

CARACOLE

Naast zijn 'Witte' tarwebier Troublette (p. 136) heeft deze opmerkelijke revivalbrouwerij in Falmignoul, bij Dinant, een kleurrijk assortiment van voortreffelijke speciale bieren. Eén bier ervan verwijst naar Adolphe Sax, klarinetspeler en zoon van een muziekinstrumentenbouwer, wiens wieg in Dinant stond. Op basis van de basklarinet ontwikkelde Sax in de jaren 1840 het instrument dat de jazz mee vorm hielp geven. Zij die van mening zijn dat dit duivelse

muziek is, verwijzen mogelijk naar een Duvel-achtig bier dat de naam Saxo kreeg: met een verleidelijk frisse fruitigheid die doet denken aan bananen en kersen in room, zachtjes aanlokkelijk maar doordringend en sterk (6,4 % in gewicht, 8,0 % in volume). Dit bier wordt gebrouwen met Pilsener- en Münchense mout en er wordt drie keer Saaz-hop aan toegevoegd. Het geeft ook een uiterst klein vleugje Curaçao-sinaasappelschil prijs. De Caracole Ambrée is even zwaar, slank, elegant en lang, met Stiermarkse hop en oranjeschil in de afdronk. De nog sterkere Nostradamus (7,6 % in gewicht, 9,5 % in volume), met een opvallende invloed van aromatische mout, smaakt naar chocoladepralines gevuld met port en de kleur lijkt er ook op.

In de zomer opent de brouwerij zeven dagen per week haar deuren voor bezoekers, de rest van het jaar van maandag tot vrijdag. Een brouwerij waar nog met hout wordt gestookt, moet je gezien hebben (tel. 082-74.40.80; fax 74.52.38).

Sint-Arnoldus waakt over het houtvuur wanneer het brouwwater wordt verhit in Caracole.

DE DOLLE BROUWERS

Een typisch Vlaamse spottende naam. De brouwerij van Esen (in de buurt van Diksmuide, niet ver van Oostende), in West-Vlaanderen, die dateert uit 1840, leekt gedoemd om te verdwijnen toen de eigenaar ziek werd. Maar ze werd gekocht door een familie die thuis bier brouwde als hobby. De leden van de familie oefenen allemaal een vrij beroep uit (een architect, een dokter, ...). Ze stelden de brouwerij alleen in het weekend in werking en ontwikkelden een gamma van speciale bieren voor commerciële verkoop. Ze noemden zich 'De Dolle Brouwers' en hun antieke, draaiende brouwerij is in het weekend te bezichtingen (tel 051–50.27.81). De Dolle Brouwers beschikken over een opmerkelijke collectie flessen van vroegere Vlaamse brouwerijen, naast verscheidene stukken met historische waarde. De voornaamste Dolle Brouwer is architect Kris Herteleer, die ook gekend is voor zijn gepubliceerde tekeningen van brouwerijen en cafés.

Ik werd er eens rondgeleid door de moeder van Kris. Ik heb nooit een gids met zoveel kennis van zaken en passie ontmoet: "Mout, hop en gist zijn medicijnen! We moeten het leven uit de hop halen!! We moeten oppassen met de wilde gisten!!!" Het bier van de Dolle Brouwers, altijd met hergisting op fles, heeft terecht veel waardering gekregen.
Het belangrijkste product is het Oerbier. Dit is een zware (6 % in gewicht, 7,5 % in volume), donkere ale, met een Schots accent, gemaakt van zes verschillende moutsoorten, kandijsuiker en drie hopvariëteiten. Het aroma is fruitig en de textuur is opmerkelijk zacht en romig. Het palet is aan de zoete kant, met wijnachtige ondertonen. De oorspronkelijke versie draagt de bijkomende kwalificatie 'Donker'. Oerbier Licht lijkt zeer sterk op Arabier, een bleker bier van dezelfde brouwerij. De naam Arabier is dan wel het resultaat van een onmogelijk kronkelige grap, het bier zelf is des te serieuzer. Het is een zeer goed gemengd zwaar bier

(6,4 % in gewicht, 8 % in volume), bekend voor zijn drooggehopt bouquet van Kent Goldings.

Boskeun ("paashaas"), een bier met dezelfde densiteit, is – zoals de naam doet vermoeden– een seizoenbier. Het heeft een geelkoperen kleur en smaakt gistig in de mond, met een interessante balans tussen zoetheid en droogheid. In de ketel wordt ook rietsuiker gebruikt en er wordt honing toegevoegd voor hergisting op de fles. Verschillende jaargangen van dit bier hebben verschillende graden van honing in het aroma, maar alle hebben ze iets van de zoetheid van een Sauternes. Oeral is een zomerbier van 5,6 % in gewicht, 7 % in volume, vergelijkbaar met Arabier maar niet drooggehopt. Het is ook verkrijgbaar in hergisting van het vat. Dulle Teve is een goudbronzen bier van 8,0 % in gewicht, 10,0 % in volume, en is het grootste deel van het jaar verkrijgbaar.

Dolle Brouwer Kris Herteleer (uiterst rechts) onderhoudt gasten samen met zijn moeder (uiterst links) en echtgenote (midden).

Stille Nacht ten slotte is een kerstbier. Het is ook heel zwaar: 7,2 % in gewicht, 9,0 % in volume, met de kleur van een rode Bordeaux. Het aroma is fruitig, appelachtig, er is wat droge kruidigheid in het palet (Darjeelingthee?) en de afdronk is zoeter. In 2000 staken de problemen de kop op toen Rodenbach, dat tot dan de gist had geleverd, hiermee stopte. Het spreekt vanzelf dat er ondertussen regelingen zijn getroffen om een bevoorrading te garanderen, door opkweek van de gist.

DE RANKE

Een ale met een krachtig aroma en een aanhoudende bitterheid die eerder typisch zijn voor Washington State of Oregon, maar met een Engels klinkende naam, XX Bitter, oogst alom bewondering. Het bier heeft een alcoholgehalte van 5,0 % in gewicht (6,2 % in volume) en wordt volledig gemaakt van Pilsner-mout, maar zijn gouden kleur lijkt een groenachtige schakering te hebben. Of wordt deze misschien gesuggereerd door de harsachtige hopsmaken? De brouwers zijn van mening dat het hoge hopgehalte (65 eenheden bitterheid) wordt verlicht door de zachtheid van de twee variëteiten: Brewer's Gold (dat een zoetige smaak kan hebben) en Hallertau. De hop wordt twee keer toegevoegd, maar het bier wordt niet drooggehopt. Het bier valt sterk in de smaak bij een paar toegewijden die teleurgesteld zijn door de verzachting van Orval – maar XX haalde zijn inspiratie bij Verdraagzaam van brouwerij Steedje, die ondertussen is opgedoekt.

Nino Bacelle, wiens familie een frisdrankbedrijf had, trok naar de brouwersschool en stak een handje toe in de Brasserie à Vapeur voordat hij De Ranke oprichte in 1994. De naam verwijst naar hopranken. "Ik droomde van dit bier en mijn brouwpartner heeft het gecreëerd," zegt Nino, en hij doelt op Guido Devos, een amateur-wijnmaker tot zijn belangstelling voor lambiek hem naar het bier dreef. Beide brouwers hebben een vaste baan: Bacelle verkoopt koelsystemen, vaak aan brouwerijen. Devos is topograaf. Hun echtgenotes helpen mee in het bedrijf, dat wordt geleid vanuit de woning van Nino in Wevelgem, West-Vlaanderen.

"Van dit bier heb ik gedroomd"... Nino (midden) en Guido.

De bieren worden geproduceerd in dezelfde provincie door brouwerij Deca uit Woesten, bij Vleteren. Andere bieren van De Ranke zijn een kriek (5,6 % in gewicht, 7,0 % in volume) die gebaseerd is op een zurige ale, maar met een vleugje Girardin-karakter, de sterk florale Guldenberg Tripel (6,8 % in gewicht, 8,5 % in volume) en een kerstbier, Père Noël (5,6 % in gewicht, 7,0 % in volume), met suggesties van sinaas en anijs.

DUYSTERS

Een brouwerij die nieuw leven werd ingeblazen en die gevestigd is in Diest, in het oosten van Vlaams-Brabant, vlakbij de grens met de provincie Limburg. Diest, de hoofdstad van het Hageland, telde ooit een twintigtal brouwerijen.

De originele Duysters stopte met brouwen begin jaren 1970 en werd distributeur voor onder andere zijn lokale rivaal Cerckel. Deze brouwerij sloot de deuren in 1978/9. De gebouwen van beide brouwerijen, in het centrum van de stad, overleefden. Duysters werd in 1995 weer opgestart door Marc Beirens. Aanvankelijk gebruikte hij slechts een deel van de gebouwen, waar hij een ketel van 4,5 hl installeerde die ik een aantal jaren eerder nog was tegengekomen in een brouwerscafé in Parijs. In 2001 verhuisde hij geleidelijk naar het hoofdgebouw, dat een brouwzaal heeft van 25-30 hl die al 15 jaar stillag.

Waarom stak hij van wal met zo'n ambitieus project? "Mijn familie brouwt al 350 jaar. Het zit in mijn genen," vertelde Beirens me. Zijn familie bezat ooit een brouwerij in de provincie Antwerpen, en later in Zichem, bij Diest. Toen ze deze laatste kochten, lag de productie al stil en was ze een distributiedepot geworden. Dit was voor hem de aanleiding om Duysters over te nemen.

De brouwerij heeft ook een proefkamer (013-32.36.28), die open is op de eerste zaterdag van de maand, vanaf 16.00 uur. Een van mijn collega's stond wat afwijzend tegenover het belangrijkste product, een goud-bronzen ale die Loterbol heet (naar een figuur uit de plaatselijke folklore). Ik was verbaasd, want ik vond het een verrassend floraal en hoppig bier. Beirens had hiervoor een interessante verklaring: "De grote brouwers maken hun bier elk jaar wat minder hoppig. Ik maak het mijne elk jaar hoppiger. Misschien heeft uw collega het jaren geleden geproefd." Loterbol heeft een alcoholgehalte van 5,2 % in gewicht (6,5 % in volume) in het vat, maar is sterker (5.6 % in gewicht, 7,0 % in volume tot 6,0 % in gewicht, 7,5 % in volume) in de fles, dankzij de tweede gisting. Er wordt twee keer Golding-hop toegevoegd in de ketel en het wordt drooggehopt met Stiermark. Een kerstbier, Kerstbol (6,0 % in gewicht, 7,5 % in volume), heeft een kastanjekleur en een geroosterde smaak van bruine suiker en kriekentaart, gevolgd door een peperachtige dosis alcohol. Diest stond ooit bekend voor zeer zoete, donkere bieren, maar Beirens beschouwt die stijl als "verleden tijd".

GROTTENBIER

Dit grottenbier werd gecreëerd door de eindeloos ondernemende brouwer Pierre Celis, stichter van Hoegaarden. Hij was de eerste die ervan droomde een bier te doen rijpen volgens de champagnemethode en in de jaren tachtig nam hij me mee naar de natuurlijke grotten waar hij dit zou doen.

Voor hij zijn plan in de praktijk kon omzetten, werd zijn brouwerij in Hoegaarden echter getroffen door brand. Hij stak er opnieuw geld in, verkocht ze aan Interbrew en stampte in Texas een nieuwe brouwerij uit de grond die hij ook weer verkocht, waarna hij nog tal van andere avonturen beleefde.

Vijftien jaar later nam hij me mee naar andere grotten, in de vallei van de rivier de Jeker, die in de Maas stroomt. De ingang van de grotten ligt in het Belgische dorp Kanne, deelgemeente van Riemst, net over de grens met Maastricht, de Nederlandse stad waar de twee rivieren samenkomen.

De grotten in Kanne zijn zo groot dat je er gemakkelijk met een auto in kan rondrijden. Ze zijn zelfs zo groot dat je er een auto nodig hebt – en een gids. Op de kaart staan meer dan 15 kilometer tunnels, die aangelegd lijken als het stratensysteem van een middelgrote middeleeuwse stad. Toen we nog buiten de grotten waren, had ik het gevoel dat we een enorme garage binnenreden die in de heuvel was uitgehouwen. Binnenin hebben de tunnels geen gewelfde plafonds of ruwe wanden. Ze zijn trapezoïdaal en soms 20 meter hoog. Ze zijn door mensenhanden gemaakt, door de ontginning van steen voor de bouw. Dit liet vierkante gaten op de plaatsen waar de enorme stenen blokken waren weggenomen. Deze lijnen creëerden de illusie dat de tunnelwanden gebouwd waren met stenen blokken, alsof we ons binnenin een Egyptische piramide bevonden. Hier zijn fossielen gevonden die veel ouder waren dan de piramides: zeeschelpen, een haaientand, een dinosaurus.We reden heuvels op en hoeken om, en uiteindelijk kwamen we bij een kelder die 5.000 flessen Grottenbier bevatte, in champagnerekken ('pupiters', waarin de flessen kunnen worden gekanteld en gedraaid om de gist te doen bezinken.). Deze methode wordt gebruikt, hoewel Pierre is afgestapt van het idee de flessen in te vriezen en het ijs geworden bezinksel te verwijderen. Hij wil weten welke invloed het draaien zal hebben en of er subtielere smaken worden gecreëerd in de kel-

der, met een natuurlijke, constante temperatuur (12 °C) en 95 procent vocht, dan de smaken die zich zouden ontwikkelen in de drogere, gekoelde kelders van een brouwerij. Een belangrijkere dimensie is mogelijk de aanpassing van de gist aan deze temperaturen. Naargelang de gist went aan zijn omgeving, gaat hij zeker andere smaken produceren. Grottenbier wordt gebrouwen in Affligem. Het is een sterke (5,2 % in gewicht, 6,5 % in volume) ale, met kleine hoeveelheden 'exotische' kruiden die en lichte, balancerende droogheid en brosheid creëren. Het bier is kastanjebruin van kleur, heeft een enorme, meringue-achtige kraag ((marron glacé?) en sterke aroma's die verwijzen naar oloroso sherry. Het is droog vooraan op de tong en ontwikkelt een gemiddelde tot volle body met een gelaagd moutkarakter.

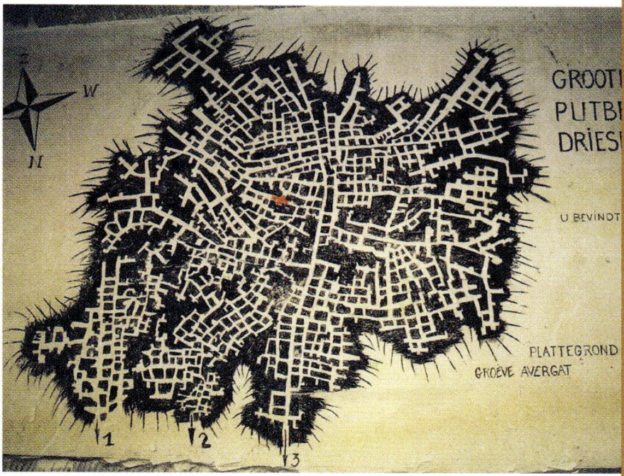

De smaken zijn droog karamel- en honingachtig. De afdronk is lichtjes medicinaal, harsachtig en heel lang. Toen ik een vroeg brouwsel proefde, noemde ik het meteen mijn 'Bier van het Jaar'.
Toen ik het proefde in de grot, leek het aroma fruitiger en het palet harsachtiger en kruidiger, met een vermoeden van zoethout. Smaakt bier anders op zo'n 40 meter onder het aardoppervlak? Een vreemde plaats om te drinken. Des te vreemder omdat we ons in een wat modern aandoende bar bevonden. De barman komt alleen op afspraak, maar hij kan wel worden ingehuurd voor ondergrondse privé-feestjes (tel. 012-45.53.55; fax 45.44.79).

Pierre Celis in zijn grotten...volgestapeld met Grottenbier

HET ANKER
GOUDEN CAROLUS

Een prachtige oude brouwerij die eindelijk een nieuw leven lijkt te krijgen onder het bewind van de nieuwe generatie van de familie die haar bezit, na kortstondige samenwerkingen met andere ondernemingen.

"Het Anker' is een veel voorkomende naam voor een brouwerij. In dit geval kan de naam verwijzen naar het riviervervoer in aken, maar waarschijnlijker is het een Bijbelse allusie: 'Hoop... het anker van de ziel" (Hebreeuwen vi, 19). Het Anker beschikt over documenten uit 1369 en was oorspronkelijk mogelijk de brouwerij van het paleis van de aartsbisschop in zijn thuisstad Mechelen.
De brouwerij heeft haar kantoren in een huis met trapgevel, een deel van een begijnhof uit de 15e eeuw. Naar verluidt zouden zusters van het begijnhof de Hospices de Beaune hebben opgericht in de Bourgondische periode.

Gouden Carolus is de specialiteit van de brouwerij. Deze naam kan verwijzen naar Karel de Grote, die over Europa regeerde vanuit Aken, niet zo veraf gelegen. Meer waarschijnlijk echter verwijst hij naar Keizer Karel de Vijfde (1500–58), die opgroeide in Mechelen en de invloed van het Heilige Roomse Rijk uitbreidde tot de lage landen.

In de jaren 1870 kwam de brouwerij in de wereldlijke handen van de huidige familie. Het Anker zit boordevol herinneringen aan haar geschiedenis. De indrukwekkende mouterij uit 1909 was een van de eerste betonnen gebouwen in België. De brouwzaal uit 1950 is een klassiek voorbeeld uit die tijd. Het meest opmerkelijke deel van de brouwerij is het open koperen koelschip dat de hele dakverdieping in beslag neemt. De zijkanten van het dak zijn, op enkele leuningen na, open. Men heeft er een prachtig uitzicht op Mechelen.

Een stadszicht vanuit een open koelschip ...

Ik bezocht Het Anker voor het eerst in 1970 en ben er sindsdien ten minste vijf keer terug geweest. Bij de eerste twee gelegenheden werd ik zo uitgebreid onderhouden door de toenmalige directeur van het bedrijf, Michel Van Breedam, dat we niet aan de gebruikelijke rondgang toekwamen. Dit was mij in nog geen enkele brouwerij in heel de wereld overkomen. Tijdens mijn derde bezoek kwam het er dan toch van. Het hoogtepunt van de rondleiding was het opmerkelijke koelschip, een model dat ik nog nergens ter wereld had gezien. En net op tijd, want de heer Van Breedam vertelde dat het koelschip vervangen zou worden door een moderne Paraflow.

Toen het oorspronkelijke systeem nog werd gebruikt, liet men het wort naar binnen lopen tot het koel genoeg was om wilde gisten te kunnen opnemen. Binnen maakte een Baudelot-koeler het werk af. Was er echt geen spontane gisting? Volgens mijnheer Van Breedam niet. Volgens hem was de huisgist zo'n speciaal mengsel, en zo ingewerkt, dat het dominant was.

Vandaag biedt het café van de brouwerij, naast enkele plaatselijke cafés, een zeer aangenaam hoppige, zuivere, knisperende 'Pils' (van hoge gisting), Blusser genoemd. Deze naam verwijst naar een universeel volksverhaal: de inwoners van Mechelen zouden hebben gedacht dat het kanaal in brand stond toen de maan erin werd weerspiegeld)

Mechelse Bruyne, met 5,2 % in gewicht (6,5 % in volume) is een minder sterke, zachtere en ontspannendere versie van de Gouden Carolus. De goud-bronskleurige Toison d'Or Triple, met 6 % in gewicht (7,5 % in volume) is floraal en citroenachtig.

Gouden Carolus begint met een graviteit van 19 Plato (1076) en 6,8 % in gewicht, 8,5 % in volume. Het wordt gemaakt van één bleke en twee donkere moutsoorten, die het bier een bourgognekleur geven. Het mondgevoel is in recente jaren verlicht met 10-15 procent maïs. Het is moeilijk te begrijpen waarom dit nodig was. Als mensen een bier met een lichtere body wilden, dan zouden ze toch

geen Gouden Carolus bestellen. (De maïs vervangt ongemoute tarwe, een traditioneel ingrediënt van de donkere ales in deze streek). De hopsoorten Challenger en Hallertau-Hersbrucker worden gebruikt, met Curaçao-sinaasappelschil en twee geheime kruiden. Ondanks de maïs geeft het eindproduct een karamelachtige geolied gevoel en heeft het een zeer kruidig, cederachtig palet. De laatste jaren is de Gouden Carolus die in België wordt verkocht, niet meer hergist in op fles. Een versie die naar de Verenigde Staten wordt uitgevoerd, wordt wel hergist op fles en vertoont veel complexere, chocoladeachtige smaken.

Sinds 1999 houdt Het Anker elk jaar een opendeurdag voor mensen die geïnteresseerd zijn in het brouwproces. Een bier dat vandaag wordt gemaakt, is een zwaardere versie van Gouden Carolus, met 22-23 Plato (1088-92) en meer donkere kristalmout. Het heeft een geelbruine kleur, een vleugje port en een alcoholgehalte van 7,2 % in gewicht, 9 % in volume tot 7,6 % in gewicht, 9,5 % in volume). Dit brouwsel heet Cuvée van de Keizer.

KARMELIET / KWAK

De karmelieten van Dendermonde in Oost-Vlaanderen brouwden in de jaren 1600 blijkbaar een driegranenbier. Deze informatie uit een recent boek over de lokale brouwgeschiedenis werd toevallig ontdekt nadat brouwerij Bosteels in het nabijgelegen Buggenhout had besloten om als zijn volgende zeer eigen specialiteit driegranenbier te beginnen brouwen.

Karmeliet was mijn eerste 'Bier van het Jaar'. Dat was een spontane reactie. Sindsdien is deze gedachte mij ook al overvallen met betrekking tot andere bieren, maar gelukkig niet meer dan één keer per jaar.

Karmeliet is een Tripel (6,4 % in gewicht, 8 % in volume), maar is wel gemaakt van gerst, tarwe en haver. In dat opzicht zou men het evengoed een zesgranenbier kunnen noemen, want elk van deze granen wordt zowel in ruwe als in gemoute vorm gebruikt. Het bier werd namelijk gelanceerd op het ogenblik dat het meergranenbrood in de lift zat.

Karmeliet is een zeer verfijnd en complex goud- tot bronskleurig bier met een geweldige, romige kraag. Het heeft deze kenmerken niet alleen te danken aan de gebruikte granen, maar ook aan het beperkte gebruik van Stiermark-hop, het overvloedig kruiden en het fruitig karakter (banaan en vanille) van de huisgist. De vanille vermengt zich met het sinaasachtige hoparoma. Het bezit niet alleen de lichtheid en frisheid van tarwe, maar ook de romigheid van haver, en het heeft ook een kruidige, citroenachtige droogheid die bijna aan kinine doet denken.

Karmeliet wordt geserveerd in een van de meest elegante bierglazen die er in België te krijgen zijn. Het glas werd ontworpen door Antoine Bosteels, een van de zaakvoerders van de brouwerij, en is versierd met een gestileerde Franse lelie. Die is gewoon bedoeld als traditioneel versieringsmotief, niet als Frans symbool. Bosteels heeft een sterke belangstelling voor antiek en sierkunsten. Dat komt ook tot uiting in de inrichting van het huis waarin zich de kleine 'kasteelbrouwerij' bevindt, witgekalkt en met een binnenhof. De brouwerij dateert uit 1791 en is al zes of zeven generaties in het bezit van de familie.

In 2001 nodigde de familie mij uit voor een lunch in een restaurant dat door een gelukkig toeval Karmeliet heet. Dit Brugs restaurant was oorspronkelijk gevestigd naast de voormalige karmelietenabdij. De maaltijd was opgebouwd rond konijn, gesmoord in Karmeliet en vervolgens opgerold en gevuld met ganzenlever, sjalotten en spinazie, gekruid met laurier en tijm. Hierbij werd uiteraard Karmeliet geschonken. Bij de andere drie gangen dronken we de hoppige pils van de brouwerij, Prosit Premium, een florale, moutige, bronskleurige ale van 4,8 % in gewicht (6,0 % in volume) die 't Zelfde heet en de al lang gevestigde specialiteit Kwak.

In de streek was er ooit een herbergier met de naam Pauwel Kwak. 'Pauwel' komt van Paul en 'Kwak' is een bijnaam voor een gezet persoon. Pauwel Kwak brouwde zijn eigen bier, dat donker en zwaar was. Hij had een koetsiersafspanning op de weg van Mechelen naar Gent. Zijn klanten waren dus ruiters die halt hielden om hun paarden te drenken. Kwak stopte hen dan een bier in de hand in een speciaal glas dat ze in hun stijgbeugels konden laten rusten.

Het type bier dat Pauwel Kwak maakte, werd een streekbier in Oost-Vlaanderen, tot het met het verloop der jaren uitgestorven raakte. Enkele jaren geleden werd het opnieuw tot leven gebracht door de Bosteels. De brouwerij populariseerde het bier door het in een 'stijgbeugelglas' te schenken in plaats van in een normaal aleglas. Omdat dit glas een bolle bodem heeft, moet het op de toog of op de tafel worden geplaatst in een houten staander. Op deze manier gepresenteerd weet iedereen dadelijk over welk bier het gaat.

Tripel
karmeliet
Tripel
karmeliet

Voor hun huis, de brouwersfamilie Bosteels...Antoine (links) en vader Ivo (rechts).

Haute Bière....het Brugse driesterren-restaurant De Karmeliet serveert konijn gedurende zeven uur in de oven gebakken met Karmeliet.

Kwak is een diep amberkleurig bier, met een aardeachtig aroma, een moutig karakter met zoethouttoetsen, een noga-achtige stevigheid en een warme afdronk die aan gekarameliseerde banaan doet denken. Het wordt gemaakt van drie moutsoorten, waaronder een beperkte hoeveelheid tarwe, en in de ketel wordt nog witte kandijsuiker toegevoegd (6,4 % in gewicht, 8,0 % in volume) .

Ooit had ik het glas 'een beetje opvallend' genoemd, maar op de dag van de lunch kreeg ik mijn verdiende loon. "Breng een warme jas mee," hadden ze gezegd. "Waarom", vroeg ik. "Je zal wel zien," was hun raadselachtige antwoord. Nu bleek dat we ernaartoe en terug zouden rijden in een door paarden voortgetrokken postkoets. Ik zat bovenop de koets, naast de koetsier. Het was februari en ik was blij dat ik mij kon verwarmen met het sterke bier in mijn stijgbeugelglas.

KASTEEL

Een van 's lands kleurrijkste brouwers, Luc Van Honsebrouck, bekend voor bieren als Brigand, kocht in de jaren '80 samen met enkele familieleden het Kasteel van Ingelmunster. Dit is een slot uit 1736 met een gracht eromheen, gelegen op een strategische plaats die ooit bezet werd door de Graaf van Vlaanderen. Men vertelt dat het kasteel in de 15e eeuw een brouwerij bezat waar donker bier

Landhuis...
met kelders een
bierkasteel waardig

werd gemaakt. In 1705 was er op die plaats al eens een kasteel gebouwd en men spreekt ook nog van een abdij, die in 640 op dezelfde plaats werd opgericht. De uitgebreide kelders van het huidige kasteel worden nu gebruikt om er bieren van de brouwerij Van Honsebrouck te laten rijpen.

Voor het kasteel creëerde Van Honsebrouck een speciale, heel serieuze, zware ale met een moutaccent. Het heet kortweg Kasteelbier. Buiten Vlaanderen gaat het door het leven als Château Beer.

Het is een immense rijk bier met 25 Plato (1100), 9,6 % in gewicht (11 % in volume). De mout omvat twee donkere soorten en wat donkere suikers. Er wordt tweemaal Kent Goldings toegevoegd en het brouwsel is ook drooggehopt. Het heeft minstens twee gistingen gekregen, met zijn eigen cultuur, een tweede gisting van twee of drie weken in de brouwerij, minstens drie maanden koude rijping in tanks, gevolgd door zes tot twaalf weken in de kasteelkelders.
In kleur, viscositeit en zelfs palet (vooral afdronk) doet het denken aan een donkere port. Het heeft aroma's en smaken van een moutig donker brood met gedroogde vruchten en kruiden. Deze complexe smaken komen naar voren zonder enige verdere rijping in de fles.

Het eerste brouwsel werd gemaakt in 1989. Sindsdien heeft Luc Van Honsebrouck mij regelmatig uitgenodigd om bieren van verschillende jaargangen te proeven en vergelijken. Op een dag toen ik eens acht brouwerijen bezocht, waar ik telkens zes tot twaalf of

meer bieren proefde, leek het erop alsof hij mij elk jaar Kasteelbier in zijn kelder wilde laten proeven. Toen ik het na drie glazen opgaf, gaf hij te verstaan dat ik mijn plicht ontliep – en dat ik er waarschijnlijk ook niet zou bijzijn op zijn begrafenis.

Luc Van Honsebrouck, s'lands kleurrijkste brouwer.

Toen het eerste brouwsel tien jaar oud was, leidde hij een groep toegewijden mee naar wat hij 'Het tabernakel' noemde, opende een valhek en nam een paar flessen. Ik verwachtte dat het bier droger zou zijn geworden, maar de meest opvallende verandering was de maderisatie. Aanvankelijk leek het zoeter en toffee-achtiger, met rozijnachtige accenten en een vleugje rokerige droogheid in de afdronk (Brettanomyces?). Na enkele jaren werd een goudkleurige tegenhanger gelanceerd met dezelfde intensiteit. Kasteelbier Gouden Tripel is een zacht, romig, nootachtig, afgerond bier met een vanilletoets en wat kruidigheid. Het kasteel heeft een park, een tearoom en

een taveerne en het bier wordt er opgediend met Belgische kazen en ham. Men kan het er ook kopen om mee naar huis te nemen. Het Kasteel van Ingelmunster ligt aan de Stationstraat 3, (tel. 056–35.34.91 of 051–30.03.85).

KERKOM / BINK

Een weer in gebruik genomen hoevebrouwerij, omringd door kriekenboomgaarden, in Sint-Truiden in Limburg. De witgekalkte maar verweerde gebouwen, rond een binnenhof met kinderkopjes, dateert waarschijnlijk van voor 1878, het jaar waarin de orginele brouwerij zou zijn opgericht. Ze werd gesloten in 1968 en zo'n 20 jaar later opnieuw geopend door Jean Claerinx, kleinzoon van de stichter. Claerinx ging met pensioen in 1999 en zaak wordt nu geleid door een echtpaar, Marc Limet en Marina Siongers, gewoonlijk zonder verdere hulp. Marc werkte vroeger in de nu gesloten brouwerij van Villers. Marina's ouders hadden een café.
Heel wat Belgische brouwerijen kunnen worden beschouwd als actieve musea. In deze brouwerij overleven stukken oude uitrusting, waarvan een deel niet meer wordt gebruikt en andere delen nog draaien, samen met nieuwere installaties. Het is als een uitgebreide familie van machines.

Enkele kratten van Kerkom...van de omvangrijke familie.

De Limburgers staan met beide voeten op de grond en de bieren kregen dan ook onpretentieuze namen als 'Bink'. Bink Blond (4,4 % in gewicht, 5,5 % in volume) is verfrissend, met een stevige, fruitige zoetheid in het midden en harsachtige hopsmaken die naar een droge, zuiverende afdronk leiden. Een meer verfijnde naam zou gepast zijn voor een dergelijk Martini-achtig bier. Het even zware Bink Bruin is romig en toastachtig.

Een specialer product wordt op de markt gebracht in het bloesemseizoen van de streek, dat loopt van midden tot eind april,

maar het is de hele zomer verkrijgbaar. Bloesem Bink (5,7 % in gewicht, 7,1 % in volume), gemaakt met honing en de lokale perensiroop, is delicaat, droogachtig en sprankelend. Later op het jaar wordt het Winterkoninkske (6,6 % in gewicht, 8,3 % in volume) gebrouwen met zes soorten mout, waaronder rogge en kristalsuiker. Het combineert een fris gevoel op de tong met rijke, donkere smaken, zoals strooptoffees gekruid met munt. Toen ik de brouwerij bezocht in 2001 stond ik ervan versteld dat ze geen bier maakten met de plaatselijk zo sterk vertegenwoordigde vruchten. Daarop schonk Marc een experimenteel brouwsel uit dat verfrissend droog was, met een parfumachtig maar ingehouden kriekenkarakter. Ik vond het lekker, maar hij vond dat er "nog iets ontbrak".

Ik proefde de producten in het café van de brouwerij, dat nog altijd zijn originele toog had, een decoratieve tegelvloer, familiefoto's aan de muren en een plafond in bas-reliëf. Het was alsof ik een glas bier dronk in iemands voorkamer.

LA CHOUFFE

Een zeer succesvolle kleine brouwerij van de nieuwe generatie in België, met een grote aanhang in tal van landen, van Nederland tot Quebec.

De naam komt van het dorpje Achouffe, in een spectaculaire vallei in de Ardennen, niet ver van het stadje Houffalize, net ten noorden van Bastogne, in de Belgische provincie Luxembourg. Bestaat er dan zoiets als een 'chouffe'? Zeker, de 'chouffe' is de gebaarde dwerg met de rode hoed, die het embleem van de brouwerij siert.

Een boerderij uit 1805 werd de eerste thuis van brouwerij D'Achouffe, in 1982. Niet veel later ging ik er voor het eerst langs, mijn eerste van vele bezoekjes. In een nis in het gebouw staat een beeld van Sint-Jozef, de parochieheilige. De stichters van de brouwerij voegden daar een schildering van hun 'chouffe' op de witgekalkte gevel van de brouwerij aan toe. De stichters zijn schoonbroers. De ene werkte als voedingsingenieur in een roomijsfabriek, de andere was een informaticus. Zij brouwden thuis als hobby, voor ze er beroepshalve mee begonnen. De eerste graanmolen was een machine die voordien gediend had om voederbieten te malen in een boerderij. De warmtedrukmeter werd uit een stoomlocomotief gerecupereerd. Hun eerste ketel, waarmee ze twee hectoliter konden brouwen, werd gemaakt uit een wasketel die ze in een antiekwinkel op de kop tikten. (Dit is minder excentriek dan het eruit ziet: de eerste Carlsberg Lager en de Ind Coope Pale Ale werden gebrouwen in gelijkaardige ketels). Enkel jaren later werd een ketel van zeven hectoliter gebouwd; later volgde nog een grotere, tot 22 hectoliter. Uiteindelijk, of waarschijnlijk niet uiteindelijk, verhuisde de brouwerij naar de andere kant van het erf en werd de capaciteit tot 70 hectoliter opgevoerd, in een zeer doelgericht gebouwde brouwerij met het uitzicht van een Ardense chalet.

Het bier wordt gebrouwen met het naar dennen geurende water van de Ardennen, Pilsener- en kristalmout, witte en donkere kandijsuiker, Stiermarkse en Saaz-hop en ten slotte koriander. Een tijdlang gebruikte men ook gagel, maar nu niet meer. De twee hoofdproducten hebben allebei een zuivere, zachte, licht gemoute fruitigheid en een aanzienlijk subtiliteit en complexiteit.

La Chouffe (19 Plato, 1076, 6,4 % in gewicht, 8,0 % in volume) heeft een gouden perzikachtige kleur en een zacht, fruitig aroma en bouquet, met een vleugje citrus. Het wordt na langere bewaring wranger, wijnachtiger en complexer. Dit bier wil verfrissend en tegelijk sterk zijn, maar zich niet plooien naar enige klassieke stijl.

Terwijl La Chouffe met de jaren bleker geworden is, heeft de donkere McChouffe er wat kleur bijgekregen. De inspiratie voor dit bier kwam van een Schotse vriend van een van de partners.

McChouffe is ook aromatischer, met een dikke kraag, en robuuster, zowel in zoetheid als in de wijnachtige droogheid, met een vleug verwarmende alcohol in de afdronk. Bij gelegenheid worden ook nog andere specialiteiten gebrouwen. Na de gisting rijpen de bieren in koele tanks voor ze op champagneflessen worden getrokken, met de datum op de kurk, en warm bewaard in de brouwerij. Er is

ook een magnum verkrijgbaar met de naam Big Chouffe. Men raadt de klanten aan de flessen drie maanden tot een jaar te laten liggen. Een boer uit de Ardennen maakt een korstige, halfzachte kaas die met La Chouffe op smaak is gebracht. En een Ardense 'charcutier' maakt een worst op basis van varkens- en rundvlees, met koriander en het bier.

Opgenomen in de Confrerie de la Chouffe... leden moeten geloven in 'Chouffes', kabouters, en een passie hebben voor bier.

De brouwerij heeft ook een eetzaal die uitkijkt op de brouwzaal, waar men gerechten kan eten die klaargemaakt zijn met het bier. Daarnaast is een wat minder formele taveerne en ten slotte ook nog een winkel (tel. 061–28-81-47). Vandaag komen hier 6000 bezoekers per jaar over de vloer. De bieren zijn een groot succes in Canada; ze worden er onder licentie gebrouwen door Le Cheval Blanc in Montreal. In 1996 kocht D'Achouffe de brouwerij van Aubel, dichtbij de kaasstad Herve, tussen Luik en Aken (Duitsland). Deze brouwerij maakte ales die op smaak werden gebracht met appels uit de streek. Vandaag staan er nog grootschaliger projecten op stapel.

POORTER

De naam heeft niets te maken met de Engelse term Porter die verwijst naar een bier in de stijl van Stout. In België is Poorter de merknaam van een speciaal bier, gemaakt door brouwerij Sterkens, dat is opgedragen aan de gemeente Hoogstraten in de provincie Antwerpen.

De thuishaven van de brouwerij is het dorp Meer, gelegen in de fusiegemeente Hoogstraten. De naam Poorter, afgeleid van poort, wil zeggen 'burger van de stad'. Dit bier is gebotteld in een stenen kruik, en werd voor het eerst in 1985 op de markt gebracht, ter gelegenheid van de 775e verjaardag van Hoogstraten.

Poorter is een donker bier van hoge gisting, met een hoog alcoholgehalte (5,2-5,5 % in gewicht, 6,5-6,9 % in volume). Het is zacht, fruitig zoet en zeer makkelijk om drinken. Het aroma is parfumachtig en het smaakt wat stroperig in de mond. Het heeft een moutig palet, met een licht-droge afdronk. Een gelijkaardig bier wordt verkocht als Sint-Sebastiaan. De brouwerij werd oorspronkelijk naar deze heilige genoemd. Er bestaat ook nog een meer hergiste versie van dit bier: de Sint-Paul Dubbel. Dit bier wordt verkocht in een opvallende, mooi gevormde fles met gekleurd glas.

Deze brouwerij beschikt echter over nog een specialiteit die volgens mij nog uitzonderlijker is, namelijk Bokrijks Kruikenbier. Bokrijk, gelegen bij Genk in Limburg, is een gemeente met een

openluchtmuseum over het landbouwersleven. Er is ook een brouwzaal (die vroeger in Hoegaarden stond) waar men dit bier kan verkrijgen. Dit zwaar blond bier van hoge gisting heeft 5,76-6,0 % in gewicht, 7,2-7,6 % in volume. Het heeft ook een stevig mondgevoel, het smaakt fruitig-droog en assertief. Het heeft een lichtjes aardeachtig hoparoma en een uitstekende aperitief-bitterheid in palet en afdronk. Het bier is drooggehopt, met Duitse variëteiten. Bokrijks Kruikenbier kent een tweede gisting in de fles. Een gelijkaardig bier, maar dan wel gefilterd, is verkrijgbaar onder de naam Sint-Sebastiaan Grand Cru, en op sommige markten als Sint-Denise. Een minder hoppig derivaat is er onder de naam Sint-Paul Tripel, op sommige markten onder de naam Sint-Laurent.

UITZET

Uitzet was een bierstijl die naar verluidt oorspronkelijk werd gemaakt in Wetteren, bij Gent, eind 18e eeuw. Het zou populair geweest zijn in de 19e eeuw en misschien zelfs nog in de 20e, en vervolgens verdwenen. De naam klinkt liefhebbers van Belgische bieren vertrouwd in de oren, maar over wat het nu precies was, lopen de meningen uiteen. Waarschijnlijk hield het in dat een deel van het beslag, of het gekookte wort, werd verwijderd, om het weer bij een ander brouwsel te voegen, misschien als onderdeel van een opzettelijke verzuring. Nu is ten minste de naam toch nieuw leven ingeblazen. "Oh, u zoekt brouwerij Uytzet," antwoordde de postbode in Wetteren toen ik zei

Ooit een bakkerij ... de nieuwe bestemming wordt trots en zonder veel omhaal aangekondigd.

André Paeleman...
"red het bier!"

dat ik op zoek was naar André Paeleman. Wetteren is zijn dorp. Toen ik hem vond, legde André uit dat zijn ouders hem als tiener zeiden dat hij niet naar de brouwersschool mocht gaan. "Ze dachten dat het alleen maar om drinken ging." Na een carrière als verpleger ging hij toch studeren voor brouwer, en nu oefent hij de job uit die zijn eerste keuze was.

"Waarom wou u brouwer worden?" vroeg ik. "Ik ben een Belg," was in het begin zijn enige antwoord. "Ik kook graag. Brouwen is koken," voegde hij er tenslotte aan toe. Hij kocht de gebouwen van een oude bakkerij, groef zijn eigen put en gebruikte vaten die eerder al dienst hadden gedaan in een zuivelbedrijf, een confituurfabriek, een colabottelarij en een aantal andere brouwerijen.

Hoe zit het nu met "Uitzet"? André vertelt een romantisch verhaal over biervaten die snel buiten werden gezet toen een brouwerij in brand stond in 1730 . "Red het bier!" klinkt inderdaad als een authentieke Belgische noodkreet. Uit een document uit 1790 waarin Uytzet wordt voorgeschreven tegen cholera, leidt hij af dat de bierstijl haver en gember gebruikte. Zijn Uytzet (5,4-5,6% in gewicht en 6,8-7,0 % in volume) gebruikt ook koriander. Het heeft een opaalachtige bronzen kleur, een fruitige achtergrondsmaak die doet denken aan Sevilla-sinaasappelen, hoewel er geen citrus in wordt gebruikt, en een kruidige, bittere afdronk.

De Uytzet is ook de basis van een kriek met een zeer goed kriekenkarakter en hij heeft een gepast wijn- en tannineachtig, lichtjes zuur druivenbier, de Druiven. Hiervoor gebruikt hij de blauwe Dornfelder-druif, die in oktober wordt geplukt, als ware het een Auslese.

Lam Gods (5,0 % in gewicht, 6,2 % in volume) heeft een bijna olijfbruine kleur en wordt gebrouwen van kristal- en zwarte mout. Het is licht gehopt, maar gekruid met steranijs. De kruidige smaken doen ook peper en passievruchten vermoeden. Het bier is opgedragen aan een man uit Wetteren die bekende, toen hij stervende was na een hartaanval, dat hij het brein was achter de roof van een paneel van het altaarstuk van Van Eyck in de Gentse kathedraal. Het paneel werd nooit teruggevonden.

Cristal Alken/Maes
Haacht
Jupiler
Stella Artois

HOOFDSTUK XVII Andere pilseners, met aantekeningen bij proeverijen

Pils

Hoe de Tsjechen inspiratie gaven voor de bieren voor dagelijks gebruik van België... en de wereld.

Ooit was al het bier ofwel donker, ofwel troebel, en met gist in de fles. Vele klassieke bierstijlen zijn nog zo. Pas toen de technieken van temperatuurcontrole het mogelijk maakten om een zeer bleke mout te maken en gisten konden worden gecultiveerd en zo gestuurd dat ze volgens een regelmaat konden neerslaan, met de hulp van kunstmatige koeling, werd het mogelijk om op betrouwbare wijze een goudkleurig, helder bier te produceren.
Het eerste bier dat in de wereld kwam volgens deze methode, werd in Pilsen, Bohemen gebrouwen in 1842. (Bohemen was toen nog een provincie van het Oostenrijkse keizerrijk, vandaag vormt het samen met Moravia de Tsjechische republiek.)

PILSEN
330 m
Pilsner Urquell
THE FIRST PILSNER ON EARTH

In die tijd was het Duits de officiële voertaal. In de Duitse taal wordt de plaats van herkomst door het achtervoegsel "-er" aangegeven. De nieuwe bierstijl werd dan ook "Pilsener" genoemd. Soms spelt men dit "Pilsner", met een enkele "e", of wordt het afgekort tot "Pils".

Het Pilsener-type was niet beter dan andere stijlen, maar het was anders, ook van uitzicht. De helderheid van het bier was een onmiskenbaar voordeel op een tijdstip dat industrieel glaswerk de plaats innam van tinnen en stenen drinkbekers. Andere stijlen van gouden lager (het moutige Münchense type; de iets grotere, stevigere Dortmunder Export; de sterke Maibock) kwamen later op, maar werden nooit even wijdverspreid, evenmin als de andere lagerstijlen zoals de amberkleurige Vienna of de donkerdere Münchense types.

Het bier uit Pilsen was zeer lekker, dankzij de zoete mout uit Moravië en de buitengewone delicaatheid van de Boheemse hop, om nog te zwijgen van de brouwkunst van de plaatselijke brouwers. Het kon in grote hoeveelheden worden gemaakt, want met de stoomenergie konden de brouwerijen op grotere schaal beginnen werken. De uitvinding van de stoomtrein ontketende in het midden van de 19e eeuw ook een revolutie in de distributie. Het Oostenrijkse keizerrijk was een Duitssprekende markt en werd weldra een handelsblok samen met Beieren en Pruisen.

Dit eerste gouden lagerbier in Pilsen was in feite gemaakt door een Beierse meesterbrouwer. Een Beierse gist, die in 1845 werd meegenomen naar Denemarken, zette Carlsberg op weg. In 1883 werd in de Carlsberg-brouwerij in Kopenhagen de eerste reincultuur van een enkelvoudige Pilsenergist geïsoleerd, wat leidde tot een heel wat betrouwbaardere productie van heldere, goudkleurige pilsbieren. In 1886 begon Heineken in Amsterdam een zuivere gistcultuur te gebruiken. Deze twee brouwerijen, in kleine, maritieme naties die hun zinnen hadden gezet op de export, deden veel werk om een afgeleide van het pilsbier te populariseren over de hele wereld.

Ondertussen brachten emigrerende Europeanen in het midden van de vorige eeuw de Pilsener-stijl over naar de Nieuwe Wereld en vanuit Amerika werd de stijl via de spoorwegen verspreid. Al vlug ontstonden er nationale merken, met de namen van Tsjechische steden zoals Pilsen en Budweis op hun etiketten.

De brouwerij in Bohemen die het eerste Pilsenerbier maakte, is nog steeds actief. Haar bier, "Pilsner Urquell" ("oorspronkelijke bron"), is nog altijd een uitstekend product, hoewel het de laatste jaren wat minder karakter heeft. De stad Pilsen heeft naast Urquell nog een tweede brouwerij die een gelijkaardig bier produceert, maar een ietsje minder elegant. Dit bier staat bekend als Gambrinus, maar de meeste Tsjechen zijn zich waarschijnlijk niet bewustvan de Belgische oorsprong van deze naam.
De Tsjechen beweren dat alleen Urquell en Gambrinus als Pilsenerbieren kunnen worden beschouwd. Hoewel er in de streek heel wat

Het begon allemaal in Pilsen in 1842.. Zo ziet de fles er vandaag uit.

andere brouwerijen zijn die gelijkaardige bieren maken, zijn zij de twee enige die in Pilsen worden gebrouwen. Een klassieke Pilsener, gebaseerd op het origineel, heeft een densiteit van om en bij de 12 Plato (1048), een gouden kleur, een delicaat, floraal hopbouquet en een "elegante" hoppige droogheid of bitterheid in de afdronk. Het alcoholgehalte bedraagt ongeveer 4 % in gewicht, 5 % in volume (hoewel dit enkele decimale graden meer of minder kan zijn).

Buiten de Tsjechische Republiek vindt men de trouwste interpretaties van de Pilsener-stijl in Duitsland; zij worden op de voet gevolgd door de lichtere en minder hoppige types uit België. De Nederlandse en Deense voorbeelden zijn gewoonlijk milder en hebben de internationale smaak beïnvloed. De Britse gouden lagers hebben minder karakter en de Noord-Amerikaanse voorbeelden voor massaconsumptie zijn zeer licht qua mondgevoel en palet.

Zoals de Tsjechen gebruiken de Duitsers alleen mout voor hun pils, tenminste voor hun eigen markt. Sommige exportversies bevatten maïs, rijst of andere vergistbare suikers. Het hopkarakter van de Duitse pilsbieren zit tussen de 20 en 40 eenheden van bitterheid. Belgische pils bevat meestal 70 tot 100% mout en qua bitterheid zit hij gewoonlijk in de 20 tot 30 eenheden. Vele internationale pilsen hebben gelijkaardige moutgehaltes en een bitterheid van onderaan in de twintig. Sommige Noord-Amerikaanse types bevatten slechts 60% mout en 12 tot 15 eenheden van bitterheid.

Continentale Europese brouwers in de traditionele bierlanden laten hun pils tussen één en (in zeldzame gevallen) de klassieke drie maanden rijpen. Elders is drie weken al een maximum.

Zulke vergelijkingen vertellen niet het hele verhaal, maar ze leveren wel meetbare informatie over het karakter dat een bier kan hebben. Omdat de meeste andere bierstijlen in België zo bijzonder en zo typisch Belgisch zijn, kunnen alleen de pilsbieren worden vergeleken met die van andere landen. De vier grootste Pils-brouwerijen worden besproken in alfabetische volgorde, gevolgd door aantekeningen bij proeverijen van Pilsener-bieren van kleinere producenten.

CRISTAL ALKEN/MAES

De Pilsener-stijl verspreidde zich vanuit Centraal-Europa en Duitsland en kwam België binnen in het oosten. Niet ver van de Duitse grens ligt het dorpje Alken, in het noordoosten van Belgisch Limburg. De brouwerij van Alken werd opgericht om tegemoet te komen aan de robuuste smaken van de steenkoolindustrie die in de jaren twintig en dertig in Limburg opkwam.
De distinctieve gist van de bekende Duitse Pils-brouwerij König uit Duisburg werd gebruikt om Cristal Alken in het zadel te helpen. Het was het eerste Belgische bier dat zichzelf bewust voorstelde als een Pils, en het legde sterk de nadruk op geurige hopsoorten, voor-

al van de Saaz-variëteit. De brouwer die het introduceerde, staat vereeuwigd in een glasraam in de huidige moderne brouwerij.
Cristal levert bij het schenken een heel romige, mooie kantkraag. Het heeft zeer sterke hopsmaken en een zuiverende, droge bitterheid in de afdronk. Hoewel het de laatste jaren een beetje van zijn hopkarakter heeft verloren, is het nog altijd een van de bitterste voorbeelden van de stijl in België.

Nog een voorbeeld van volhardende koperen brouwketels ... die de wacht houden in Alken.

Alken en zijn noordelijke rivaal Maes sloegen een aantal jaren geleden de handen in elkaar, maar ze behielden elk hun eigen brouwerij. In 2001 kwam de bevestiging dat brouwerij Maes, in Waarloos tussen Antwerpen en Mechelen, haar deuren zou sluiten.
Men neemt aan dat de eerste brouwerij in Waarloos van 1300 dateert. In 1800 was er een steenbakker die te veel zonen had om hem op te volgen; een van hen begon dan maar bier te brouwen. Het oudste gebouw vandaag is de mooie brouwzaal uit 1920 (een van de twee brouwzalen), die men vanop de hoofdweg kan zien. Na de Tweede Wereldoorlog werd de onderneming vooral bekend om haar pils.

In haar hoogdagen was brouwerij Maes bekend om haar contract met een mouterij in Tsjechië, om haar gebruik van de klassieke dubbele decotiemethode voor het beslag en voor het gebruik van veel Saaz-hop. Het brouwsel koelt op natuurlijke wijze af in een open tank in een kamer die in de brouwerij "de kapel" wordt genoemd, volgens een klassieke koude (5,5–8,6 °C), trage (12 dagen)

gistingsprocedure in twee fasen. Het bier rijpt twee maanden. Het resultaat is een sterk floraal "Chardonnay"-bouquet en -palet en een licht, stevig mondgevoel. Alken-Maes heeft in het verleden deel uitgemaakt van de Kronenbourg-groep en is nu in handen van Scottish and Newcastle. Het is afwachten geblazen hoe deze twee Pilsners zullen evolueren nu ze een brouwerij delen.

HAACHT

Vrij grote brouwerij nabij het dorp Haacht, tussen Leuven, Brussel en Mechelen. Haar Pils heet Primus. Na een zoetig begin evolueert dit bier snel naar een stevig moutkarakter om te eindigen in een dorstlessende afdronk met een lichte hopsmaak. De mout komt uit Nederland en Frankrijk. Voor het aroma gebruikt men Saaz-hop, voor de bitterheid het Amerikaanse Galena.
Haacht maakt ook een gouden lager, bedoeld als een bier in de

Dortmunder-stijl, maar het neigt half naar Maibock. Met een knipoog naar het Duitse embleem wordt het Adler genoemd. Dit is een zeer zuiver, zacht en moutig bier met een erg zoetig palet en een evenwichtige droogte in de afdronk. Adler heeft een densiteit van 15,5 Plato (1062), 5,3 % alcohol in gewicht en 6,6 % in volume.

Haachts andere producten, die elders in dit boek worden beschreven, zijn onder meer een "wit" tarwebier, een zeer aparte regionale specialiteit, het Gildenbier, en de abdijbieren met de naam Tongerlo. Haacht verkoopt ook nog een mineraalwater uit eigen bronnen.

De onderneming stamt uit het begin van de 19e eeuw en begon als een zuivelfabriek. De Belgen verzetten heel wat melk, maar houden toch meer van bier, zodat in 1898 een brouwzaal werd bijgebouwd. Uit die periode is er nog een mouterij, die nu als opslagplaats wordt gebruikt. De huidige gebouwen dateren van een grotere expansie in 1923. Het volgende jaar werden ze door de koning bezocht, wat men kan zien op de foto's die prominent zijn opgehangen. Besnorde mannen met kapmantels kijken uit over een

mooie brouwzaal met wat art nouveau trekjes.
Vandaag ligt deze brouwzaal er verlaten bij, maar toch is ze nog bruikbaar. De brouwzaal uit de jaren '20 werd vervangen door een zaal die uit de jaren '30 lijkt te dateren. De koperen kappen op de vaten zijn inderdaad gerestaureerd materiaal uit de jaren '30 en zijn, zoals gebruikelijk, gemonteerd op een bakstenen rand; de onzichtbare structuur onderaan is echter roestvrij staal uit de jaren '90. Het is een prachtige brouwzaal en een opmerkelijk gebaar naar de traditie.

Tegenover de brouwerij ligt de taveerne Brouwershof, in een Victoriaans huis met een oranjerie. De taveerne is zeven dagen per week open. Bezoekers kunnen er biergerechten proeven en het aanbod Haacht-bieren degusteren. De Pils wordt ongefilterd geserveerd, als Primus met Gist. Gasten die deze bieren bestellen, gebruiken doorgaans liefkozende afkortingen: "Twee Mets"..."Drie gist". Het is een zacht smakend bier dat de typische gistgeur heeft van zuurdesembrood.

De brouwerij ligt in een bosrijke streek, dichtbij het dorp Boortmeerbeek. Aan de overkant van de hoofdweg ligt Haacht zelf.

JUPILER

De Pilsener met de beste verkoopscijfers in België. Het bier werd genoemd naar Jupille, ooit een dorp maar nu een industriële voorstad van Luik. Deze stad, op een steile helling in de vallei van de Maas, speelde een belangrijke rol in de ontwikkeling van de mijnbouw en de staalnijverheid. Een firma die hier ketels maakte voor brouwerijen begon in 1853 zelf bier te maken. Dit lijkt een vreemde stap. Was de brouwerij misschien het paradepaardje dat de kwaliteiten van hun materiaal illustreerde?

De brouwerij werd gesticht door de familie Piedboeuf en heeft jarenlang die naam gedragen. Vrij vertaald betekend deze naam "rundervoet", wat dus niet noodzakelijk naar bier verwijst, maar in een lettertype uit de jaren '30 prijkt hij nog op de toren van de oude brouwerij, een historisch monument in Jupille.

Piedboeuf was sterk in tafelbieren en begon pas een Pils te brouwen rond 1960, toen de stijl sterk opkwam in België. Het bier werd Extra Pils genoemd, maar was blijkbaar niet meer dan een symbolische gooi naar de stijl. Half jaren '60 werden dan proefbrouwsels gemaakt om een serieuzere Pils te maken. Het vijfde brouwsel bleek geschikt en werd in 1966 op de markt gebracht. Aanvankelijk droeg het de naam Jupiler "5". Het was dan wel een laatkomer op de Pils-markt, maar het bier verwierf een stevige positie (genoeg om de firmanaam te vervangen door Jupiler). Het succes werd nog aangewakkerd door een strenge en continue opleiding van het personeel op het vlak van de zorg voor, het tap-

Het ontbeert misschien de romantiek van koper, maar roestvrij staal heeft klasse... de drie brouwlijnen van Jupiler zijn goed voor vier miljoen hectoliter per jaar.

pen en presenteren van het bier.

Jupiler is 90 procent mout en de resterende 10 % is maïs. Het heeft 23-25 eenheden bitterheid en de Saaz-hop bepaalt mee de smaak. Een systeem van dubbele gisting wordt gebruikt. Het bier heeft een fris, licht nootachtig aroma en een iets moutiger palet dan zijn directe rivalen. Ondertussen wordt het gebrouwen in een fraaie, moderne brouwerij, die boven de oude uittorent.

De nieuwe brouwerij kwam er na de fusie van Jupiler met Artois uit Leuven eind 1980. Sindsdien gaan beide brouwerijen samen door het leven als Interbrew. De twee firma's hadden al een aantal wederzijdse participaties, die elders in dit boek worden besproken. Na Anheuser-Bush uit de Verenigde Staten is Interbrew nu de tweede grootste brouwer ter wereld. In 2000-2001 wou Interbrew Bass overnemen, in het Verenigd Koninkrijk, waar het al de eigendom verworven had van Whitbread. Het bezit de grote Canadese brouwerijgroep Labatt, de Amerikaanse brouwerij Rolling Rock en nog tal van andere brouwerijen in een twaalftal landen, van de Dominicaanse Republiek tot Roemenië.

STELLA ARTOIS

Naarmate zijn moederonderneming groeit, gaat de ster van dit bier nog feller schijnen in nog meer landen. Interbrew ziet Stella als haar internationale "topproduct". Nog voor zijn recente groei was Stella al goed gekend buiten zijn thuisland en jarenlang was het het best verkochte bier in België. Nu is het er niet langer marktleider, maar het is nog altijd sterk vertegenwoordigd. Stella wordt gemaakt in Leuven, een stad met een uitstekende ligging: in het midden van het land, op de grens tussen Vlaanderen en Wallonië. De geschiedenis van de brouwerij gaat terug tot in 1366. Op dat moment bestond er volgens de plaatselijke annalen al een herberg-brouwerij Den Horen. Het wapen van de herberg was een jachthoorn. Dicht in de buurt waren er wouden waar men op herten en wilde beren jaagde. In 1425 werd Leuven reeds een universiteitsstad, zodat haar belang groeide. Een eeuw later waren er al 42

brouwerijen. In 1708 behaalde Sébastien Artois, die in Den Horen leerschool had gelopen, zijn diploma van meesterbrouwer. Minder dan tien jaar later kocht hij de zaak over. Via broers, zusters, huwelijken en erfenissen bleef er meer dan honderd jaar een Artois in de brouwerij en vandaag zijn de aandelen nog altijd in particulier bezit. In 1892 begon Artois met het maken van een gouden lager met de

De nieuwe brouwzaal bij Haacht.

naam Bock. In Duitsland wijst deze term op een zwaar bier. In België en in Frankrijk werd hij echter gebruikt voor een gouden lagerbier dat nog lichter was dan een Pilsner (misschien omdat dit bier uit de grote bierkannen van de Duitsers gedronken kon worden?). In 1926 introduceerde de brouwerij een kerstbier, een gouden lager in de Pilsener-stijl, met een kruidig hopkarakter. Met de kerstster als symbool werd het bier "Stella" genoemd (het Latijnse woord voor ster).

Stella Artois werd het bekendste bier van België, in binnen- en buitenland. Artois werd de grootste brouwerij van België en kocht niet alleen plaatselijke concurrenten op, maar ook brouwerijen in Nederland en Frankrijk.

De gerst die in Leuven wordt gebruikt, komt uit Frankrijk, de Britse eilanden en Denemarken. De Franse gerst komt per boot. Leuven is een binnenhaven aan een kanaal, dat in noordelijke richting via Mechelen verbonden is met de Schelde en de zee. Aan de kanaalzijde domineren de verschillende Artois-gebouwen een deel van de stad.

Stella heeft een Tsjechisch hopkarakter in zijn aroma en een vage verwijzing naar pas gemaaid hooi, een licht, droog, moutig midden en een fijne vleug hop in de afdronk. De laatste jaren is het iets aromatischer en moutiger geworden, en een fractie minder droog. Artois heeft ook een zwaarder (4,6 % alcohol in gewicht, 5,7 % in volume), moutiger, zoeter, romiger, goudkleurig lagerbier met de naam Loburg, bedoeld om te kunnen concurreren met sommige "super premium-bieren" uit Denemarken. Loburg heeft ook zijn eigen gistcultuur. De firma produceert ook Pils onder verschillende plaatselijke etiketten, zoals Wiels en Safir. Dit waren oorspronkelijk brouwerijen in Brussel en Aalst.

ANDERE PILSENERS, MET AANTEKENINGEN BIJ PROEVERIJEN

Toen de Pils in België het bier voor dagelijkse gebruik werd, vooral na de Tweede Wereldoorlog, in de jaren '50 en '60, begon zowat elke brouwerij er een te maken. Sommige van de kleinere brouwerijen, die alleen uitgerust waren om bieren van hoge gisting te maken, gebruikten deze techniek om benaderingen van de lagerstijl te maken. Eind jaren '70 kwam de herontdekking van de speciale bieren van hoge gisting en begon een aantal lokale brouwers de pils minder te benadrukken. Deze besprekingen zijn gebaseerd op recente proeverijen.

AKILA

De naam betekent "Arend". Toen nog niet zoveel mensen konden lezen en schrijven, werden dergelijke heraldische symbolen gebruikt op de uithangborden van herbergen. Aangezien de herbergen hun eigen bier brouwden, werden de afbeeldingen overgenomen door de brouwerijen. Brouwerijen met een "Leeuw" kwamen wereldwijd veel voor, maar ook de "Wolf" en de "Arend" waren typische symbolen. Brouwer "De Arend" van Louwaege in West-Vlaanderen maakt Akila Pils. Deze heeft een licht kruidig aroma, met niet teveel bitterheid van de hop maar een heel zuivere, dorstlessende droogheid. Doet denken aan Cristal Alken in zijn hoogdagen.

BAVIK PREMIUM PILS

Van De Brabandere uit Bavikhove, West-Vlaanderen. Deze pils lijkt de laatste jaren een sterker kruidig, citroenachtig, hoppig karakter te hebben gekregen en knisperender te zijn geworden. Vier of vijf jaar geleden legde ik in mijn aantekeningen van proeverijen steevast de nadruk op een moutige zoetheid.

BOCKOR PILS

De naam, die twee bierstijlen door elkaar haalt, dateert van 1930, toen lagerbieren uit Duitsland en Tsjechoslovakije voor het eerst

werden nagemaakt in België. Bockor Pils heeft een schitterende helderheid, een licht, droog aroma, een knisperend mondgevoel en een lichtjes scherpe maar eetlust opwekkende afdronk. Van Vander Ghinste uit Bellegem, West-Vlaanderen.

GOLDEN KENIA

De naam komt van een gerstvariëteit die populair was in België toen deze Pils op de markt werd gebracht. Het bier heeft een fris, muntachtig hoparoma en een stevige, zachte, moutige body die echter wat wegvalt in de afdronk. Het wordt gebrouwen in Melle bij Gent, Oost-Vlaanderen, door Huyghe. Golden Kenia was ooit het belangrijkste product van de brouwerij, maar nu verkoopt Huyghe een kleurrijk assortiment speciale bieren, waaronder de sterke Delirium Tremens (p. ???).

MARTENS PILSENER

Dit familiebedrijf is de Belgische brouwerij die het dichtst bij de Duitse grens staat. Het ligt in het dorpje Bocholt, dat een naamgenoot heeft vlakbij in Duitsland. Als er iemand is die een Belgische pils kan verkopen aan de Duitsers, dan moet het wel een Limburgse brouwerij zijn. Vanuit een Belgisch perspectief kan haar hoppige Martens Pils bijna worden beschouwd als een regionale specialiteit. Het bier heeft een schitterende, volle goudkleur, een fris, kamilleachtig, licht medicinaal aroma, en een stevigere body dan de meeste Belgische pilsen, en een hoppige droogte die blijft hangen tot de lange, stevige afdronk. (Saaz-hop, in twee keer toegevoegd; 17 eenheden bitterheid).

PAX PILS

Waarom een bier naar het Latijn voor "vrede" noemen? Misschien moeten we de reden zoeken in de periode waarin het voor het eerst gebrouwen werd, of anders in de nabijheid van de twee landsgrenzen. Pax heeft een licht, zuiver moutkarakter, dat ik ook al terugvond in andere bieren uit deze streek, en een stevige, knisperende afdronk Het heeft een bijzonder hoog moutgehalte (94 %), de rest is maïs. Het brouwsel wordt driemaal gehopt, met Northern Brewer, Hallertau en Saaz. De hopbellen worden in een molen fijngehakt (een ongewone, maar zeker niet unieke procedure, om het maximum uit de hop te halen).

Het rijpen duurt vier tot vijf weken. Het bier komt van de Sint-Jozef-brouwerij in het dorpje Opitter bij Bree, in Limburg. Dehuidige brouwzaal dateert van de jaren dertig en geeft uitzicht op de dorpskerk. De brouwerij is al vier generaties in handen van dezelfde familie. De brouwerij maakt ook een iets voller smakende gouden lager met de misleidende naam Ops-Ale, niet te verwarren met het Brabantse Op-Ale. Er is ook nog een amberkleurige, moutigere lager in Weense stijl, met de naam Bokkereyer, naar de rovers die Limburg vroeger onveilig maakten.

PROSIT PILS

Misschien verwijst de Duitse naam naar een vrij robuust hopgehalte (26 eenheden bitterheid; Hallertau-Hersbrucker en Saaz). Dit is een zeer kruidige, florale (viooltjes?), aromatische pils. Van brouwerij Bosteels in Buggenhout, Oost-Vlaanderen. De brouwerij is beter gekend voor haar Kwak en Karmeliet (p. 333)).

ROMY

Van de brouwerij van de familie Roman, bij Oudenaarde, Oost-Vlaanderen. Deze pils heeft een hoparoma van "groen fruit", een zuiver, licht, verfrissend palet en een eetlust opwekkende droogte in de afdronk.

SAS PILS

De naam verwijst naar een kanaalsluis van historisch belang in de buurt van brouwerij Leroy in Boezinge, West-Vlaanderen. Het bier laat zich schenken met een zeer witte kraag en een goede pareling. Het heeft een zeer licht moutig aroma en palet, een licht sprankelend mondgevoel en een zachtjes opkomende droogheid in de afdronk. Dit bier is 95 % mout. De resterende 5 procent (nauwelijks het vermelden waard?) is rijst, voor een lichtere kleur. Een gelijkaardige naam, Sasbräu, wordt gebruikt voor een lagerbier in de Dortmunder-stijl met 5 % alcohol in gewicht (6,3 % in volume). Dit is een stevig en geurig bier dat volledig van mout is gebrouwen, met een uitstekend hoparoma.

HOOFDSTUK XIX

Bier drinken in stijl

Brussel, de hoofdstad van België, beschikt over enkele van de mooiste biercafés ter wereld. Hier kunt u genieten van de verrukkelijke Belgische brouwkunst. Dit hoort gewoon bij de plaatselijke rituelen. Misschien moet u er 's winters een bezoek brengen om de decoratieve kunst te bekijken en 's zomers om gewoon wat op het terras te zitten en het straatleven gade te slaan.

De bemiddelde bezoeker logeert dan wellicht in het Hotel Métropole (de minder buitensporigen kunnen bijvoorbeeld iets drinken in de bar), dat in 1895 op het Brouckèreplein werd gebouwd. Café Métropole is een extravagante uitspanning met prachtige kandelaars, waar je het aperitief van het huis kunt drinken: een cocktail op basis van Campari, 'Italiano' genaamd. Een lekker drankje, maar op de verkeerde plaats. Als u in Brussel bent, doe dan als de Brusselaars die u aan de tafels rondom een Duvel, een Radieuse of een Witte Hoegaarden ziet drinken. Dit is helemaal geen gespecialiseerd biercafé, maar toch staan er 20 soorten op de lijst, waarvan de meeste Belgisch zijn. Een van de decoratieve glaspanelen toont hoe het bier uit vaten in stenen kannen overgetapt wordt.

Wie iets eenvoudigers zoekt, steekt gewoon de straat over en bezoekt de Brasserie Vossegat, uit 1884 (Adolf Maxlaan 54). Deze gelegenheid houdt het bij opgezette dieren in glazen kasten en bazige serveersters met witte schorten. Ze zitten een beetje als babbelmeiden aan de tapkast, maar blijken toch erg vriendelijk.

Langs de hoofdlaan, de Anspachlaan, staat het Beursgebouw, geflankeerd door twee zijstraten met in elk een klassiek epoque-café.

Links, in de Beursstraat, vindt u taverne Cirio (1886), met binnen en buiten oude reclamepanelen van Vermouth Bellardi uit Turijn, Champagne Jacot uit Epernay, Ferroidas Royal Port uit Porto en Londen, en Mc Ewan's Scotch Ale van het vat. De klanten drinken er Palm en Hapkin (een kruidig, fruitig, zoet en sterk bier dat iets voller van kleur is dan Duvel). Ook dit is geen echt biercafé, maar je kunt er wel kiezen uit 45 soorten. De oude dame die achter een Bush zit te genieten, ziet eruit alsof ze beter een kruidenthee zou drinken. Een mooi in hout uitgesneden achtertoog heeft vijf planken met glimmende glazen. Er zijn drie vertrekken, gescheiden door uitgesneden houten schermen en verdeeld in zes compartimenten door wervelende spiegels. In een binnenkamer staat een toonkast met 50 medailles, uitgereikt aan Francesco Cirio voor bewezen diensten aan de toogklant.

Herinneringen aan de Belle Epoque in Café Métropole.

Aan de andere kant van de Beurs, in de Henri Mausstraat, staat het beroemdste art-nouveaucafé, de Falstaff. Het werd in 1883 gebouwd door baron Allard. Het beslaat twee panden, met interieurs uit 1903, ontworpen door een medewerkers van Victor Horta, de bekendste architect van de Belgische art-nouveaubeweging. De taverne is bijzonder groot en een gedeelte is verder onderverdeeld in kamers met uit hout gesneden gewelven, lampenkappen in de vorm van bloemen, overal gewelfde spiegels, panelen in glas-en-lood die de drinkende Falstaff uitbeelden, bordeaux gekleurde muren en nog een aantal achterin gelegen hoekruimten voor rustige keuvelaars.
Ik heb altijd de Beurs als uitgangspunt genomen om de Falstaff terug te vinden, maar toen ik uiteindelijk de moeite nam om de straatnaam te noteren, overviel me een gedachte. Was Henri Maus niet de man die de term 'art nouveau' heeft bedacht? Nee, ik zat bij de verkeerde Maus. Het was immers Octave Maus die samen met

Edmond Picard, ook een Belg, in 1881 het tijdschrift 'L'Art Moderne' uitbracht. En in deze publicatie werd de naam inderdaad voor het eerst gebruikt. Later, in 1895, nadat in Parijs een winkel met de naam Art Nouveau was geopend, zou de term populairder worden en algemeen ingang vinden. Als we het over de art nouveau hebben, moeten we eerder denken aan Brusselse cafés dan aan Parijse metrostations. Dat is trouwens wat sommigen doen.

De beweging ging ervan uit dat een ontwerper van meubels, interieurs of gebouwen ook een kunstenaar kan zijn. Ze erkennen de culturele bijdrage van de ambachtsman, en dat is een onderdeel van het Belgische bewustzijn geworden. Het is dan ook geen toeval dat zoveel kleine Belgische brouwers zich graag 'artisanale' brouwers noemen.

De Belgische traditie van handwerk en technische vaardigheden gaat terug tot de kluizenaars en de abdijen van de Ardennen, de houtskoolbranders, ijzersmelters, glasblazers en tapijtwevers uit Vlaanderen. Tijdens de Industriële Revolutie en de korte koloniale periode kenden de bevoorrechte klassen in België een grote welvaart en creativiteit. Dit was de 'belle époque', de goede oude tijd vóór de Eerste Wereldoorlog. In die periode ontwikkelde een groep van de middenklassen en rijke intellectuelen de 'kunst van het volk' tot een designtheorie. We kunnen die vandaag nog steeds bewonderen terwijl we ons glas bier drinken.

Volg de Henri Mausstraat en loop door tot aan de Grote Markt. Iedereen die Brussel bezoekt, wandelt naar die prachtige Grote Markt met haar gildenhallen uit de 17e eeuw. (De enige die overigens nog als gildenhuis dienst doet, is die van de brouwers). Op het nummer 24 en 25 kun je even uitrusten in de Chaloupe d'Or, een gelegenheid uit 1900.

Niet elk historisch café in Brussel is fin de siècle en een behoorlijk aantal is nog wat ouder. Verscheidene cafés liggen verborgen in de straatjes rond de Grote Markt: La Bécasse bijvoorbeeld (Taborastraat 11), waar gezoete Lambic wordt geschonken uit stenen karaffen, maar ook een droger brouwsel op fles van Cantillon. Er staan worst- en kaasschotels op het menu. Het café heeft houten banken en een architecturale stijl die Vlaamse keukens vermengt met een vleugje Moorse invloed uit de tijd van het Spaanse rijk. Als alle tafels bezet zijn, kijk dan even op de bovenverdieping. Au Bon Vieux Temps (Grasmarkt 12) serveert het gelijknamige bier en heeft een glas-in-lood-raam dat uitkijkt op de Onze-Lieve-Vrouw-kerk en de Sint-Michielskathedraal. Dit café dateert uit 1695.

Als u een glas bier wilt drinken in een café waar Max Ernst ooit over de vloer kwam en René Magritte klant was, moet u naar het Goudblommeke van Papier(La Fleur en Papier Dorée) in de Cellebroerstraat 55. Twee kleine kamertjes, verbonden met enkele trapjes, rommelig en met een vriendelijke sfeer.

Eén van de favoriete cafés in Brussel is de Mort Subite in de Warmoesbergstraat 7. Het dateert uit de 19e eeuw en werd in 1926 gerenoveerd, maar straalt sterk de sfeer uit van rond de eeuwwisseling. Met de banken tegen de crèmekleurige muren, de spiegels tot aan het plafond en de rij tafels in het midden heeft het wel wat van een stationsbuffet. Mort Subite was het decor van het gelijknamige ballet van Maurice Béjart. (zie ook het hoofdstuk lambiek).

Nog altijd in het stadscentrum, in de Koningstraat 316 (u moet wel een eindje verder stappen, maar het loont de moeite), ligt De Ultieme Hallucinatie, gebouwd in 1850 en gerestaureerd in 1904. Hier vindt je nog een klassiek art-nouveau-interieur, met een marmeren trap, koperen pauwen en banken die niet zouden misstaan in een trein. Het ene gedeelte van de Ultieme Hallucinatie is een studentikoos café, waar ook snacks te krijgen zijn, het andere een uitstekend restaurant met redelijke prijzen (tel. 02–217-0614).

Al deze cafés zijn interessant voor hun interieur, en overal vind je wat iedereen – behalve een Belg – als een uitgebreid assortiment zou beschouwen. De Ultieme Hallucinatie is misschien net een uitzondering, maar verder zal geen enkel café van zichzelf beweren dat het gespecialiseerd is in een grote selectie bieren.

Het echte gespecialiseerde biercafé is een Belgisch en Nederlands verschijnsel. In een boek als dit kunnen we dan ook niet méér doen dan een lijst geven van enkele bekende, drukbezochte cafés.

CAFÉS, BARS EN WINKELS

De meeste cafés die elders in dit boek worden besproken, zijn interessant voor hun typische sfeer of omdat ze een welbepaald bier aanbieden. Andere cafés hebben een ruimer bieraanbod. Wat nu volgt, is slechts een beperkte selectie. Een zeer goed gedocumenteerde en regelmatige bijgewerkte nieuwsbrief, A Selective Guide to Belgian Bars, wordt uitgegeven door de Belgische tak van de Britse Campaign for Real Ale, Postbus 5, Atrebatenstraat 67, 1040 Brussel, België (fax 02-295.86.25. e-mail: Stephen D'Arcy@cec.eu.int). CAMRA heeft in Groot-Brittannië ook een pocket uitgegeven met de titel Good Beer Guide to Belgium and Holland (32 Alma Road, St Albans, Hertfordshire, England, AL1 3BW; fax 0727–84.87.95). Zaken wijzigen hun openingsuren, verhuizen of gaan dicht. Eerst bellen dus, voor u reisplannen maakt.

Ik dank Stephen D'Arcy, Vanberg en Dewulf, Derek Walsh en Drew Ferguson voor hun suggesties.

WAAR BELGISCH BIER KOPEN

De meeste cafés die elders in dit boek aan bod komen, worden vermeld wegens hun specifieke sfeer of het aanbod van een bijzonder bier. Daarnaast zijn er veel etablissementen met een veel uitgebreidere selectie. Sinds ik 25 jaar geleden voor het eerst over Belgische bieren schreef, geven nu ook andere schrijvers en liefhebbers informatie over de plaatsen waar zij gevonden worden. "A Selective Guide to Belgian Bars" is een nieuwsbrief die wordt uitgegeven door Stephen D'Arcy van de nationale afdeling van "Britain's Campaign for Real Ale", postbus 5, Atrebatenstraat 67 in 1040 Brussel. E-mail: Stephen.D'Arcy@cec.eu.int. Essentiële lectuur die regelmatig wordt bijgewerkt. CAMRA in Britain publiceert ook een paperback van de hand van Tim Webb, met name "Good Beer Guide to Belgium and Holland" (230 Hatfield Rd, St Albans AL1 4LW, England, U.K.. Fax 01727-867670). "The Beers of Wallonia" van John Woods en Keith Wrigley (Artisan Press, Bristol, England) geeft een gedetailleerde lijst van brouwerijen.
Ik sta bij deze auteurs in het krijt voor hun aanvullingen bij mijn eigen lijst. Openingsuren veranderen, zaken verhuizen of sluiten: bel even voordat u reisplannen maakt.

BELGIE

Festivals
Er zijn ten minste een dozijn plaatselijke festivals (raadpleeg bovengenoemde Selective Guide van Stephen D'Arcy), maar de volgende zijn nationaal:

Eind juni: **"Bier Passie Nacht"** is een nieuw, commercieel festival, door het gelijknamige magazine georganiseerd in Antwerpen (E-mail: desk@greatbelgianbeers.com).
Begin september: **"Het Weekend van het Bier"** wordt georganiseerd door de Confederatie der Brouwerijen van België (CBB), op de Grote Markt in Brussel. (www.beerparadise.be)

Midden september: Om de drie jaar worden een **hopstoet en bierfestival** georganiseerd in Poperinge (Toeristische dienst, 1 Stadhuis Markt, Poperinge, B-8970. Tel 057-33-40-81). Zie ook het hoofdstuk over hop, het deel over het trappistenbier van Westvleteren en onder de referenties Poperinge en Ieper.
Midden oktober: **het 24-urenfestival** is een organisatie van de consumentenbeweging de Objectieve Bierproevers in Antwerpen. (Tel 03-332-45-38)

Brouwerij bezoeken
De meeste brouwerijen ontvangen bezoekers, maar een e-mail, fax of brief vooraf wordt gewaardeerd. De trappistenkloosters geven geen publieke rondleidingen in hun brouwerij. In Achel kan het bier ter plaatse worden geproefd. Met uitzondering van Rochefort hebben de andere een herberg in de buurt van de brouwerij.

musea
Veel Belgische brouwerijen zien zichzelf als actieve musea. De brouwerij Cantillon in Brussel is daarvan een sprekend voorbeeld. De stad heeft ook een klein, voor het publiek toegankelijk museum in het prachtige gildenhuis van de CBB, aan de Grote Markt 10. Een derde museum in Brussel bevindt zich in Schaarbeek (Louis Bertrandlaan 33). De collectie omvat flessen, glazen en reclamemateriaal. Het is alleen open op woensdag en zaterdag (14-18 u). Zie ook onder de steden.

lambiek
Zoek logies in Brussel en bezoek beslist:-
Beersel: Zie onder Drie Fonteinen en Oud Beersel (in hoofdstuk Lambiek). Drie Bronnen is een café dat zijn eigen kriek maakt op basis van de lambiek van Girardin. Het serveert ook faro en een ruime keuze van abdijbieren. Gesloten op dinsdag. 13 Hoogstr. Tel 02-332-0720. Geuze van Girardin vindt u ook in de Oude Pruim. Gesloten op woensdag en donderdag. 87 Steenweg op Ukkel. Tel. 02-331-0559.

Antwerpen
In deze havenstad vindt u opmerkelijke kroegen. Zie ook het hoofdstuk over De Koninck voor informatie over Den Engel en Quinten Matsijs.

Aux Armes de Tirlemont. Klein, 400 jaar oud café dat geuze schenkt uit een rijkgevulde kelder. Geen uithangbord, gewoon een Mariabeeld. In een drukke winkelstraat (29 Eiermarkt), tegenover het Hilton.
De Gouden Ecu. Bierkeuken met grote porties tegen bescheiden prijzen. Alleen 's avonds, 's zondags gesloten. 11 St.-Michielsstr. Reserveren is aanbevolen, vooral tijdens weekends, Tel. 03-232-7125. Fax 03-213-07-04.
De Groote Witte Arend. Heeft een eigen kapel, somes live kamermuziek op de binnenplaats. Open om 11u. Tel. 03-226-31-90. 18 Reyndersstr. In dezelfde straat op nummer 33 kunnen jazz- en bluesliefhebbers terecht in De Herk. Op nummer 21 specialiseert De Vagant zich in Belgische jenever. Op nummer 2 is er een winkel: Belgische bieren. Tel. 03-226-68-53. Gesloten op dinsdag.

De Loteling. Bierkeuken. Bar-restaurant in een gebouw met strodak uit 1741. Turnhoutsebaan 112, Schilde (+- 15 km van het centrum). Tel.03-3542700
Fax 03-226-85-32.
Het Elfde Gebod. Verrassende collectie van religieuze beelden en iconen, met ongeveer 30 bieren. Lekkere Vlaamse snacks. Open om 10u. Tel. 03-232-36-11. 10 Torfbrug, vlak achter de kathedraal.
Kulminator. Bekende bar met bierspecialiteiten, met bieren op fles die jaren in de kelder doorbrengen, ook bieren die niet meer worden gemaakt. Erg Vlaams. Op maandag alleen 's avonds (open om 20u). Andere weekdagen vanaf 11u. Op Zaterdag vanaf 17u. Gesloten op zondag. Tel 03-232-45-38. (32 Vleminckveld).
't Waagstuk. Verscheidene kleine vertrekken - tafels op een geplaveide binnenplaats. Naast een pleintje in de buurt van de Universiteit St-Ignatius. Doordachte keuze. Een aantal biergerechten. Tijdens de week open om 10u. Tijdens weekends om 14u. Tel. 03-225-0219.(20 Stadswaag).

Brugge
Zie ook in het hoofdstuk over de Gouden Ales onder Goudenboom en Halve Maan (die zich beide als actieve musea beschouwen)

't Brugse Beertje. In een steegje vlakbij het Simon Stevinplein. Wereldbekende bierbar met eigenaars met kennis van zaken. Meer dan 200 brouwsels en bierseminaries op verzoek. Open om 16u. Gesloten op woensdag. 5 Kemelstraat, Tel. 050 33 96 16. Enkele deuren verder, op nr. 9, bevindt zich de bier- en ginbar 't Dreupelhuisje, Tel. 050-34 24-21
De Brugse BierKaai, Nieuwerwetse, gezellige pub met Vlaamse gerechten. Opende de deuren in 2000 (9 Nieuwstraat). Onder meer een sterk, moutachtig blond bier, een rijke en druifachtige Dubbel en een fruitige peperachtige Tripel. Een zaak van brouwer Stan Sterkens samen met Jan De Bruyne van 't Brugs Beertje (boven). Elke dag open om 11u30. Tel. 050-34-38-00
Den Dyver op nr. 5 in de gelijknamige straat: bierkeuken. Bewonderd door zowel bierliefhebbers als fijnproevers. Open om 11u00, gesloten op woensdag. Tel. 050-33-60-69.
Hotel-Brasserie Erasmus, de hele dag bierkeuken, café, terras . Open om 11u00, gesloten op maandag. 35 Wollestraat. Tel. 050-33-58-71. E-mail: info@hotelerasmus.com
Staminee de Garre. Handig naast de toeristische dienst. Biercafé, klassieke muziek. In de week open om 12u en om 11u tijdens weekends, 1 de Garre Passage, Tel. 050-34-10 \-29.

Brussel - Centrum
A La Bécasse. Een instituut (zie inleiding op Belgisch bier drinken). 11 Taborastr, vlakbij de Grote Markt. Elke dag open om 10u. Tel. 02-511-00-06
A La Mort Subite. (zie inleiding). Loop vanaf de Grote Markt door de Sint-Hubertusgalerijen. 7 Warmoesbergstr. Elke dag open om 10u (12u op zondag) Tel. 02-513-13-18
Het Bier Circus. Zeldzame bieren uit Wallonië. De bar brengt hulde aan de Belgische cartoonkunst. Gesloten na de middag in de week en op zondagen, tenzij er een optreden plaatsvindt in het nabijgelegen Koninklijk Circus. Tel. 02-218-00-34. , (89 Onderwijsstr.),
L'Etoile d'Or. Bierkeuken van topkwaliteit. Voldersstraat 30. Open 12u00 – 15u00 en van 19u00-24u00 op weekdagen, 's zaterdags alleen 's avonds, gesloten op zondag. Tel. 02-502 60 48
In 't Spinnekopke. Bekendste plaats voor biergerechten. Restaurant zonder pretenties, met terras. De Spaanse eigenaar Juan Rodriguez is de auteur van een boek over eenvoudig koken met bier. 1 Bloemenhofplaats de restaurantbuurt Sint-Katelijne. Open van 11u00 (keuken: 11u0-15u0 en 18u00-23u00). Zaterdagmiddag en de hele zondag gesloten. Tel. 02-511-86-95.
Estaminet Le Zageman. Gespecialiseerd in geuze, kriek en faro. 116 Lakense Str. Weekdagen 10u00 – 22u00, gesloten tijdens weekends. (Blijft elke eerste vrijdag van de maand laat open) Tel. 02-219 50 65
Shop: **De Bier Tempel,** moderne bierwinkel die een honderdtal bieren, glazen, T-shirts, enz. verkoopt. Grasmarkt 56.

Brussel - Randgemeenten

Elsene
L'Atelier. Vlakbij de universiteit. Goede bieren tegen matige prijzen. Het kan er rokerig zijn. 77 Elizastr. Open om 16u in de week, 18u tijdens de weekends. Tel. 02-649 19 53
Les Brassins. Bier en blues. Postercollectie. 36 Keienveldstr. In de week vanaf 17u; gesloten tijdens weekends. Tel. 02-512 69 99.
Le Châtelain. Steaks en "volksgerechten". Open om 10u30. 17 Kasteleinsplein. Weekends: vanaf 19u. Tel. 02-538 67 94. Markt op het plein op woensdag.
Au Stoemelings. Gezellige bar. 7 Londenplein. Open om 11u in de week, om 17u tijdens weekends. Tel. 02 512 43 74
L'Ultime Atome, doordacht gekozen bieren. Stevige en goedkope maaltijden. 14 Sint Bonifaasstraat. Open om 11u. Tel. 02-5111367.
Winkel: **S.B.S** (Special Beer Service; vroeger Drink Market Delépine genaamd). Nog altijd bekend om zijn kelderselectie van 100 ambachtelijke bieren. Ook glazen, toebehoren, specerijen, boeken. 13 Eugène Cattoirstraat. Open op Di-Vr 10u-12u30 en 13u – 18u30. Tel. 02-640 45 64
Winkel: **400 ambachtelijke bieren.** Ongeveer 400 bieren. Glazen, T-shirts enz. 174 Waversesteenweg. 11u00 – 19u00. Tel. 02-512 17 88 - www.users.skynet.be/beermania

Zuidstation
Brouwerij Cantillon "museum". Een absolute must. (zie hoofdstuk Lambiek)
Au Laboureur. Bar met spectaculaire muurschilderingen en gebrandschilderd glas. 3 Grondwetplaats. Elke dag open van 9u00, gesloten op zaterdag. Tel. 02-520 18 59

St-Gillis
La Porteuse d'Eau. Art Nouveau-bar. 48A Jean Volderslaan. Elke dag open van 8u00. Tel. 02-538 83 54

Jette
De Gele Poraa. Leuke biertjes. De muziek kan er luid staan. Lahayestraat 27. Open om 16u (18u tijdens weekends). Tel. 02-426-5836.

Marollen
Het Goudblommeke van Papier. (zie inleiding op Belgische bieren drinken). Cellebroersstraat 55. Dagelijks vanaf 10u30. Tel. 02-577 76 59
Ploegmans. Bar met plaatselijk karakter. 148A Hoogstraat. Dagelijks vanaf 10u00. Tel. 02-514 28 84
Het Warm Water. Traditionele Brusselse kost. 19 Vossenstr. Dagelijks van 8u – 19u, behalve op donderdag. Tel. 02-513 91 59

Schaarbeek
't Narrenschip. Kunstschoolcafé met ongeveer 30 biersoorten tegen matige prijzen. Rogierstraat 185. Dagelijks open vanaf 10u00, gesloten op zaterdag en tijdens de schoolvakantie in juli en augustus. Tel. 02-218 33 00
De Ultieme Hallucinatie. Indrukkende bar in art nouveau-stijl. Koningsstraat 316. Open vanaf 11u00 in de week en vanaf 16u tijdens het weekend. Tel. 02-217 06 14
Schaarbeeks Biermuseum. Zie hoger.
Voor drinkers die alles willen proberen: **Distilleerderij Fovel.** Brussels' oudste jeneverstokerij. Sinds 1864 in het bezit van dezelfde familie. 69 Thiéfrystr Open van 10u00 – 17u00 op weekdagen. Tel. 02-215 58 15

Ukkel
Au Vieux Spijtigen Duivel. Geuze Oud Beersel en ongezoete kriek in een 16e-eeuws gebouw. 621 Alsembergse Steenweg. Open 's middags. Gesloten op zondag en voor een vakantie in aug/sep. Tel. 02-344 44 55.

Denderleeuw/Liedekerke
Een ommetje waard: **De Heeren van Liederkercke.** Uitgebreide selectie van geuzes en 200-300 andere bieren, waaronder zeldzame brouwsels. Plus een bierkeuken van goede kwaliteit in een eerlijke bar-restaurant geleid door jonge broers. (33 Kasteelstr). Maandag-zaterdag vanaf 11u30. Zondag vanaf 13u00. Tel. 053-68-08-88. Denderleeuw ligt 10 km van de mout- en hopstad Aalst en 50 km van Brussel.

Gent
De Hopduvel, 10 Rokerelstraat. Bekend café, met een goede selectie van kwaliteitsbieren en spontaan gistende bieren. 150-200 biersoorten in totaal. Warme maaltijden (niet op dinsdag) en Belgische kazen. Tuin. Elke dag open. Tel. 091-253729. In Gent bevinden zich veel goede biercafés. Buiten De Hopduvel zijn de twee bekendste: **De Dulle Griet,** 50 Vrijdagmarkt, tel. 091-242455; en **Het Waterhuis aan de Bierkant,** 9 Groentemarkt, tel. 091-250680.

Leuven
Domus. Brouwerij-café in de schaduw van Stella Artois en van een van Europa's oudste universiteiten (met een cursus brouwen). Ter plaatse gemaakt bier, maar minder dan vroeger. Studenten bestellen er graag een Con Domus, een pils met een uitstekende hopsmaak en een moutachtige nadronk. Negen bieren van het vat en 60 tot 70 op flessen. De klanten zijn vooral studenten. 8 Tiensestraat. Elke dag open vanaf 9u. Tel. 016-201449.

Louvain-la-Neuve
(afzonderlijke gemeenschap, met brouwuniversiteit voor Franstaligen)
Le Brasse-Temps. La Place des Brabançons. Open vanaf 10u in de week. Gesloten op zaterdag, van 18u tot middernacht op zondagen. Tel. 010-45-70-27

Mechelen
Den Stillen Genieter. Uitgebreide keuze van geuzes. 9 Nauwstr. Elke dag open vanaf 17u30. Tel. 015 21 95 04

Mons
L'Alambic, 25 Place du Marché aux Herbes. Ongeveer 80 biersoorten. Snacks. Tel. 065-346007.
La Podo, 43 Rue de la Coupe. Traditioneel "bruin" café. Meer dan 100 biersoorten. Snooker, biljarttafels. Tel. 065-347077.

Namen (stad en provincie)
Les Artisans Brasseurs. Brouwerij-pub in het stadscentrum. Geleid door een brouwersfamilie en populair bij plaatselijke huisbrouwers. De bieren omvatten een knisperend, fruitig blond bier; en een verfrissend, bitterzoet, citroenachtig witbier; allebei Marlagne genoemd. Twee sterkere bieren (6.0 gew.; 7.5 vol.) zijn Aldegonde Ambrée, koekjes- en karamelachtig; en Speciale Blonde, romig en banaanachtig, met een evenwichtige droogheid. Er is ook een zoet en kruidig kerstbier. 2 Place de la Station. Open op maandag - donderdag 10u00 – 19u00, op vrijdag en zaterdag tot 23u. Gesloten op zondag. Tel. 081 23 16 94
Le Chapitre. 4 Rue du Séminare. In de week open van 12u – 14u, op zaterdag van 17u. Gesloten op zondag. Tel. 081 26 04 90
Winkel: **La Table de Wallonie.** Ongeveer 300 biersoorten en sterkedranken. 6 Rue de la Halle. Gesloten op zondag en maandag. Tel. 081-22.06.83.
Elders in de provincie bevindt zich in Mariembourg, dichtbij Couvin, de brouwerij-pub **Des Fagnes** (zie hoofdstuk Witbieren). Deze pub is gezinsvriendelijk, maar verkoopt geen Coca-Cola. Als u aandringt, krijgt u een limonade of vruchtensap, maar het bier Cuvée Junior wordt aanbevolen. Seizoenbieren zoals een maartbier (met een fruitig moutkarakter) een een peperachtig kerstbier (momenteel op smaak gebracht met basilicum).
Musea: De provincie Namen heeft een **Biermuseum** (met vooral glazen) in 19 Rue de la Gare (tel. 081-41-11-02; fax 081-41-25-81), Lustin. Dit dorpje ligt tussen Namen en Dinant. Er is ook het Gambrinus Museum (bierwagens) in 2a Fontaine St Pierre, Romedenne. Dit dorp ligt tussen Dinant en Philippeville.

Oostende
Hotel Taverne Botteltje, 19 Louisastraat. Biercafé (meer dan 200 soorten), restaurant (soms met biergerechten) en klein hotel. Oostende is een belangrijke haven voor ferryboten van en naar Groot-Brittannië. Hotel Taverne Botteltje is een goed uitgangspunt voor een bezoek. Tel. 059-700928; fax 502856.
't Ostens Bierhuis, 14 Louisastraat. Britse eigenaar. Open om 14u. Gesloten op maandag en dinsdag. Tel. 059-70.67.01.

Poperinge
Café de la Paix. Uitgebreide keuze. Ook bierkeuken. 20 Grote Markt. Tel. 057-33-95-78. Andere adressen in het hoofdstuk Hop.
Winkel. **Noel's bierwinkel,** op de autoweg N38, 2 km van Poperinge. Openingsuren: 9u30 – 20u30, middagpauze 13u-14u. Gesloten op maandag.

Ieper.
Ter Posterie, 57 Rijselstr. Tel. 057-20-05-80. Gesloten op woensdag.

FRANKRIJK

Noord-Frankrijk

Bars: **Le Pub McEwans,** 143 Rue Gustave Delory, Lesquin (nabij luchthaven van Rijsel). Een Belgisch getinte bar, met bijhuizen in andere Franse steden. Tel. 20-96 06 30

Restaurants: **L'Gaoette,** 30 rue Massena, Lille. Tel. 03 20 54 81 88, **L'Rijsel Estaminet,** 25 rue du Gand, Lille. Tel 03 20 15 01 59, **Le Hochepot,** 6 rue Nouveau Si_cle, Lille. Tel. 03 20 54 17 59

Winkels: **Boisson Cash Dubus,** 27 Place de la République, Villeneuve d'Ascq. Tel. 03 32 05 41 23, **A les Chopes,** 69 Place Nouvelle Aventure, Lille Wazemme, Tel. 03 20 13 95 25, **Cave Rohart,** Rue Faidherbe, Lille.

Parijs
Bouillon Racine. Gespecialiseerd in Belgische bieren, met de nadruk op kleine brouwerijen, onder meer Cantillon. Spectaculair interieur in art nouveau-stijl. Open van 8u voor ontbijt, met uitstekende bierkeuken van Olivier Simon uit Bouillon. 3 rue Racine (nabij Boulevard St-Michel). Tel. 01-44 32 15 60
Au Général La Fayette. Ongeveer 40 Belgische biersoorten. 52 Rue La Fayette. Tel. 01-47 70 59 08
Taverne St Germain, 155 Boulevard St Germain. Tel. 01-42 22 88 98
La Gueuze. Meer dan 80 Belgische biersoorten.19 Rue Soufflot, nabij Boulevard St-Michel. Tel. 01-43 54 63 00
Taverne des Halles, 12 rue de La Cossonnerie. Tel.01 42 36 26 44
Hall's Beer Tavern. Meer dan 50 Belgische biersoorten. 68 rue St-Denis. Tel. 01-42 36 92 72
Au Père Tranquille, 75 avenue Daumesnil. Tel. 01 43 43 64 58
La Taverne de Rubens, 12 Rue St-Denis. Tel. 01-45 08 14 59
Au Trappiste. Ongeveer 150 Belgische biersoorten. 4 Rue St-Denis. Tel. 01-42 33 08 50
Le Sous-Bock, 45 rue St-Honor_. Tel. 01-40 26 46 61

NEDERLAND

Amsterdam
Belgique. Belgische bieren en jeveners in een kleine bar. 2 Gravenstraat. Nabij de Dam. Open vanaf 11u. Gesloten op dinsdag. Tel. 020-625-19 74.
In de Wildeman. Biercafé van wereldklasse. In vroegere jeneverstokerij. Een heerlijke plaats voor een drankje, met een afzonderlijke ruimte voor niet-rokers. Nabij de winkelstraat Nieuwendijk. 3 Kolk Steeg. Open op de middag. Gesloten op zondag. Tel. 020-63-82-34-8.
Zotte. Nabij Leidseplein. Gespecialiseerd in Belgische bieren. Luidruchtig en rokerig. 29 Raamstr Elke dag open om 16u. Tel. 020-62-68-694.
Shop: **De Bierkoning,** 125 Paleisstr (vlak achter koninklijk paleis), centraal gelegen en gastvrij, tel. 020-625-23-36

Breda
De Beyerd. Trendy en hoog aangeschreven zaak, geleid door de familie De Jong, die een belangrijke rol speelden in de beweging van de biercafés. Geen verband met bijna gelijknamige cafés De Beiaard, in Amsterdam en andere steden. 26 Boschstraat. Open om 10u, gesloten op woensdag. Tel. 076-21 42 65

Oosterhout (nabij Breda)
Café de Beurs, 4 Klappeijstr. Alle dagen open. Tel. 01 62 45 34 77

Delft
Trappistenlokaal Het Klooster. 2 Vlamingstr. Tel. 015 21 21 01 3

Eindhoven
Winkel : **Bieren en Pintelieren,** 2 Pasqualiniestr. Open vanaf 9u van dinsdag tot zaterdag. Tel 040-24 35 42 2.

Enschede
De Geus. Belgische smaak in het land van de Grolsch. 2 Oude Markt. Alle dagen open vanaf 10u30. Tel. 053-43 10 56 4.

Haarlem
Bruxelles. Goede keuze en soms gerechten met bier. 16 Lange Wijngaardstr. Open vanaf 17u. Tel 023-53 14 50 9.

Den Haag
Speciaalbier Café den Paas. Gezellig café in de oude stad. 16a Dunne Bierkade. Alle dagen open vanaf 15u30. Tel. 070-36 00 019.

's Hertogenbosch ("Den Bosch")
Café de Deugniet. Trappist en ambachtelijke bieren in het land van Heineken. 55-57 Verwersstr. Gesloten op maandag. Tel. 073 61 40 30 8

Maastricht
Biercafé Take One. Rechtstraat 28. Alle dagen open vanaf 16u, gesloten op woensdag. Tel. 043 32 1 64 23
Café 't Pothuiske. Het Bat 1. Alle dagen open vanaf 10u. Tel. 043 32 16 00 2

Purmerend
Biercafé de Bonte Koe. Meer dan 100 ambachtelijke bieren. Nabij toeristische steden Volendam en Edam. Open op maandag - donderdag vanaf 19u30 en vanaf 16u op vrijdag en zaterdag (ook van 4u tot 7u op dinsdag voor de veemarkt). Tel. 02-99 42 11 24

Rotterdam
Bierlokaal Locus Publicus. Studentencafé. Met tram of metro naar Oostplein. 364 Oostzeedijk. Alle dagen open vanaf 16u30. Tel. 010-43 31 76 1.

Sneek
Kafé de Draai. In Friesland. 13 Wijde Noorderhorne. Van dinsdag tot zaterdag open vanaf 10u, op zondag en maandag vanaf 17u. Tel. 05 15 42 28 66

Utrecht
Jan Primus. Trendy biercafé sinds 20 jaar. Klantvriendelijk en deskundig personeel. 27-31 Jan van Scorelstraat. Open om 15u. Tel. 030-25 14 572.
Café Ledig Erf. 3 Tolsteegbrug. Alle dagen open van 11u. Tel. 030 23 17 57 7

Wageningen
De Vlaamsche Reus. Veertien bieren van het vat, 120 op fles. Personeel met kennis van zaken. 21 Hoogstraat. Open van maandag tot donderdag vanaf 15u30. Vrijdag - zondag vanaf 14u. Tel. 03 17 41 28 34

DUITSLAND

Berlijn
Mommsen Eck am Brunnen. Bar in 45 Mommsen Strasse, Tel. 030 324 2580
Winkel: **Ambrosetti in Schiller** Str. 103, Tel: 030 312 47 26 www.ambrosetti.de e-mail info@ambrosetti.de

Darmstadt
Winkel: **Bruno Maruhn.** Heel uitgebreide selectie van wereldbieren in 174 - 176 Pfungst_dter Strasse. Tel. 061 515 7279

Hamburg
Winkel: **Haus der 131 Biere.** Heel uitgebreide selectie van wereldbieren, ook postorderverkoop, Karlshöhe 27. Tel. 040 640 7299. E-mail 131biere@bier.de Internet: www.biershop.de
Heidelberg, Karlsruhe, Stuttgart
Loewen Thor. Een van de meest ongewone bierpubs in Duitsland. Deze gerestaureerde barokke herberg, versierd met religieuze en kunstvoorwerpen, is gespecialiseerd in bieren en gerechten uit België. 4 Bruchsaler Str., in het dorp Gondelsheim. Tel. 07252-66 76. Op gelijke afstand van de drie bovengenoemde steden.
Winkel: **Bierothek.** Uitgebreide selectie van Belgische en andere internationale bieren in Leopoldstr. 6, Karlsruhe. Tel. 0721-203 666 0

ITALIE

Milaan
Winkel: **A Tutta Birra**, 15 Via L.Palazzi. Tel. and Fax 02-20 11 65.

DENEMARKEN

Kopenhagen
Barley Wine. Belgisch getinte bierwinkel in Laederstraede, parallel met de hoofdwinkelstraat.
Brasserie Degas, Jernbanegade. Uitstekende Franse keuken met Belgische bieren in een bistrot in het stadscentrum.
Café Amsterdam, 2 Corte Adelers Gade, ook in het centrum. Eerder informeel restaurant dan een café in de Belgische zin.

Odense
Carlsens Kvarter. 35 tot 40 Belgische specialiteiten, waaronder zelfdzame bieren zoals Drie Fonteinen Oude Geuze. De enige Duitse invoerder van de drie bieren uit Westvleteren. Hunderupvej. Open van maandag-zaterdag vanaf 11u, op zondag vanaf 13u. 19 Tel. 063 11 01 10
Internet: www.carlsens.dk

Kolding
You'll Never Walk Alone. Lange lijst van Belgische specialiteiten, waaronder een reeks abdij- en trappistenbieren, alsook Hoegaarden Wit, Westmalle Dubbel. Klostergade 7A. Open op maandag - dinsdag vanaf 12u, op vrijdag en zaterdag vanaf 11u en op zondag vanaf 14u (in de zomer gesloten op zondag). Tel. 075 50 80 44
Internet: www.denengelskepub.dk

FINLAND

Helsinki
Punavuoren Ahven. Ongeveer veertig Belgische bieren op fles en twee van het vat. 12 Punavuoren Katu. Tel. 09 47 80 33 50 12
One Pint Pub. Pub langs het kanaal die privé bier invoert van kleine en al gesloten Belgische brouwerijen. De pub organiseert in het begin van elk jaar een Belgische week, waarop meer dan 70 bieren verkrijgbaar zijn (bel voor details) 2B Santa Katu Tel. 09 56 2610 1

zweden

Stockholm
Akkurat. Bar en Restaurant met een heel uitgebreide keuze van Belgische bieren. Ook ales van het vat uit Groot-Brittannië en single malts. 18 Hornsgatan. Tel. 08-64 40 01 5
Duvel Café. Belgische bieren (ongeveer 20 van het vat en 60 op fles) met veel verschillende mosselbereidingen. 50 Vasa Gatan, Tel. 02 34 8 20
Jorntorgspumpen. Een half dozijn Belgische specialiteiten op vat. 83 Jarn Torget. Tel 08-20 05 10

VERENIGD KONINKRIJK

Pubs
Naast Stella, Hoegaarden en Leffe vinden slechts weinig Belgische bieren hun weg naar de Britse kroegen. Een pub met Belgische bieren is dan ook het vermelden waard.

Zuid-Engeland:
The Rising Sun. Uitgebreide selectie van Belgische en andere ingevoerde bieren. Bier wordt er gebruikt als ingrediënt in de keuken. Biervriendelijk voedsel. 14 Heathcote Road, Epsom, Surrey. Tel. 01372 740809

Londen
The White Horse. Een must. Doordachte selectie van ingevoerde en Britse bieren. Een van de eerste Britse zaken met biergerechten op het menu. 1 Parson's Green. Tel. 020 7736 2115. Internet: www.whitehorsesw6.com. Email. inn@whitehorse.com

Noord-Engeland
The Mason's Arms, Strawberry Bank, Cartmel Fell, Windermere. Tel. 015395-68436).

Schotland.
Café-bar Negociants, Lothian Street, nabij de universiteit van Edinburgh. Tel. 0131-225.63.13.

Restaurants

Leek (Staffordshire)
Den Engel. Zaak die al lang bestaat en biergerechten serveert alsook meer dan 120 Belgische bieren. Tel 01538 37 37 51

Londen
Abbaye, The Belgian Brasserie, 55 Charterhouse Street. (Bijhuizen in Bromley en South Kensington) Tel. 020 7813 2233
Belgo Restaurants: Jong, luidruchtig, stijlbewust maar enigszins excentriek restaurant met Belgische gerechten en een uitgebreid assortiment Belgische bieren. De kelners dragen monnikspijen. Bijhuizen: **Belgo Noord.** Origineel Belgisch met interieur van ontwerper Ron Arad. 72 Chalk Farm Road. Tel. 020 7267 0718 - **Belgo Centraal**. Dichtbij de Royal Opera in het toeristische centrum van Covent Garden. 50 Earlham Street. Tel. 202 7813 2233 - **Belgo Zuid.** Niet in het zuiden maar in het trendy westelijke district van Notting Hill. 124 Ladbroke Grove. Tel. 202 8982 8401

Nog Belgisch:-
Bierodromes. Deze enigszins surrealistische bars serveren lichte Belgische snacks en aangepaste bieren: 173 - 174 Upper Street, Islington. Tel. 020 7226 5835; 44-48 Clapham High Street, Clapham. Tel. 020 7720 1118; 71 St. John Street, Clerkenwell. Tel. 020 7608 0033; 680 Fulham Road. Tel. 020 7751 0789; 67 Kingsway, (Bloomsbury/Covent Garden area) Tel. 020 7272 7469. Bijhuizen buiten Londen gepland.

The Porterhouse. Zusterinstelling van zijn naamgenoot in Dublin (zie verder). Serveert Porterhouse bieren uit Dublin samen met een uitgebreide selectie van internationale bieren. België is goed vertegenwoordigd. 21-22 Maiden Lane. Tel. 020 7836 9931

Manchester
Het Market Restaurant heeft Britse en Belgische bieren. 104 High Street at Edge Street, M4 1HQ. Evening only. Tel. 0161-834 37 43.

Tunbridge Wells
Sankeys. Bar met ruime keuze van Belgische bieren. 39 Mount Ephraim. Tel. 01892 511422

Nr Wells, Somerset.
Wookey Hole Inn. Goede selectie van Belgische bieren van het vat. Wookey Hole, nr Cheddar. Open van 12u-15u, 18u–23u. Tel. 01749 676677Verenigde Staten

Winkels

Edinburgh
Peckham's, 155-9 Bruntsfield Place. Tel 0131 229 7054 www.peckhams.com. Also in Glasgow.

Lincoln
Small Beer, 91 Newland Street West Tel. 01522-52 86 28

London
The Beer Shop, 8 Pitfield Street, nabij Old Street Tel. 020-77 39 37 01

Preston
The Real Ale Shop, 47 Lovat Road Tel. 01772 20 15 91

Sheffield
Small Beer, 57 Archer Road Tel. 01522-52 86 28

Surre
Hog's Back Brewery, Tongham, tussen Farnham en Aldershot. Tel. 01252-78 30 00

York
The York Beer and Wine Shop, 28 Sandringham Street, buiten Fishergate. Tel. 01904-64 71 36

IERLAND

Dublin.
The Porterhouse. Brouwerij-café met buitengewone eigen bieren en tal van internationale specialiteiten, waaronder veel van België. 16/18 Parliament Street. Tel. 01-672 80 87
Belgo Dublin. 17-19 Sycamore Street, Temple Bar. Tel 01-672 7550

CANADA

Belgische bieren zijn geliefder in Franstalig Canada dan in de Engelssprekende provincies. Een aantal bekende bieren zijn ruimer verspreid, hoewel de keuze beperkt is. In Canada worden drankenwinkels door de Staat uitgebaat (met name de provinciale regering).

Montreal
L'Actuel, 1194 Peel Street. Tel. 514-866-1537.
Bieres et Cie; 4350 St-Denis, 844-0394
Le Bistro des Bieres Belges, 2088 rue Montcalm, St Hubert. Tel. 514-465-0669.
Le Boudoir; 850 Mont-Royal Est, 323-0673
Le Futenbulle; 273 Bernard Ouest, 276-0473
Le Petit Moulinsart, 139 St Paul. Tel. 514-843-7432.
Witloof, 3619 rue St Denis. Tel. 514-288-0100.
Le Zinc, 1148 Mont-Royal Est, 523-5432
La Maison des Bieres Importees, 1418 Cartier. Tel. 514-522-0506.

Quebec City
Pub **Thomas Dunn pub,** 369 St Paul. Tel. 418-692-4693.
Restaurant **Mon Manege a Trois**, 102 Boulevard Rene Levesque. Tel. 418-649-0478.

Quebec Province
Auberges des Douceurs Belges, 121 des Falaises, Pointe-au Pic (vier tot vijf uur ten noorden van Montreal, voorbij Quebec city). Tel. 418-66574.80.
Restaurant **Le Bruxelles,** 150 Boulevard St Madelaine, Trois Rivieres (tussen Montreal en Quebec City). Tel. 819-376-8536.

Toronto
C'est What, 67 Front Street East. Belgische en Canadese microbrouwerijen. Tel. 416-867-9499.
Allen's, 143 Danforth Avenue. Belgische bieren in een New York Saloon in een Griekse wijk van een Canadese stad. Tel. 416-463-3086.

Calgary
Buzzard's, 140 10th Avenue SW. Bar-restaurant, met enkele Belgische bieren in een internationale selectie. Tel. 403-264-6959.

Vancouver
De kleine keten Fog'n'Suds telt enkele Belgische bieren in zijn internationaal assortiment.

VERENIGDE STATEN

Alaska
Cafe Amsterdam, 530 East Benson Street, Anchorage. Tel. 907-274-0074
Humpy's Hookline & Sinker, 610 West 6th Avenue, Anchorage. Tel. 907-276-2337

Winkels: **Brown Jug,** alle vestigingen. - **Carrs Safeway**, alle vestigingen - **Fred Meyer,** alle vestigingen

Arizona
Camelback, 2002 West Camelback Road, Phoenix. Tel. 602-246-2961

California
Le Petit Cafe. Bistro/bar. 2164 Larkin, San Francisco. Tel. 415-776-5356.
Mrs. Gooch, 15315 Magnolia Boulevard, Sherman Oaks. Tel. 818-501-8484
The Slanted Door, 584 Valencia Street, San Francisco. Tel. 415-861-8032.
Toronado. Pionier van Belgische bier in de baai. Eclectische rockmuziek. 547 Haight Street, San Francisco. Tel. 415-863-2276.

Winkels: **Beverages and More.** Keten in de hele staat, Cannery Wine Cellars, 2801 Leavenworth, San Francisco. Tel. 415-673-0400. - **Holiday Wine Cellers,** 302 W. Mission, Escondido, CA. Tel 760-745-1200 - **Whole Foods,** meer dan 30 winkels en supermarkten in heel Californië.

Colorado
Tattered Cover. De boekenwinkel die als eerste koffie en dranken aanbood. 1536 Wynkoop Street, Denver. Tel. 303-629-1704.

Winkels: **Applejack,** 3320 Youngfield, Wheatridge. Tel. 303-233-3331. - **The Wine Company,** 5910 South University Boulevard, Littleton. Tel. 303-759-1313

Connecticut
Ancona's, 720 Branchville Road, Ridgefield. Tel. 203-544-8958.
Coastal Wine & Spirits, 103 North Main Street, Branford. Tel. 203-481-9400.
Fresh Fields, 90 East Putnam, Greenwich. Tel. 203-661-0631.
Glenro, 487 Monroe Turnpike, Monroe. Tel 203-261-6166

Washington DC
Brickskeller. Een van de eerste bierbars. Enorme keuze van flessen. Regelmatig proeverijen met begeleiding. 2523 22nd Street, N.W. Tel. 202-293-1885.

Winkels: **Cairo Liquor,** 1618 17th Street N.W. Tel. 202-387-1500 - **Chevy Chase,** 5544 Connecticut Avenue, Tel. 202-363-4000. - **Whole Foods & Fresh Fields,** alle vestigingen in het hele hoofdstedelijke district.

Illinois
Goose Island. De bekendste pub van Chicago schenkt ook Belgische bieren. 3535 North Clark Street, Chicago. Tel. 773-832-9040.
Hopleaf Bar, 5148 North Clark, Chicago. Tel. 773-334-9851.
The Map Room,1949 North Hoyne, Chicago. Tel. 773-252-7636.
Winkels: Armanetti's Liquor, 385 West Lake Street, Emhurst. Tel. 708-833-9800. - **Binny's,** 124 Old McHenry Road, Buffalo Grove. Tel. 847-459-2200. **Sam's.** Een van 's werelds grootste sterkedrankenwinkels. Enorme keuze. Verrassend gevarieerd assortiment. 1000 West North Street, Chicago. Tel. 312-664-4394. - Whole Foods, alle vestigingen in Illinois

Indiana
Big Red, 418 North College, Bloomington. Tel. 812-339-7345.
Union Jack, 924 Broad Ripple Avenue, Indianapolis. Tel. 317-257-4343.

Kentucky
Party Source, 95 Riviera Drive, Bellevue. Tel. 606-291-4007.

Louisiana
DBA, 618 Frenchmen Street, New Orleans, 504-942-3731.
Whole Foods, 3135 Esplanade, New Orleans. Tel. 504-943-1626.

Maine
Tully Bottleshop, Aubuchon Plaza, Route 1, Wells. Tel. 207-641-8622.

Massachusetts
Bukowski's Tavern, 50 Dalton Street, Boston. Tel. 617-437-9999.
Colonnade Hotel, 120 Huntington Avenue, Boston. Tel. 617-424-7000.
Redbones BBQ, 55 Chester Street, Somerville. Tel. 617-628-2200.
Spirit Haus, PO Box 506, Amherst. Tel. 413-253-5384.
Sunset & Big City, 130 Brighton Avenue, Allston. Tel. 617-254-3331.
Winkels **Big Y**, 150 North King Street, Northampton. Tel. 413-584-7775. - **Blanchard's,** alle vestigingen. - **Boston Post Road,** Wayland. Tel. 508-358-7700 - **Bread & Circus**, Mountain Farms Mall, Route 9, Hadley. Tel 413-586-9932; 115 Prospect Street, Cambridge. Tel. 617-491-0040; 317 - **Bullard's Market,** on North and Greene Street_s in Medfield, Ma. Tel. 508-359-4462. - **Cambridge Mall Liquors**, 202 Alewife Brook Parkway, Cambridge. Tel. 617-864-7171. - **Harvard Provisions,** 94 Mt. Auburn Street, Cambridge. Tel. 617-547-6684. - **Kappy's**, alle vestigingen - **Marty's Nejaime's**, 193 Harvard Avenue, Allston. Tel. 617-782-3250. - **Town & Country** Liquors, 1119 Riverdale Street, West Springfield, Tel. 413-736-4694. - **Yankee Spirits,** 628 Washington Street, Attleboro. Tel. 508-399-5860; PO Box 191, Sturbridge. Tel. 800-339-2231.

Michigan
Cadieux Cafe, 4300 Cadieux Road, Detroit. Tel. 313-882-8560.
Winkel **Zingerman's**, 422 Detroit Street, Ann Arbor. Tel. 313-663-3354.

Minnesota
New French Cafe, 124 North 4th Street, Minneapolis. Tel. 612-338-3790.

Winkels: **Edina**, alle vestigingen - **Lucia's,** 1432 West 31st Street, Minneapolis. Tel. 612-823-7125. - **Surdyk's,** 303 East Hennepin Avenue, Minneapolis. Tel. 612-379-3232.

New Jersey
Carlo Russo Wine & Spirit World. 102 Linwood Plaza, Fort Lee, NJ. Tel. 201-592-1655
Fresh Fields, 701 Bloomfield Ave, Montclair. Tel. 973-746-5110.
Ramsey Liquors, 47 W. Main St., Ramsey NJ. Tel. 201-327-0353
Rutherford Wine House, 207 Park Ave., Rutherford, NJ. Tel 201-964-9463
Shopper's Paradise, 551 North Broad St., Elizabeth. 908-352-3259.
Sparrow Wine & Liquor, 126 Washington Street, Hoboken. Tel. 201-659-1500.
Wegman's, 240 Nassau Park Blvd., Princeton. Tel. 609-919-9300.
New Mexico
Kokomon Circus, US Highway 285, Pojoaque. Tel 505-455-2219.

New York City
The Blind Tiger Ale House. Bekende pub in Greenwich Village. 518 Hudson Street (op de hoek van West 10th St.), Manhattan. Tel. 212-675-3848
Burp Castle. Legt zich toe op Belgische bieren. Kelners gekleed als monniken. Variabele bediening. 41 East 7th Street, Tel. 212-982-4576.
Cafe Centro. Knappe bar-restaurant in het vroegere gebouw van Pan-Am (nu MetLife). 200 Park Avenue F11, Tel. 212-818-1222.
Cafe de Bruxelles. Bistro. 118 Greenwich Avenue, Tel. 212-206-1830.
DBA. De favoriet van bierliefhebbers. 41 First Avenue, Tel. 212-475-5097.
The Ginger Man. Heel populaire, goed geleide pub in het stadscentrum met een ruim assortiment. 11 East 36th Street (tussen 5th en Madison), Manhattan. Tel. 212-532-3740
Markt. Belgisch restaurant. Interbrew en andere producten. 401 West 14th Street, Tel. 212-727-3314.
Mugs Ale House, 125 Bedford Avenue, Brooklyn. Tel. 718-384-8494.
Waterfront Ale House. 155 Atlantic Avenue (bij Henry Street), Brooklyn. Tel. 718-522-3794
Waterfront Ale House. 540 2nd Avenue (bij 30th Street), Manhattan. Tel. 212-696-4104

Winkels: **B & E Quality Beverage,** 511 West 23nd street (tussen 10th en 11th Avenue), Manhattan. Tel. 212-243-6812 - **D'Agostino** Supermarkets, - **Dean & Deluca,** 560 Broadway, Manhattan en andere vestigingen. Tel. 212-226-6800 - **Fairway,** alle vestigingen. - **Le Monde,** 2885 Broadway. Tel. 212-531-3939. - **Lucky Beverage**. 29-10 21st St, Astoria, Queens. Tel 718-278-1500 - **Pioneer,** 289 Columbus avenue (at 74th St.), Manhattan Tel. 212-874-9506 - **Teddy's,** 96 Berry Street, Brooklyn. Tel. 718-384-9787. - **Thrifty American Beverage**. 256 Court at Kane, Brooklyn. Tel. 718-875-0226 - **Vol de Nuit,** 148 W. 4th St., Manhattan. Tel. 212-979-2616

New York (voorsteden en staat)
Blue Tusk, 165 Walton Street, Syracuse. Tel. 518-472-1934
Country Inn. 1380 County Rd. 2, Krumville (upstate NY). Tel. 914-657-8956.
The Gingerman, 234 Western Avenue, Albany. Tel. 518-427-5963.

Mahar's Public Bar. 1110 Madison Ave. Albany, NY. Tel. 518-459-7868.
Man of Kent, Route 7, Hoosick Falls. Tel. 518-686-9917.
Waterzooi Belgian Bistro. 850 Franklin Avenue, Garden City, NY. Tel. 516-877-2177

Winkels: **Alex & Ika,** 11 Main Street, Cherry Valley. Tel. 607-264-9315. - **Consumer's Buffalo,** 3230 South Park Avenue, Buffalo. Tel. 716-826-9200. - **D'Agostino,** alle vestigingen. - **Dean and Deluca,** alle vestigingen. - **Fishkill Beer & Soda,** 159 Main Street, Fishkill. Tel. 845-897-5412. - **Frontier Beverage Buffalo,** 137 Grant Street, Buffalo, Tel. 716-863-6280. - **Katonah Beverage,** 24 Woodsbridge Road, Katonah. Tel. 914-232-7842. - **Party Source,** 2410 Erie Boulevard, Syracuse. Tel. 315-446-3281. - **Pizza Plant,** 5110 Main Street, Williamsville. Tel. 716-626-5566. - **Premier Gourmet,** 3465 Delaware Avenue, Kenmore. Tel 716-877-3574. - **Sam the Beer Man,** 1164 Front Street, Binghamton. Tel. 607-724-5225. - **Wegmans** (een 50-tal vestigingen in centraal en westelijk NY) - **Whole Foods,** alle vestigingen.

Ohio
Jungle Jim's, 5440 Dixie Highway, Fairfield. Tel. 513-829-1919.

Oregon
The Heathman (Hotel bar), SW Broadway at Salmon, Portland. Tel. 503-241-4100.
Ashland, 38 Lithia Way, Ashland. Tel. 541-488-2111.
Burlingame Grocery, 8502 SW Terwilliger Bvd. Portland. Tel. 503-246-0711

Pennsylvania
Brigid's. Restaurant met Belgische accenten. 726 North 24th Street, Philadelphia. Tel. 215-232.32.32.
Cuvée Notredame, Belgisch restaurant. 1701 Green St, Philadelphia. Tel. 215-765-2777
Monk's. Bekend om zijn biermaaltijden, met zeldzame bieren en uitgelezen Belgische gerechten. 264 South Sixteenth Street, Philadelphia. Tel. 215-545-7005.

Winkels: **The Foodery,** 324 South 10th Street, Philadelphia. Tel. 215-928-1111.- **Kunda Beverage,** 349 South Henderson Road, King of Prussia. Tel. 610-265-3113. - **Shangy's,** 601 State Avenue, Emmaus. Tel. 610-967-1701. - **Terry's Deli,** Darby Road, Havertown. Tel. 610-446-0117. - **Sharp Edge,** 288 West Stuben Street, Pittsburgh. Tel. 412-922-8118.

Texas
The Gingerman, 5607-1/2 Morningside, Houston. Tel. 713-526-2770. Afdelingen in Dallas en Austin.

Winkels: **Central Market,** alle vestigingen - **Whole Foods,** alle vestigingen.

Virginia
Belgique Gourmande. Bistro binnen het bereik van Washington, D.C. 302 Poplar Alley, Occoquam. Tel. 703-494-1180.
Vintage Cellars, 1313 S. Main St., Blacksburg. Tel. 800-672-9463.

Voor informatie over Belgische bieren in de Verenigde Staten kunt u contact opnemen met Vanberg & DeWulf, 52 Pioneer Street Cooperstown, NY 13326 / 800-656-1212 fax 607-547-8374, e-mail : info@belgianexperts.com.

JAPAN

Tohoku en Hokkaido
The Beer Inn, Onda bldg. B1F, Minami 9-jo, Nishi 5, Chuo-ku, Sapporo-shi, Hokkaido. Tel. 011-512-4774.
Hokusaikan Biiru-tei, 26-1 Dotemachi, Hirosaki-shi, Aomori. Tel. 0172-37-7741.
Crepuscule Cafe, Sendai-Mediatake 1F, 2-1 Kasugacho, Aoba-ku, Sendai-shi, Miyagi. Tel. 022-716-0120.
Dabos, 1-6-19 Ichibancho, Aoba-ku, Sendai-shi, Miyagi. Tel. 022-211-6816.

Hoofdstedelijk gebied van Tokyo
Cafe Hoegaarden , 2-20-16 Yoyogi, Shibuya-ku, Tokyo. Tel. 03-5388-5523.
Brussels Kanda, 3-16-1 Kanda-Ogawamachi, Chiyoda-ku, Tokyo. Tel. 03-3233-4247.
Brussels Harajuku, 1-10-23 Jingumae, Shibuya-ku, Tokyo. Tel. 03-3403-3972.
Brussels Kagurazaka, 75 Yaraicho, Shinjuku-ku, Tokyo. Tel. 03-3235-1890.
Brussels Nishiazabu, 3-21-14 Nishiazabu, Minato-ku, Tokyo. Tel. 03-5413-5333.
Champ de Soleil, 1-10-6 Uchikanda Chiyoda-ku, Tokyo. Tel. 03-5281-0333.
Cerveza, Coco-Roppongi bldg. B1F, 3-11-10 Roppongi, Minato-ku, Tokyo. Tel. 03-3478-0077.
Bois Cereste, Kiyokawa bldg. B1F , 2-13-21 Akasaka, Minato-ku, Tokyo. Tel. 03-3588-6392.
BELGO, B1F, 3-18-7 Shibuya, Shibuya-ku, Tokyo. Tel. 03-3409-4442.
FRIGO, B1F, 2-11-20 Yoyogi, Shibuya-ku, Tokyo. Tel. 03-5371-0666.
M's B, Otani bldg. 2F, 3-9-10 Shinjuku, Shinjuku-ku, Tokyo. Tel. 03-3356-0733.
Billy Barew's Beer Bar Ebisu-Minami, AM bldg. 2F, 2-1-11 Ebisu-Minami, Shibuya-ku,Tokyo. Tel. 03-5721-8480.

AGLIO, 3-42-1 Matsubara, Setagaya-ku, Tokyo. Tel.03-5300-1955.
Popeye, 2-18-7 Ryogoku, Sumida-ku, Tokyo, Tel. 03-3633-2120.
Le Temps Perdu, 2-78-10 Nogecho, Naka-ku, Yokohama-shi, Kanagawa. Tel. 045-242-9777.
COPA, Ando bldg. 2F, 1-9 Shiratoridai, Aoba-ku, Yokohama-shi, Kanagawa. Tel. 045-985-0037.
Milwaukee's Club, Shirayuri bldg.2-3F, 3-13-4 Sakaecho, Kawaguchi-shi, Saitama. Tel. 048-253-8875.

Centraal Japan
Barley, Washington Hotel-No.2 B1F, 3-12-22 Nishiki, Naka-ku, Nagoya-shi, Aichi. Tel. 052-953-0087.
Shirayuki Brewery Village GRAND-PLACE Restaurant, 1701 Takayanagicho, Meito-ku, Nagoya-shi, Aichi. - Tel. 052-772-0147.

Regio van Kinki
The Flying Keg, 6 Tanakasato-no-mae machi, Sakyo-ku, Kyoto. Tel. 075-701-0245.
NIPPO, 1-8-19 Sawanomachi, Sumiyoshi-ku, Osaka. Tel. 06-6605-8600.
Dolphins Tenmabashi, Diapalace Otemachi 1F, 1-2-6 Hirano-cho, Chuo-ku, Osaka. Tel. 06-6942-8890.
Dolphins Sakaisujihonmachi, 1-7-1 Honmachi, Chuo-ku, Osaka. Tel. 06-4705-0012.
KEN-West, 3-3-16 Kitahama, Chuo-ku, Osaka. Tel. 06-6227-0207.
Pomme Galette, 5-20-2 Toyoshin, Higashiyodogawa-ku, Osaka. Tel. 06-6320-7228.
Shin Hankyu Hotel - Ajour, Hankyu terminal bldg. 17F, 1-1-4 Shibata, Kita-ku, Osaka. Tel. 06-6372-5101.
Rakkudanushi, 2-2-13-101 Yamamotodori, Chuo-ku, Kobe-shi, Hyogo. Tel. 078-242-3031.
Bonne Biere, 1-22-5 Nakayamatedori, Chuo-ku, Kobe-shi, Hyogo. Tel. 078-261-8818.
Busy Bee Cafe, 9-12 Minamishowamachi, Nishinomiya-shi, Hyogo. Tel. 0798-68-1933.

Kyushu
Beer Restaurant Odin, Ginza bldg. Shimo-dori, Kumamoto. Tel. 096-325-9230.
Hotel Marix Lagoon, 15-8 Chikusacho, Miyazaki. Tel. 0985-28-6161.

Shops:
Tohoku en Hokkaido
Ebisu-ya, 6-5-19 Sakaedori, Shiroishi-ku, Sapporo-shi, Hokkaido. Tel. 011-851-2727.
Juji-ya, 5-18 Suehirocho, Hakodate-shi, Hokkaido. Tel. 0138-22-1777.
Meiji-ya Sendai Ichibancho Store, 1-2-25 Ichibancho, Aoba-ku, Sendai-shi, Miyagi. Tel. 022-222-8111.

Hoofdstedelijk gebied van Tokyo
Tobu Department Store, 1-1-25 Nishi-Ikebukuro, Toshima-ku, Tokyo. Tel. 03-3981-2211.
Takashimaya Tokyo Store, 2-4-1 Nihonbashi, Chuo-ku, Tokyo. Tel. 03-3211-4111.
Takashimaya Shinjuku Store, 5-24-2 Sendagaya, Shibuya-ku, Tokyo. Tel. 03-5361-1370.
Tokyu Department Store Toyoko Store, 2-24-1 Shibuya, Shibuya-ku, Tokyo. Tel. 03-3477-4308.
Beer House KEN, 2-23-7 Fuchu-cho, Fuchu-shi, Tokyo. 042-369-7710.

Centraal Japan
Kiya, 3-6-7 Marunouchi, Naka-ku, Nagoya-shi, Aichi. Tel. 052-962-1471.
Beer Spot, 3-50 Sakurayama-cho, Showa-ku, Nagoya-shi, Aichi. Tel. 052-841-1150.
Shirayuki Brewery Village GRAND-PLACE, 1701 Takayanagicho, Meito-ku, Nagoya-shi, Aichi. Tel. 052-772-0146.

Regio van Kinki
FERTA Sanbangai Store, Hankyu Sanbangai B2F, 1-1-3 Shibata, Kita-ku, Osaka. Tel. 06-6292-2222.
Shiragikuya, 2-3-2 Yanagawa-cho, Takatsuki-shi, Osaka. Tel. 0726-96-0739.
Kioka, 9-288-3 Ootorinakamachi, Sakai-shi, Osaka. Tel. 0722-62-1341.
Sogo Kobe Store, 8-1-8 Onogaradori, Chuo-ku, Kobe-shi, Hyogo. Tel. 078-222-8120.
Shirayuki Brewery Village Chojugura, 3-4-15 Chuo, Itami-shi, Hyogo. Tel. 0727-73-0524.

Kyusyu
Iwataya Z Side, 2-5-35 Tenjin, Chuo-ku, Fukuoka. Tel. 092-726-1111.
Huis Ten Bosch World Liquor Shop, 1-1 Huis Ten Bosch-cho, Sasebo-shi, Nagasaki. Tel. 0956-27-0212.4

Index

C

E

RODENBACH

PALM

BUSH

LA RAMEE AMBREE

LA CHOUFFE

MAES PILS

HET KAPITTEL

GRIMBERGEN

MORT SUBITE

PETRUS TRIPLE

BRUNEHAUT AMBREE

VAL-DIEU TRIPLE